武汉大学党内法规研究中心

珞 珈 党 规 精 品 书 系

西班牙政党法规和
党内法规选译

TRADUCCIÓN DE LEGISLACIONES Y ESTATUTOS
SELECCIONADOS DE LOS PARTIDOS POLÍTICOS DE ESPAÑA

刘晋彤 余思聪 苏雨荷 夏西遥 / 译
祝捷 / 策划

社会科学文献出版社
SOCIAL SCIENCES ACADEMIC PRESS (CHINA)

丛书编委会

武汉大学党内法规研究中心简介

  武汉大学党内法规研究中心成立于 2016 年 9 月 21 日。中心由中共湖北省委办公厅与武汉大学共建，是全国第一家党内法规实体性科研机构。中心按照建设全国党内法规研究高端智库、党内法规理论研究和创新基地、党内法规制度教育培训基地的"一库两基地"目标定位，主要承担党内法规基础理论和应用理论研究、对策研究、人才培养和学术交流等基本任务。武汉大学是我国高校中最早开展党内法规相关问题研究的学术阵地。依托马克思主义理论、法学、政治学等优势学科，党内法规研究中心的专家学者围绕党内法规基础理论、党内法规与国家法律的关系、党内法规实施机制等问题，已经出版学术专著数十部，发表学术论文数百篇，并提交多篇咨询报告，形成了一批具有重要理论价值和实践价值的标志性成果。中心陆续获批招收全国首批党内法规研究方向博士研究生、硕士研究生，开创"党内法规学"学科建设先河。中心召开的 2017 年第一次工作会议图片入选 2017 年 9 月 25 日开幕的"砥砺奋进的五年"大型成就展，这充分肯定了中心在标志性、引领性、关键性党内法规制定出台工作中作出的贡献。面向未来，武汉大学党内法规研究中心将始终坚持正确政治方向，继续贯彻中央有关全面从严治党的大政方针，围绕党内法规建设问题开展跨学科协同创新研究，集中力量打造党内法规理论研究、智库建设、人才培养、高端培训的高质量研究平台与国家高端智库。

序　言

　　习近平总书记指出：加强党内法规制度建设是全面从严治党的长远之策、根本之策。党的十八大以来，以习近平同志为核心的党中央坚持思想建党与制度治党紧密结合，坚持依法治国与制度治党、依规治党统筹协调、一体建设，在党内法规制度建设领域取得了丰硕的成果。党内法规制度建设，已经成为中国共产党探索共产党执政规律的重要组成部分。世界很多国家都采取政党政治，法治也成为治国理政的必然选择，将政党政治和法治结合起来，推进政党法治建设，已经成为一种潮流，也体现了人类政治文明发展的一般规律。政党法规，是国家或地区的公权力机构制定、施行，以规范政党行为的规范性文件，而党内法规则是由各政党自行制定、施行，以规范党组织和党员行为的规范性文件。政党法规在政党外部规范政党行为，体现了国家或地区的公权力机构对于政党的政策、立场和原则，而党内法规则在政党内部规范本党党组织和党员的行为，体现了政党对于自身建设的政策、立场和原则。世界上很多国家都在宪法中规定政党的地位和作用，有很多国家制定专门的政党法规规范政党组织和政党行为，一些国家的政党也制定党章、党纲和其他党内法规。他山之石，可以攻玉。学习、借鉴乃至于批判其他国家的政党法规和党内法规，对于加强中国共产党党内法规制度建设，推进党内法规制度建设更加科学化有着积极意义。

　　然而，受限于语言的障碍和资料的匮乏，对国外政党法规和党内法规的翻译工作开展得十分艰难。很多国家的政党法规和党内法规特别是一些长期执政或具有国际影响力的大党、老党的党内法规，我们缺乏对其系统地收集、整理和翻译，这不能不说是党内法规理论研究工作的一种遗憾。2017 年，中央印发《关于加强党内法规制度建设的意见》，明确提出要在建党 100 周年时形成比较完善的党内法规制度体系、高效的党内法规实施体系、有力的党内法规制度建设保障体系。国外政党法规和党内法规的构成和主要内容，是形成比较完善的党内法规制度体系的有效借鉴。国外公权力机构制定、运行政党法规，以及国外政党制定、运行党内法规的实践，是形成高效的党内法规实施体系的必要参考。国外政党法规和党内法规的比较研究，是党内法规制度建设理论研究的重要组成部分，因而也是形成有力的党内法规制度建设保障体系的关键环节。因此，对国外政党法规和党内法规的收集、翻译、整理以及在此基础上的研究工作，对于建立完善的党内法规体系有着重大理论和实践价值。

为此，武汉大学党内法规研究中心组织骨干力量，计划运用跨学科、多语言的优势，翻译出版"国外政党法规和党内法规译丛"，翻译德国、日本、俄罗斯、韩国、西班牙、法国等国家的政党法规和这些国家主要政党的党内法规，供学术界开展研究时参考，也供有关部门决策和制定相关党内法规时参考。对于这套译丛，有几个理论、实践和翻译方面的问题，必须予以说明。

第一，关于国外政党法规和党内法规的基本态度。尽管政党政治和法治是世界很多国家进行治国理政的基本方式，也为越来越多的跨社会制度、跨文化背景和跨文明形态的国家所采用，人类在政治文明演进过程中，也的确形成了一些具有规律性的共识，但是，这并不意味着国外特别是西方国家的政党法规和党内法规已经成为一种具有普遍性的模式。世界各国的政党政治发展有着特异性，世界各国的法治形态和法治的实现形式也存在差异，因而并不存在"放之四海而皆准"的政党法规和党内法规模式。各国的政党法规和党内法规也存在诸多不同，差异性大于共同性，特色性大于一般性。国外的政党法规和党内法规对中国共产党党内法规制度建设的主要价值是参考和借鉴，中国共产党党内法规制度建设既需要从国外政党法规和党内法规中吸取、借鉴合理的因素，也需要批判、反思国外政党法规和党内法规中值得商榷或不符合中国国情和中国共产党党情的做法。国外政党法规和党内法规因而并不是中国共产党党内法规制度建设的唯一道路和终极目标，更不能作为判断中国共产党党内法规制度建设的标准。

第二，关于国外政党法规和党内法规文本在理论研究和实践运行中的参考价值。《中国共产党党内法规制定条例》第 5 条第 1 款规定，党内法规的内容应当用条款形式表述，不同于一般不用条款形式表述的决议、决定、意见、通知等规范性文件。据此，党内法规是具有规范形态的党的政策、纪律和各级党组织、党员行为方式的总和。党内法规的外在表现形态类似于国家法律，在规范原理、规范构成、规范表述和规范实施方式上，与国家法律有着共通之处。因此，法律文本对于法学研究的重要价值，可以类比迁移至理解党内法规文本对于党内法规理论研究的重要价值上来。注重文本，从文本中探寻规范演化规律、发展规律，研究党内各项制度的构成要件、调整方式和责任机制，是从理论角度研究党内法规的重要方法。而对党内法规文本的比较研究，在理论研究的层次适度引入国外政党法规和党内法规文本，有助于深化党内法规制度建设规律的认识，建立党内法规制度建设的理论体系。党内法规制度建设是实践性、技术性和操作性较强的活动。党内法规实践运行，需要合理借鉴和吸取国外政党法规和党内法规实施的若干经验和教训。从文本出发，了解国外政党法规和党内法规的规范构成、基本框架、主要内容和实施体制，特别是与规范实施密切相关的立改废释制度、责任追究制度、实施评估制度等，都能够对党内法规制度建设的实践运行产生推动作用。

第三，关于本译丛翻译过程中的相关问题。翻译是一次文本再造的过程。规范文本的翻译，需要进入规范文本制定和实施的场域，既需要借助较高的外语能力和业务能力理解、吃透国外政党法规和党内法规文本的含义，又需要较高的语言表达能力将国外政党法规和党内法规文本的含义用准确的中文表达出来。众所周知，由于语言、法律传统以及政党自身的原因，国外政党法规和党内法规的文本都非常晦涩，一些条文的编列方式、表述方式与中国法律和中国共产党的党内法规差异较大，这给翻译工作造成了很大的困扰。本着坚持正确的政治立场、忠实条文原文原意和符合国内读者阅读习惯的原则，在翻译时有三点提请读者注意：一是翻译对象的选择，包括各国宪法中的政党条款、主要政党法规和主要政党的党章、党纲、其他重要党内法规等，其中所谓"主要政党"是指仍然活跃在该国政坛，曾经或正在执政，或者虽未执政但有着重大影响力的政党；二是翻译文本的结构，尽量忠实于原文本的结构，符合原文本的表述习惯，但是由于很多国外政党法规和党内法规自身存在文本瑕疵、结构谬误，在不影响阅读和不破坏原意的情况下，进行必要的调整和修饰；三是翻译语言的风格，尽管符合原文本的风格，也符合该国法律文本的表述风格，但同时也符合国内读者的阅读习惯，如德国政党法规和党内法规的文本，如同其他德国法一样，大量出现复杂句式和晦涩的法律用语，如果按原文直译，会给读者造成较大的困扰，因而在翻译时尽量使用国内读者易于理解的句式和语言，再如日本政党法规和党内法规的文本，有很多制度名称如果按日语直译，与中文同一制度名称含义差异较大且与其他制度名称难以严格区分，因而在翻译时也做了必要的处理。

当然，翻译国外政党法规和党内法规是一项非常艰难的工作，只能逐步摸索、循序渐进，成熟一本、出品一本。但是，我们认为，这的确是一项有着重大理论价值和实践价值的工作，也是一件有意义的工作。因此，武汉大学党内法规研究中心将"不忘初心、砥砺前行"，持续推动本项工作，以期为党内法规制度建设贡献智慧。

祝捷

目　录

西班牙宪法（节选）

第六条

政党体现政治多元化，听取并表达人民意愿，是政治参与的基本渠道。政党在尊重宪法和法律的范围内自由组建并开展活动，其内部结构和运作应是民主的。

（刘晋彤 译）

西班牙政党组织法

最后修订时间：2015 年 3 月 31 日

西班牙国王胡安·卡洛斯一世晓谕全体公民：

以下组织法业已经过议会通过和本人批准。

立法目的

一

1978 年第 54 号法律——政党法，作为先于宪法的准则，尽管其条文和内容都较为简约，但自建立之时起已确立了其立法目的，主要用于为政党自由构建初步的制度框架。目前，西班牙与政党相关的法律体系由以下方面构成：宪法中的相关条款；用以明确政党在民主制度中的职能和基本作用的规定，如议会条例或选举法中的相关条例；相关法律的后续修订案，如刑法中对非法结社或非法筹资行为的修订；以及司法机关和宪法法院的司法解释。

政党法自通过以来已有二十五年，至今仍行之有效。如今，在我们这样一个成熟、稳固的民主社会中，政党的主体地位及其宪法地位不断增强，相关立法的缺失和不足显得愈发明显。因此，鉴于多方面的重要原因，政党法的改革势在必行。首先，要清晰、系统地收集整理近年来积累的经验。其次，修正过去的特权条款，其不足之处已不再适应当今社会的要求。特别是在这个充满活力的社会，政治制度逐步完善，政治参与和互动的新渠道（如社会团体、基金会、政党等工具手段）逐步产生，政党法亦应逐步适应立法现代化的要求。

政党虽然不是宪法机构，而是具有社团性质的民间实体，但其也是宪法框架中的重要组成部分。首先，政党应在宪法框架内开展行动；其次，政党应始终在其意识形态中体现政党与宪法的关联度以及宪法为其提供的制度保障。无论从哪个方面来看，通过一个更加详细、更有保障和更加完善的制度，来改善和强化政党的法律地位，都是时代的要求。如果说这一要求适用于任何社会团体，则更应适用于政治团体，因为政治团体的目标在于：在公共事务中团结人民的意志，坚持民主的方向，推动政治权力的行使，促进公共机构的改革发展。在我们这样一个制度先进、立法严谨的法治国家，无论在宪法框架中处于什么样的地位，一切都受到法律的制约和保障，而作为国家行动基本工具的政党，更理应如此。甚至可以说，对于一个法治国家来说，政治主体在宪法框架中的地位越突出、职能越重要，完善相关法律制度的意义也就越大。

总之，我们国内有这样一个普遍现象，在实现政党的组织和运作受到宪法民主要求的约束、实现政党的运作受到宪法和法律的制约时，现行立法还存在一定的缺陷，这不仅体现在政党内部组织或外部活动中对民主原则和宪法精神的理解上，也体现在政党有效运作的程序上。

这些缺陷亟待通过改善现行立法中的问题得以完善，以确保民主制度的有效运转，保障公民的基本自由，防范政党一再地、严重地损害民主自由体制，反对种族主义和排外主义，打击在政治上支持暴力行为和恐怖组织的活动。

特别应当注意的是，在恐怖主义问题上，必须明确界定和区分相关组织及其行为，将那些捍卫民主思想、推动民主活动的组织，甚至修改体制框架以严格遵守民主渠道和民主原则的组织，与那些通过暴力、恐怖、歧视、排外、侵害人民权利和自由的方式来开展政治行动的组织加以区分。为此，关于禁止政党为暴力或恐怖主义提供切实有效的政治支持的司法程序得以确立，这与刑法第五百一十五条和五百二十条中关于解散非法团体的司法程序有所区别。

二

现行政党组织法就是要实现上述目标。本法的条款由宪法第一条、第六条、第二十二条和第二十三条演绎而来，分为四章共十三条，此外，还

3

包含三个补充条款（包括经 1985 年 6 月 19 日第 5 号组织法修订的两个关于大选制度的条款以及经 1985 年 7 月 1 日第 6 号组织法第六十一条修订的关于司法机关的条款）、一个过渡条款、一个废除条款和两个最终条款。

三

本法第一章从自愿组建政党、自愿加入政党、被迫加入或参加政党三方面确立了自由原则，改进了政党组建程序，完善了既定条款，澄清了诸多疑问，填补了一些空白。为遵循宪法中的最小化干预原则，本章中的内容未做出重大的实质性修改。

政党的建党章程及组织规章均应在政党登记处进行备案，以确立政党的法律地位、公开政党的组织结构和规章制度、规范政党与公共机构的联系并保障党员和相关第三方机构的权利。政党注册应由政党登记处的专人负责，负责人必须在规定的短时间内对政党进行评估，超过法定期限将被视为默认准许注册。

在修订的内容中，最值得注意的是：第二条中对政党发起人不得牵涉某些特定的罪行做出了限制性规定，第三条第一款中对政党名称做出了禁止性规定，第四条第一款中明确了政党发起人的义务，第五条中对纠正政党注册中格式缺陷的程序及由此造成的注册时限的顺延做出了规定。

本章最后一条重申了以往政党法中的规定：如果在政党登记处的注册中发现政党在组建和注册时，有违法犯罪的倾向，检察机关在通报内政部后，将对相关政党提起公诉，并交由刑事法院法官审理。如果法官认定该党存在违法行为，该党的注册申请将被拒绝。

四

政党法最大变化在于第二章，而第三章中的诸多新规定亦是根据相关逻辑演绎而来的。为符合宪法要求，第二章中明确了诸多基本准则，旨在确保政党的组建、运作和行动符合宪法和法律所确立的民主原则。如第九条规定，"政党以民主的形式履行宪法所赋予的职能，并充分尊重多元主义。"

一方面，本法第七条和第八条旨在通过政党的组织章程，来促使政党的组织职能和运作职能相统一，以确保政党在其内部的组织和运作中贯彻民主原则。这不仅可以保障党员的权利，还可以"确保政党有效履行宪法和法律赋予的职能，推动国家的民主运作"（宪法法院1995年3月6日第56号判决）。由此可以看出，政党作为大众参与的议会机构，在日常重要事务中，有做出决策的能力；在公共职位的选举中，一般通过自由、秘密投票的方式，并对公职人员进行民主审查；在其团体活动中，应明确被所有党员平等享有的基本权利，如党员在政党机构中的选举权和被选举权，被告知政党行动的权利，了解政党经济状况及其领导机构公职人员的权利，确立合议机构集会的基本运作制度和规则的权利。

另一方面，本法第九条旨在确保政党对人权和民主原则的尊重。为此，本法不再使用一般概述性表达，而是详细列举了明显违反上述基本原则的行为，以便对相关行为进行及时制止。在考察政党是否尊重民主原则和宪法精神时，相对于政党宣称的理念或目标，法律更倾向于考察政党实际开展的行动。唯有这样，才能确保政党能够真正抵制违法犯罪的行为。

众所周知，上述做法并非比较法提供的唯一路径。相关法律还对那些必须无条件严格遵守的义务做出了规定，进一步强化了宪法秩序，并对政党在遵守、捍卫、推广民主中应发挥积极的作用提出了要求。因此，政党为获得优势地位，必须坚持贯彻民主原则，以免受到某些不好动机和手段的影响；必须严格遵守法治国家的基本要求和相关规章条例，确保政党公共机构对公民基本权利的尊重以及对宪法职能的自觉履行。如果政党未履行相关义务，则将被排除在法律秩序和民主制度之外。

然而，现行政党法与其他法律不同，本法认为，只要政党的行动不以违反民主原则、侵害公民的基本权利为计划或目的，可将其视为符合宪法的要求。如2000年12月22日第7号组织法立法目的部分所述，即便政党的理念或意识形态脱离宪法，甚至质疑宪法框架，也不应明确禁止政党对其理念和意识形态进行维护。

因此，本法并不妨碍其他法律的施行，而是处于一个很好的平衡点，把最广泛的多元主义的自由同尊重人权、维护民主审慎地结合起来。本法的另一项原则也印证了这一点：应避免个别的不当行为发展成违法行为，已经被认定为犯罪的行为除外。如果在相关人员的历史行为中存在公然违背民主原则、损害宪法精神、破坏民主渠道、侵害公民权利的行为，且一再地、反复地发生，则将被视为违法行为。

第九条第二款（1）、（2）、（3）段对上述行为做出了详细表述，设置了明确的界限。将那些无论秉持何种目的和理念，但认真遵守民主渠道和民主原则的组织，与那些在政治行动中纵容恐怖或暴力行为、侵犯公民权利、损害民主渠道、违背民主原则的组织严格区分开来。

五

本法明确了政党必须尊重民主原则和宪法精神的义务，规定了政党因未遵守相关义务而被宣告非法的法律要件，并在第三章中，重申了既有的司法保障，以确保政党的上诉权利和宪法原则。显然，依据宪法精神，本法的出发点是：只有司法机关有权对政党的非法行为提起诉讼；只有司法机关在面对政党一再的、严重的侵害行为时，有权做出解散或中止政党的判决。

在管辖权问题上，法律对以下情况做出了明确说明：政党的内部事务、党员的党内职务等相关问题，属于民事范畴，相关法律诉讼由民事法院管辖；因法律确立的行政程序而产生的问题，属于行政管理范畴，相关法律诉讼由行政法院管辖。同样，在刑法和刑事诉讼法中亦有相关规定：政党的违法行为由刑事法院管辖，刑事法院可依法做出解散或中止政党的重要裁决，并予以坚决执行。相应地，本法在司法管辖问题上也做出了新的调整。就政党因未尊重人权和民主原则而被司法解散的情形，本法对相应的管辖权问题和解散程序做出了明确规定，并废除了此前颁布过的、但不完善的司法程序。

本法依据宪法框架内政党运作的一般标准来解决此类政党非法重大问题，并且指出，就该类问题仅能通过司法途径予以解决。如宪法法院1981年2月2日第3号判决书所述，"就政党的合法性问题，司法机关是宪法和普通法唯一授权的管辖主体。因此，司法机关可以判决临时中止政党或最终解散政党。这些做法，乃是国家安全受到政党的章程或行为的侵害时，国家用以防卫的手段"。

法律指出，由于宣告政党非法或解散政党的判决攸关政党的宪法权利和宪法价值，因此应由依据法院组织法第六十一条专门设立的最高法院特别法庭，对政党的严重违宪行为做出解散政党的判决。该特别法庭在1999年7月9日的判决中表述，"就特别法庭的组织结构来看，它象征着最高法院全体会议。在某种意义上，它是最高法院全体会议的'微缩版'，其成员包括：最高法院院长、最高法院的其他法庭庭长（法院组织法第五十五条中所明列）、相应法庭中最资深和最新履职的两位法官。突出这一点旨在强调：相较于普通法庭，依据法院组织法第六十一条设立的特别法庭，因其组织结构的特殊性和重要性，在界定自身权力以及明确与其他法庭的相互权力时，特别法庭享有至高无上的法律地位。"

为方便特别法庭对政党在运作和行动中遵循民主原则的情况做出检查，一个专门的、具有优先性质的、由单一申请途径构成的司法程序得以确立。该程序只能由政府或检察机关提起诉讼，可由其自行提起，也可是应众议院或参议院的请求而提起。该程序以在相关司法文件的基础上得以确立，由一系列常规步骤构成：指控、证据、新的指控、判决。通过对诉讼期限和诉讼形式做出规定，将"法律保障和权利维护原则"与"及时诉讼原则"相结合，以便诉讼初期的不确定性，不会随着司法程序时间的推移而逐渐增强。特别法庭的判决，若无偏见不得上诉，受宪法法院保护的特殊情况除外。判决一经宣告，即发生法律效力。

在第三章最后，第十二条详细说明了政党被司法解散的后果。在解散政党的判决宣告后，所有与该党相关的行动必须立即停止，否则将被视为欺诈。任何形式延续或继承已被宣告非法且被解散的政党，都不被法律允许。同时，政党解散还意味着党产清算程序的启动，剩余的净资产将用于社会和人道主义的活动。

六

本法的相关规定因参照了其他法律条例而趋于完善，后者包括关于政党财政的相关规定（第四章），以及几条附加条款，例如，第一附加条款，将法院组织法适用于本法，以便最高法院特别法庭可以受理相关案件；第二附加条款，将选举组织法适用于本法，以防选举期间新组建的选举团体事实上继承已被解散或被中止的政党，从事欺诈行为。

关于政党财政问题，值得注意的是，本法参照了政党财政法，以及1982年5月12日审计法庭组织法第二条和1988年4月5日审计法庭运作法第七条所确立的资产入账制度及相关责任制度。

最后，就特别法庭的权限问题，法律确保特别法庭对受理和解决上述选举欺诈案件有专门的管辖权，或是由审判法庭依法做出判决（第十二条第二款和第三款）；或是在选举法的明确要求下，解决选举团体的上诉问题（第二附加条款）；或是对延续或继承非法政党的活动以规避本法效力的欺诈行为做出评估（专门过渡条款第二款）。

第一章　政党的组建

第一条　组建和加入政党的自由

1. 依据宪法和现行组织法之规定，欧盟公民可以自由组建政党。

2. 公民加入政党应遵循自由、自愿的原则，任何人不得被迫组建或加入政党。

3. 依照本章规定且在相关主管机构的明确允许下，政党可以组建和注册联合会、协会和政党联盟。

第二条　建党资质

1. 建党发起人必须是达到法定年龄、可以充分行使权利的自然人，且没有因非法结社或因违反刑法第二十一条至第二十四条中所列之任何严重罪行而被定罪。其中，后面一条限定不适用于那些已被依法平反的人员。

2. 组建的政党可以在其章程中确立相关青年组织的组建方式和识别方式。

第三条　政党的组织规章和法律地位

1. 组党协议必须形成建党章程，并且经过公证。其内容应包括：建党发起人的身份证明、拟建政党的名称、临时管理机构的人员信息、建党地址、对其具有约束力的组织规章。

政党名称中不得包含可能引起误解或歧义的措辞和表达方式，不得违反法律或侵害公民的基本权利。此外，政党的名称不得与已登记注册的政党、经有效法律程序认证的联合政党、司法宣告非法且被解散或中止的政党，采用相同或相似的名称（包括语音上的相同或相似），也不得使用自然人、既存实体或已被注册使用过的商标名称。

2. 政党的组织规章中至少应包含以下内容。

（1）名称及其简写。

（2）标识：相关描述和图示。

（3）注册地点：省市、街道、门牌号和邮编。

（4）网址和电子邮箱。

（5）行动范围：国家、地区、省市。

（6）党的宗旨。

（7）入党和退党的要求和方式。

（8）依照本法第八条确立的党员的权利和义务，以及相应的纪律制度。

（9）党的管理机构和代表机构的构成、改选时间（不得超过四年）、职能及权限；负责合议会议的机构、会议间隔时间、会议天数及议程设置。议程部分应包含：提出议题的最低人数、列入议程的各项议题、审议规则、通过决议的最低人数（一般来说是参会人数的简单多数，参会者必须是正式党员或选民代表）。

（10）管理机构的选举程序：或是通过直接选举，或是通过代理机构选举。任何情况下，应保证所有党员的参与，通过自由、秘密投票的方式，民主选举产生本党领袖。

（11）政党的合法代表或代表机构，及其财务资产负责人的选取和任命程序。

（12）会计和管理制度，其中必须包含会计账簿的相关内容。

（13）文件管理制度，其中必须包含党员档案和会议记录的相关内容。

（14）政党的启动资金、资金来源和问责程序。

（15）审批年度账目的主管机构及相应审批程序，其中应包含在法定期限内向账簿检察机关提交年度账目的义务。

（16）解散政党的理由，及剩余党产的用途。

（17）党员对政党通过的协议和决定提出异议的相应程序。

（18）负责维护和保障党员基本权利的机构或相应职位。

（19）党员违纪行为的处分条例及相应的执行程序（应采取对席审判方式，保障相关党员的如下权利：有权了解所犯错误、事先知悉处分意见、接受合理的处分）。此外，当腐败案件已进入口头诉讼程序，或相关人员犯有可能导致被开除党籍的犯罪行为时，自动中止其党员资格的预防性程序将被启动。

（20）本法和其他法律要求说明的其他事宜。

3. 政党如果需要对组织规章做出修改，或是需要对其管理机构和代表机构的结构做出调整，必须是在每年第一季度进行，且应在做出更改的三个月内告知政党登记处。此外，还须在其网站上予以公布。

4. 政党为获得法律地位，必须在政党登记处完成注册。为此，建党发起人应向内政部提交经发起人联合签署的建党章程，以及证明符合本组织法要求的相关文件。

第四条　政党登记处的注册

1. 建党发起人必须按照必要的程序注册政党。未经注册的政党，如果其发起人以政党的名义开展行动，则应由其个人或联合发起人对该党与第三方所产生的关系承担责任。

2. 在拟建政党向政党登记处提交完整材料后的二十天内，内政部对该党进行登记注册。如果内政部认为有必要启动本法后续条款中确立的相关程序，该期限将被中止。

3. 除上述注册期限被中止的情形外，超过法律规定给予内政部的二十天期限，该政党将被视为完成登记注册。政党可据此获得法律地位，公开其建党章程和组织规章，与公共机构建立联系，并向政党相关的第三方组织和本党党员提供相关保障。

4. 只要没有中止或解散的记录，政党的注册将长期有效。中止或解散的情形包括：政党依据自身章程自行做出解散的决定；政党因被司法宣告违法而被中止活动或被解散；政党被司法宣告终止（本法第十二条附）。上述情形均不妨碍本法第十条第六款、第十一条第八款所确立的中止政党活动的范围和后果等规定的适用。

第五条　注册要求的审查

1. 如果建党章程或附随文件存在格式缺陷，或是建党发起人不具备组建政党的资质，内政部必须告知政党的发起人，以便其对相关问题进行及时更正。在此情形下，政党的注册期限自告知之时起将被中止，并在问题得到适当更正后继续计算。

2. 如果在该党提交的注册文件中发现有违法犯罪的嫌疑且有合理的根据，内政部将在二十天的注册期限内，将相关判定依据连同有效证据一起告知检察机关。

3. 检察机关在收到内政部的告知后的二十天内，根据违法犯罪的指证是否充分，以决定是在刑事法院采取必要的法律措施，或是将相关告知退回内政部并要求其完成政党的注册程序。

4. 内政部将违法犯罪嫌疑告知检察机关，则意味着前条第二款所述的注册期限中止。上述中止直至检察机关以违法犯罪证据不足而将告知退回内政部为止，或是直至刑事法院通过决议认定相关政党的登记合法为止，或是视具体情况采取预防性措施以暂时恢复政党注册期限为止。内政部对检察机关的告知以及注册期限的中止，应当立即告知相关的政党发起人。

5. 依据行政诉讼法的规定，与政党注册相关的行政诉讼可以在行政法院提起。

6. 如果政党的注册旨在延续或继承已被宣告非法且被解散的其他政党的活动，将依本法第十二条之规定，对政党采取必要的行动。

第二章　政党的组织、运作及行动

第六条　民主和合法原则

政党在其组织、运作和行动中必须坚持民主原则，必须贯彻宪法和法律中确立的其他原则。政党可以在法律允许的范围内，自行确立政党的组织结构和运作方式。

第七条　组织和运作

1. 政党的内部结构和运作方式必须民主化。在任何情况下，政党都应该在其章程中体现党员的直接参与，特别是对党的最高权力机构选举的直接参与。

2. 在不妨碍政党的内部组织的情况下，政党应设立由全体党员组成的大会机构，由党员亲自参加，或是选派代表参加。大会作为政党的最高权力机构，有权做出最重要的决议，包括解散政党的决议。

3. 政党的管理机构依政党的组织规章设立，且需要经自由、秘密投票的方式选举产生。

4. 就合议会议，政党的组织规章或内部条例应明确：宽裕的会议公告时间，以便参会者为相关议题做准备；提出议题的最低党员人数，以便决定将哪些议题列入会议议程；允许存在对立意见的民主审议规则；通过决议的简单多数原则（根据通用规则，一般是参会党员或党员代表的简单多数）。

5. 组织规章必须对民主选举产生本党领袖的程序做出规定。

第八条　党员的权利和义务

1. 党员必须是达到法定年龄的自然人，并且享有完全的行为能力。

2. 在政党的组织规章中，可以依党员与政党的密切程度，设立不同的党员类型。同一类型的党员享有平等的权利和义务。

3. 政党对党员所属类型进行备案，该档案受 1999 年 12 月 13 日第十五号个人信息保护法的限制。

4. 政党的组织规章中应明确党员的权利。与政党密切程度最高的党员，无论如何应享有以下权利：

（1）参加政党活动，参与党的管理机构和代表机构的活动并行使投票权，依据组织规章参加党的代表大会；

（2）党内职位的选举权和被选举权；

（3）被告知党的领导机构和管理机构的组织结构、党的领导机构做出的决策、党开展的活动以及党的经济状况；

（4）在认为党的机构做出的决定有违反法律或组织规章时，有提出质疑的权利；

（5）诉诸保障党员权利的机构。

其他类型党员亦享有组织章程中所确立的党员权利。

5. 党员应履行政党规章所要求的义务，无论如何应包括以下方面：

（1）认同党的宗旨，积极配合党的行动以实现党的目标；

（2）尊重法律和组织规章中的规定；

（3）尊重并服从党的领导机构正式通过的决议；

（4）依照组织规章，缴纳党费和其他献金（党员依据其所属党员类型，缴纳对应的金额）。

第九条　政党行动

1. 政党在尊重人权和民主原则等宪法价值的基础上，可以自由开展行动。政党以民主的形式履行宪法所赋予的职能，并充分尊重多元主义。

2. 如果政党的行动违背民主原则，政党将被宣告为非法，特别是当其行动导致自由体制趋于恶化或遭到破坏时，或是一再重复以下严重行为而导致民主体制的瘫痪或消亡时：

（1）系统地侵害公民的自由和基本权利，因意识形态、宗教、信仰、民族、种族、性别或性取向等原因对他人进行排斥或迫害，或是对人民的生命和安全造成危害，并为其行为进行辩护或开脱罪责；

（2）鼓励、支持或认可暴力，把暴力当作实现政治目标的手段，或是将其作为破坏社会民主、多元主义和政治自由的必要条件；

（3）政治上协助或支持恐怖组织的行动，蓄意在公共机构、特定的社会个体或群体、普通百姓中营造恐怖氛围，增强社会恐惧感以及公众对恐怖暴力行径的畏惧感，以实现扰乱宪法秩序及严重破坏公共安全的目的。

3. 若政党行为一再地或重复地牵涉以下情形，则政党将被视为存在前条所述的情况：

（1）认可恐怖主义，明确或默许为恐怖主义提供政治支持，企图在和平和民主渠道之外实现政治目的，并淡化恐怖主义的实质，以及为其侵害公民基本权利的行径做出辩护；

（2）政党的计划和行动中带有暴力行径，并在社会中煽动恐怖主义赖以存活的社会对立或民间对抗，对反对暴力行径的人进行恐吓、阻挠、中立或孤立，将其置于胁迫、恐惧、被排斥的环境中，并基本剥夺他们的自由（特别是在公共事务中的言论自由和参与自由）；

（3）在党的管理机构或选举名单中经常出现因拒绝向公众披露恐怖主义的目的和行径而被指与恐怖主义罪行相关联的人物；党内有大量成员同时隶属于与恐怖、暴力相关联的组织或团体（除非该党已对相关人员采取纪律措施，将其开除出党）；

（4）将代表或象征恐怖暴力行径的符号、消息或元素，作为政党行动的工具（无论是该元素符号本身，或是其他替代性元素符号）；

（5）为支持恐怖分子及相关人物，让渡法律（特别是选举立法）赋予其的权利和权力；

（6）经常性地与那些通过恐怖暴力来组织行动的社团或群体开展合作，或是祖护和支持恐怖主义、恐怖分子；

（7）政党的公共机构向上述社团或群体提供行政、经济或其他形式的支持；

（8）支持、报道或参与相关活动，这些活动的目的在于认可恐怖主义和暴力行径，并对参与和配合其行动的相关人员进行奖励和表彰；

（9）向那些与恐怖主义和暴力行径相关联的、扰乱社会秩序、带有恐吓或胁迫性质的行径提供支持。

4. 在对政党是否涉及本条提及的各种行径做出判断，对政党在其历史行为中（即便已更换名称）是否有接续或重复以上行径做出评估时，应对以下方面进行综合考虑：该党及其管理机构、议会党团和地方党团通过的决议、文件和通告；该党的机构和党团所开展的公共活动和公民集会；该党的领导人及其党团成员在公众场合参加游行、开展政治行动及做出承诺的情况；该党在党内外提出的计划和建议；该党成员和候选人一贯坚持的政治态度。此外，政党或其成员受到的行政制裁，政党的领导人、候选人、当选公职人员或党员触犯刑法第二十一条至第二十四条所列之罪行时政党是否对相关人员采取开除出党的纪律措施，也应纳入考虑范围。

第九条附　预防和监督

依据刑法第三十一条附之规定，政党必须在其内部设立预防和监督制度，以防范违法行为的发生。

第三章　政党的司法解散或中止

第十条　司法解散或中止

1. 经政党成员的一致决定，即可依照组织规章中确立的程序解散政党。视具体情况，司法主管机关也可依本条第二款和第三款的规定，做出中止政党活动的判决。在收到政党自行解散的决议或司法机关做出的解散判决后，政党登记处将予以备案，并随即发生法律效力。

2. 在下列情形下，司法主管机关有权司法解散政党：

（1）政党从事刑法所明列的非法结社的活动；

（2）政党不断的、一再的严重违反本法第七条和第八条对政党的内部结构和运作方式做出的民主化要求；

（3）政党涉及第九条所列之行为，一再的严重违反民主原则，导致自由体制趋于恶化或遭到破坏，或导致民主体制的瘫痪或消亡。

3. 政党的司法中止唯有在刑法明定的情况下才是合理的。依据刑事诉讼法或依据本法第十一条第八款之规定，司法中止也被认为是一种预防性措施。

4. 本条第二款（1）中所列情形应由刑事法院的主管法官依据法院组织法、刑事诉讼法和刑法来做出事实认定。

5. 本条第二款（2）和（3）中所列情形，应优先采用本法第十一条中确立的程序，由依法院组织法第六十一条设立的最高法院特别法庭来做出事实认定。

6. 如果需要同时依据本条第四款和第五款所规定的程序，对同一政党的行为做出事实认定时，不同司法主体在各自的司法过程中不得彼此干预，直至分别做出认定，形成司法结论。此外，如果政党分别或同时依本条第四款和第五款之规定受到从事非法活动的指控，则政党不得自行宣告解散。

第十一条　程序

1. 依据本法第十条第二款（2）和（3）之规定，政府和司法机关有权指控政党非法，并继而予以解散。众议院或参议院可以督促政府指控政党的非法行为，在此情况下，政府应召开内阁会议，对政党的行为是否有触犯本法第九条所列情形进行审议，并对不同的违法行为分别提出指控。参众两院代表机构的既定程序分别适用于该指控程序。

2. 对政党的非法指控，应向依法院组织法第六十一条设立的最高法院特别法庭提出诉讼请求，并附上用以支撑政党非法的证据。

3. 最高法院特别法庭应即刻传讯被指控政党（确切来说，是由选民群体提出的候选人），向其抄送诉讼请求，并通知其八日内到庭接受调查。一旦被指控政党按要求出庭或是未在法定时限内出庭，特别法庭应审查案件和诉讼请求中是否存在以下情形，并就是否继续审理案件做出法庭指令：

（1）提出指控的人员不具有合法地位或不具有指控资格；

（2）指控的内容或形式明显不符合法律要求；

（3）指控明显缺乏根据。

如果出现上述情形，特别法庭应在十日内将审查结果告知被诉政党，以便其就指控事实做出辩护。

4. 如果法庭决定继续审理该案件，且被指控政党已出庭，法庭将传讯政党在二十日内做出辩护。

5. 如果政党在其申请书或辩护书中提出要求，或者特别法庭认为有必要，将会留出必要的举证时间。举证时限和相关程序依民事诉讼法第二卷第一部分第五章和第六章的规定而确立。

6. 相关举证应告知被诉政党，以便政党在二十日内就相关事实做出辩护。在二十日期满后，无论政党是否做出辩护，诉讼都将进入审判阶段，判决结果须在二十日内宣布。

7. 最高法院特别法庭可以做出解散政党或驳回诉讼请求的判决。若无偏见，不得上诉，特殊情况下，可以上诉至宪法法院。判决一经宣告，即发生法律效力。在做出解散政党的判决后，特别法庭将下令注销该党在政党登记处的注册，由此产生的法律后果由本法第十二条予以确立。视具体情况，判决中还应指明由该党选民群体提出的候选人是否与政党的非法行为存在联系。如果诉讼请求被驳回，除非向最高法院提交足以做出与先前不同判决的新的事实，否则不得重新提起诉讼。

8. 在诉讼程序中，应起诉方或相关政党的请求，特别法庭可以采取民事诉讼法规定的相关预防性措施，但必须依照民事诉讼法规定的程序进行。特别是出于保护公众利益的目的，特别法庭可在其认为适当的范围和结果下，采取暂时中止政党活动的预防性措施，直至法庭做出判决为止。在此情形下，法庭将要求政党登记处对相应政党的司法中止状态做出预防性标注。

第十二条　政党司法解散的后果

1. 政党的司法解散将产生相应的法律后果，特别是以下后果。

（1）在解散政党的判决做出后，被解散政党应立即停止所有行动。如果未遵守此项规定，将依刑法相关规定对其追究法律责任。

（2）任何滥用法律地位或是从事法律欺诈的行为，都不得妨碍既定司法判决的执行。通过新组建的政党或利用已注册的政党来延续或继承已被解散的非法政党的活动，都不被法律允许，将被视为欺诈行为。

（3）政党的解散将开启相应的资产清算程序，该程序由审判法庭任命的三名清算人员执行。政党剩余的净资产将由财政部用于社会和人道主义活动。

2. 在执行判决的过程中，审判法庭应确保法律所规定的政党司法解散后果的各个方面都受到考虑和执行。

3. 特别是在听取各方意见后，在发现相关政党有延续或继承被解散的非法政党的活动时［如第一款（1）所述］，审判法庭可以判定并宣告该政党非法，并司法解散政党。审判法庭应从以下方面对新旧政党进行评估，以判定两个政党是否存在本质上的相似性：政党的组织结构及管理运作，政党的领袖和代表，政党机构的成员和管理人员，政党经费或物资的来源，以及其他相关因素（如政党是否支持暴力行径或恐怖主义）。通过将两党的数据和文件进行比对，来判定上述延续或继承的情形是否属实。除此之外，内政部和检察机关也可以督促审判法庭做出判决，以便政党登记处依本法第四条和第五条之规定处理政党的注册问题。

4. 审判法庭有权以正当理由，驳回那些通过滥用相关权利、不当利用法律地位、涉嫌法律欺诈或滥用司法程序等方式提出的要求、事由和辩护。

第十二条附　司法宣告政党终止

1. 由政党登记处提议，主管机关可以应起诉方或相关政党的请求，向行政法院申请对牵涉以下行为的政党宣告终止：

（1）政党没有在法律规定的期限内，对其组织规章做出修改，以使其组织规章合乎法律要求；

（2）政党在超过法律规定的期限［第三条第二款（9）］且已达两倍期限后，仍未召集主管机构改选党的管理机构和代表机构；

（3）政党连续三次或间续四次未提交年度账，本程序并不妨碍政党因此可能承担的法律责任。

2. 政党登记处应事先向政党说明触犯以上情形可能导致的后果，以便政党在六个月内提出证据：或是已修改其组织规章以合乎法律要求，或是已改选其管理机构和代表机构，或是已交齐所有年度账，抑或是上述所有证据。在六个月期满后，政党如果没有提交相应证据，政党登记处将启动终止政党的程序。

3. 司法宣告政党终止应依1998年7月13日第29号行政诉讼法第一百二十七条第五款确立的程序进行。

4. 司法机关应将政党的司法终止告知政党登记处，以便政党登记处予以备案，并随即发生法律效力。

第四章　政党财政

第十三条　财政

1. 政党财政应依据2007年7月4日第8号政党财政法中的相关规定进行。

2. 依据前述法律，以及1982年5月12日第2号审计法庭组织法和

1988 年 4 月 5 日第 7 号审计法庭运作法，政党应遵守上述法律中有关支配公众献金的相关规定，合理使用献金，并承担正式的法人责任。

3. 在政党登记处完成注册的所有政党必须在规定的期限（依 2007 年 7 月 4 日第 8 号政党财政法确立）内，将汇总的年度账以规范形式送交审计法庭。

附加条款

第一附加条款 1985 年 7 月 1 日第 6 号法院组织法修正案

1985 年 7 月 1 日第 6 号法院组织法第六十一条第一款加入新的第六小节，内容如下：

（6）宣告政党非法并司法解散政党的相关程序，应依据 2002 年 6 月 27 日第 6 号政党组织法进行。

第二附加条款 1985 年 6 月 19 日第 5 号选举法修正案

1. 1985 年 6 月 19 日第 5 号选举法第四十四条加入新的第四款，内容如下：

（4）事实上延续或继承已被宣告非法且被司法解散或中止活动的政党，其选民群体不得提出自己的候选人。为此，应该从以下方面对新旧政党进行评估，以判定两个政党是否存在本质上的相似性：政党的组织结构及管理运作、政党的领袖和代表、政党机构的成员和管理人员、政党经费或物资的来源，以及其他相关因素（如政党是否支持暴力行径或恐怖主义）。

2. 1985 年 6 月 19 日第 5 号选举法第四十九条加入新的第五款，内容如下：

（5）依据本条之规定，由选民群体提出的候选人被宣布或被排除时（本组织法第四十四条第四款），候选人有权提起上诉，但以下情况除外：

a. 依据法院组织法第六十一条之规定，如果上诉案件符合本条第一款所述情形，应由最高法院特别法庭做出审理；

b. 依据政党组织法第十一条第一款之规定，申请宣告政党非法的法律主体亦有权提起上诉。

第三附加条款 增补条文

1992 年 11 月 26 日第 30 号公共管理制度和公共管理程序法同样亦适用本法第三章中有关政党的注册登记程序和本法及其实施细则中的未尽事宜。

第四附加条款　政党关联的基金会和实体组织

1. 依 2007 年 7 月 4 日第 8 号政党财政组织法的相关要求，政党关联的基金会和实体组织应由该组织的代表和政党代表联合提议组建，并在政党登记处注册。无论上述组织是从属于政党或是独立于政党，均应在政党登记处为此特设的部门完成注册，登记内容应包含基金会和实体组织的名称以及组建目的。

2. 政党关联的基金会和实体组织，如果没有在政党登记处完成注册，将无法获得用于此类组织的公共补助金。

3. 政党关联的基金会和实体组织不仅应在政党登记处完成注册，还应根据其组织的类别或其所属的地域，在相应的组织登记机构进行注册。

专门过渡条款

1. 自本法产生法律效力之时起，在内政部政党登记处完成注册的政党将享有本法赋予的法律地位和各项职权，同时也受到本法的约束。在必要的情况下，政党须在一年内修改其组织规章，使之合乎本法要求。

2. 本法第九条第四款之规定适用于本法产生法律效力之后开展的政党活动，那些在本法生效前后快速组建的新政党，如果开展延续或继承非法政党的活动以规避本法的适用，将被视为法律欺诈。此类行为不会妨碍法律的适用，并且可依本法第十条和第十一条之规定，由最高法院特别法庭对延续或继承非法政党且意图欺诈的行为做出判定。

专门废除条款

任何与本法相抵触的法律，特别是 1978 年 12 月 4 日第 54 号政党法和 1976 年 6 月 14 日第 21 号法律的现行条款，均将被废除。

最终条款

第一最终条款　完善细则

为实施和完善本法，特此授权政府制定一切必要的细则，特别是与本法第一章的建党章程、补充文件及政党登记处等相关的规则。

第二最终条款　生效

本法将在《国家官方公报》出版，自发行之日起生效。

是故，

我号召所有西班牙人和西班牙政府，务必遵照并执行本法。

马德里，2002 年 6 月 27 日

国王胡安·卡洛斯

代首相马里亚诺·拉霍伊·布雷

（刘晋彤 译）

西班牙人民党章程

（马德里，2017 年 2 月第十八次全国代表大会修订）

序　言

我们是一支怀抱欧洲主义理想的政党，致力于追求所有西班牙人的自由、正义、机会平等、经济发展和政治多元化。我们将宪法民主、依法治国、保障民主作为共处框架。

我们承认，王室作为西班牙团结的象征，发挥着毋庸置疑的作用。我们维护过渡时期流传下来的相互尊重、统一意见及和谐共处传统，也捍卫宪法所选择的君主议会制，它是一个能够实现稳定、多元、繁荣的适宜制度。

我们清楚、明确地维护西班牙国家统一以及法律面前人人平等的原则；关于这一点我们在 1978 年颁布的宪法中便已做出了庄严而郑重的声明。我们积极维护国家主权，同时承认国家各自治区、省市、岛屿的多元化与多样性。我们将继续促进西班牙各门语言的维护工作；我们相信，西班牙这个欧洲最古老的国家，正是依靠每一门语言中所蕴含的传统与力量得以维系统一。

人民党以人为本。从基督教的人类观来看，人是我们一切政治活动的出发点和目的主体。我党认为社会演变的真正促成者，正是通过自身能力克服困难，自由做出理性而又富有责任感的决定的人。人对幸福的追求以及自我价值的实现惠及整个社会及组成社会的重要部分——家庭。

我们富有尊严而又坚不可摧的承诺，以及要实现所有人的自由解放这一目标，将我们的政治和经济哲学定义为自由主义。历史经验告诉我们，个人的想法只有在灵活并且充满活力的自由市场经济中才能畅通无阻地得以发展，并且有一系列针对所有公民的，清晰、公平的制度框架作为支撑。在这个框架下，所有人皆可享受保护，规避制度真空造成的伤害。

在所有已知政治制度中，自由主义是众多允许和鼓励最大化参与、自由、进步与繁荣的制度之一。

我党致力于保障司法安全、经济自由与社会公平，对社会各领域以及弱势群体予以特殊关注。我们维护自由市场经济，在该模式下，个人主观能动性在竞争中得以发展，同时，司法机制与社会整体利益也有所保障。

经济自由、司法安全和社会导向相结合能够促进个人主观能动性的发展，推动不同产业领域进步，增加社会财富储备，改善生活条件，完善合作，实现普惠。

我们期待一个更加繁荣、包容、团结的社会，因此我们将为所有人创造机会，我们将坚定不移地与不公平、不公正、不团结现象斗争下去。

因为我们坚决遵守公正、自由、公平、团结与多元原则，我党努力使西班牙所有人都能够拥有同样的机会，致力于追求大众福祉与社会公正，为建设一个有公德、爱团结、享包容的西班牙而奋斗。

我们是一支坚持中间改良主义的政党。我们为西班牙的和谐、对话与共识而奋斗。我们以稳健的步伐，朝着充满生机的社会行进。我们不认为中间改良主义是一条线，而是一个善良、乐观的点，一个远离极端主义与激进主义的点。我们对进步与社会共赢的追求，无关乎出生、种族、宗教信仰、性别和经济水平。我们认为，当有危及社会共同利益的因素存在时，国家有必要发挥调整与纠错作用。

在这种时刻，我党将肩负起历史责任，建设一个无论是保守党、自由党还是民主党的同志们都能够共享的大家庭。因此，我们是一支统一的政党，且反映出西班牙中间偏右最具代表性的意识形态。

坚持中间主义这一点决定了我们温和的特点，我们注重政府稳定和政治多元，无条件遵从宪法规定，愿意开展对话，我们为自己是一支团结却不单一的政党而备感自豪。

我们是一支拥有明显欧洲主义倾向的政党，坚决履行与欧盟约定的义务。我们相信一个团结、多样、和平、自由、安全、竞争力强、经济有力、社会联系紧密的欧洲所拥有的力量。这样的欧洲以维护和尊重我国 1978 年宪法中所规定的依宪治国为己任。

全球化为我们的政治、经济、社会与文化财富带来了巨大收益。它开拓了边境，令实时信息得以交换，让我们能够了解自己的国家乃至整个世界。但与此同时，也带来了如原教旨主义、国际恐怖主义等新的威胁，它们试图摧毁我们的自由制度和生活方式并妄图直接攻击我们依宪治国的制度与社会形态。

极端主义分子迫使我们重申价值观，更加积极地捍卫所有人的民主和尊严，尊重个人选择的多元化，践行法律至高无上的权力，维护国家安全。

西班牙最近所经历的经济危机，是近代以来最严重的一次，它带来了社会和政治危机，但同时也给予了我们新的期望与挑战。

一些人民党党员试图摧毁前辈们的成果，将西班牙人和西班牙政治割裂为"新""旧"两部分，对此，我党承诺，将严肃、负责任地，以提案方式予以解决，该提案将完全遵照我党原则与价值观，集中解决公民们的实际问题并且符合新时代的新形势。

我们不认为西班牙社会已然分崩离析，也不认为政治的任务在于使政府机构威严扫地后再重复发出已被历史证明有害无益的号令。相反，我们认为，政治的意义在于服务，它不是用以谋利的工具，而是用来为整个西班牙社会谋取长期利益的媒介。

我们是西班牙最为旗帜鲜明的政党。人民党由来自全国各个街区、镇、岛屿、省、自治区和城市的党员组成，队伍日益壮大。我们为西班牙这个统一、自由、团结和公正的国家服务。

我们党内集中了成千上万怀揣共同理想的成员，一齐努力将人民党建设成为一支大众的政党，一支能够代表广大西班牙人民利益的政党，一支最能够倾听国家、社会需求和意见的政党。

我们希望能够更新和放大公民对我们的信任。我们希望能够触及每一位西班牙人。我们的目的在于更加接近社会，因为我们坚定不移地追求完善，解决广大群众的实际问题，理解大众、倾听大众，实现大选中所述的承诺与思想原则，尤其会致力于为所有海内外西班牙人创造新的机会，让他们在一个更加有凝聚力，更加繁荣，拥有更高程度一体化和公平的社会中当家做主。

我们是代表西班牙民主的主要政党，是为西班牙的繁荣、福祉、团结与发展做出贡献最多的政党之一。发展经济、创造岗位、推动改良都是我们坚持的基本原则。我们在历史上的表现可为我们的提议做出担保，但除此之外，我们还拥有一套能够为国家创造未来的方案，每一位西班牙人都是这套方案中的一分子，因为在西班牙，人尽其用。

人民党由社会不同领域的公民组成，大家从西班牙的各个角落汇聚到一起。我们喜欢对话，近距离接触邻里，了解不同传统，走遍所有村镇。我们期待继续改善城市环境，但同时不忘周边地区，那里居住着几百万西班牙人，与城市一样具有重要性。

我们最深层的决心在于努力奋斗，为西班牙打造更加美好的未来，在这个国家，不论境内境外，任何一位公民都不应被排除在外，失去发展的机会。

在2015年和2016年的大选中，大众再一次选择了人民党领导我们的国家。能够怀着敬畏之心代表社会中的大多数人群，这让我们备感骄傲。这一神圣的责任让我们更加坚定不移地实践国家转型，使其在社会层面上更具凝聚力，在经济层面上更具竞争力。

近几年的管理工作对决策的责任和认识高度有了进一步要求，这些具有难度的决策也导致了选举成本的提高。尽管我党在选举中所获票数最高，我们的目的之一仍然是获取所有为我们贡献过选票的公民的信任。

领导管理工作是一项使我们备感荣耀的任务，同时也要求我们做出决策、刺激发展、增强社会包容性、保障法律与自由，让给予过我们信任的选民以及其他所有西班牙人的梦想皆能实现。

我们希望修复对话空间，甚至同与我们意见相悖的领导人进行沟通交流，我们认为只有民主管理才能够谋得海内外所有公民的自由与利益最大化。

人民党将一直保留前辈们的成果。这些前辈曾为所有西班牙人的和谐共处做出过牺牲、奋斗和努力，是我们的楷模。从对话与共识的层面出发，我们期望颁布一些能够反映西班牙社会需求的政策，创造一个高凝聚力、高竞争力的西班牙，一个能够在欧洲、伊比利亚美洲乃至整个世界一马当先的国家。

人民党中的各位同志都为同一个目标鼎力合作，那就是努力让所有西班牙人都生活在一个团结统一、高凝聚力而又不乏自由的国家里，在这里，每一位公民的权利与自由皆享有保障，并且最大限度上拥有改善生活的机会。我们的政治路线旨在建设一个经济强劲、社会稳定并且能够在国际社会中承担更多责任的西班牙。

在每一次全国代表大会上通过的人民党党章都秉着公开对话的原则，旨在以坚定的态度完善内部管理组织，加强我党在社会中的政治活动。

众多公民，不论男女，都为西班牙的发展献计献策，正是他们之间所达成的广泛共识造就了我们党内章程所能够反映出来的和谐氛围。章程中既可见党内规范制度，又可见我们代表绝大多数西班牙人践行思想体系的真诚愿望。

我们是一支有能力领导管理工作的队伍。我们力争获取大多数西班牙人的信任，同时让感到失望的人们对我们重拾信心。

无论作为执政党还是在野党，我们都会不遗余力地敦促公民践行参与政治事务的责任。

除对腐败行为做出有力答复之外，我们还应让西班牙的政治重获活力，因为政治不仅仅是民主中不可或缺的一部分，同时也是一项杰出高尚的活动。

我们希望更多人能够参与到我党的政治活动与思考中来。在这次全国大会上，我们强调我党要为面向全社会，倾听社会各领域、各阶层的声音而努力。希望更多有才华、有理念、有开拓精神的公民能够加入我们，为我们提供宝贵经验，参与到各协商机构和管理部门的工作中去。

我们满怀憧憬与责任感将我们的理念与历史信仰呈现给各位公民，以求获取信任。践行原则、更新党章将使我党在领导二十一世纪的西班牙这一过程中更加贴近大众。

我党的目的并不在于获取最多选票，而是希望能够实现代表西班牙大多数人的政治方案。

因此，我们对党章进行了修改，主要原则如下。

1. 加深西班牙人予以我们的信任。

2. 牢记我们对国家和众多党员以各项原则与价值观为基础所做出的承诺。

3. 进一步更新民主政策，建立管控机制以防止可能出现的腐败现象。

4. 让党员发挥更加重要的作用，提高他们在决策中的参与度，在党内机关选举中赋予他们更多职务空间。

5. 向党员通报工作组和（或）机关单位及其领导的工作开展情况。

此报告最明显的创新之处在于将政治报告及党内章程报告合二为一。这样做是因为我们希望强调意识形态，切身维护并严格执行我们的原则与价值观念。当今社会对政党的要求日益严苛，只有做到这一点，我们才能够争取到信任。

人民党自建立之初便力求捍卫在所有同胞面前反映和体现我党特点与形象的伟大旗帜，这些鲜明的旗帜在党章中均应享有突出地位。

西班牙的团结统一，政治活动中以人为本，承认地方和各省管理机构，高效管理资源，重视公共服务的可持续性，几代人共同努力维系我们的福利体系均为章程中的新内容，同时，我们也尊重各管理部门，重视创造就业岗位的问题以及西班牙应在世界范围内发挥的作用，以直面我们未来的目标。

自上一届全国大会以来，西班牙政党的形势以及人民对于我党政治家们的期待就一直处于变化当中。影响这一变化过程的因素涉及方方面面，许多与我们无关，却又对我们造成了直观的影响。政治腐败已经成为广大公民最关心的问题之一，在这个问题上我们也采取了一定的措施。因此，党章要进一步在措施、管控和相关机制上进行改善调整，以防止可能出现的腐败现象。同时，还要采取必要的行动，让政治活动以服务他人为宗旨。因此，我们将继续推进立法改革，保障民主创新及制度透明的原则。

我们要求各机构及公共部门职务都践行诚信、实干的理念，将党内竞选资格考核设置得更加严格。

"人民党监察办公室"的设立也是党章中的另一重大突破。这个新设立的部门通过不同机制为我党执行有效的内部管控提供必要的工具。与此同时，该部门也为我党的管理部门及公职人员提供支持与帮助。

作为政党成员，我们理应采取措施，为公民做出表率，让我们为民服务的宗旨以诚信为本，因为众多责任鞭策我们更加需要正确承担起其中的每一项，也因我们是一支优秀、坚定、高效，能够实事求是为人民排忧解难的队伍。

除此以外，我们修正党章的目的还在于使其适应自上一次全国大会以来立法方面的变化及其对各政党法规的影响。

让党员更好地参与党内生活是我们进行党章修订的另一基本前提。我党作为西班牙第一大党，秉持开放、现代的态度，享有诚信、负责的美誉，这不仅是因为我们队伍的壮大，更因为近年来我党全体成员在全国各地努力开展土地改革所获得的成果。

我们的党员及其拥护者是我们所拥有的最大的财富，正因如此，不单是我们需要他们参与，而是他们本应享有参与到人民党各项工作中来的权利。允许党员对领导政绩进行评价考核这一新举动，正是承认他们在党内地位的重要体现。

毫无疑问，对党内最高领导人的选举及选举行政区域划分做出修改，是此次党章修订中最重要的部分。新的选举机制旨在提高党员参与度，在保留选民代表的基础上使他们能够直接为候选人投票。对于我党而言，全国所有党员，不论来自何处，皆拥有同等重要性，因此，在这一选举机制中，各行政区域平衡也作为重要因素被予以考虑。

综上所述，经过此次修订，希望我党能够拥有符合当今社会现实要求、满足法律和公民需求的章程，在反腐道路上继续前行，进一步夯实原则与价值观，让广大党员更好地参与到诸如领导人选举一类的重大决策行动中去。

前言（总则）

第一条　活动领域、法律制度、政党名称及所在地

1. 人民党是一支全国性政党，依西班牙宪法第六条组建，同时受 2002 年 6 月 27 日颁布的第 6/2002 号组织法、其他有效法律条款及其应遵守的宪法与欧盟相关原则规制。

2. 人民党保留详细的审计数据，以便随时知晓党内财政与资产状况，考察政党资产管理办法中相关义务是否完成。

3. 人民党缩写为 PP，标识为圆形，圆中位于顶部的图案象征展翅的海鸥，下方为人民党名称缩写字母 PP（见图 1）。标识变动须经全国领导管理委员会协商，无须在本章程中做修改，但须在修改后顺次召开的全国代表大会中予以追认。

图 1　人民党标识

其余内容以及缩写形式的变动由全国执行委员批准，于下一届国家领导会议中予以追认并编入党员手册。

在针对党徽设计方案进行讨论时，各行政单位可选择包括卡斯蒂利亚语在内的任何一种受自治区规章制度认可的语言。

各级大会、议会或其他国家级重要场合中均须悬挂国旗。

4. 人民党总部位于马德里日内瓦街 13 号，邮政编码 28004，经全国领导会议批准可变更，且无须修订本章程。人民党官方网站域名地址为 www.pp. es，在该网站上可直接查询我党相关部门的网页。

地方党组织总部地址根据相应各级管理部门要求而定。若有变更，须告知上级部门并通知本地所有党员。

第二条　意识形态

1. 人民党是一支全国性政党，抱有欧洲主义理想，致力于追求自由、民主及宪法中的原则与价值观。我们从中间改良主义的层面出发，以大局为重，坚持依法治国，寻找合作空间。在人民党内：

（1）我们维护西班牙统一、领土完整及社会团结并将其作为民族路线中不可动摇的原则。

（2）我们始终将追求自由、个人权利、权政分离以及公平公正作为社会存在与进步的框架。

（3）我们将人作为政治、社会和管理工作的要素。我们捍卫生命权、尊严以及男女在行使权利和享受自由时拥有的平等条件。

（4）我们受自由、民主、包容的价值观以及西方传统基督教人道主义精神指引。

（5）我们同样致力于实现政治自由主义中的各项原则。

（6）我们将正义、自由、平等、政治多元化、团结、依法治国、保障民主以及尊重 1978 年颁布的宪法作为我们民主生活的核心内容。

（7）我们致力于实现社会公平。家庭，作为团结共存价值观的践行者，保护着我们的国家及其公民的发展进步，我们也将致力于把家庭作为社会单位予以捍卫并向它们提供福利。

（8）管理和政策对于一个能够创造机遇的社会来讲都至关重要，因此我们力争二者稳定。

（9）我们推动开放、有法律保障的经济发展，尊重、支持创造众多企业的私有产业。我们将持续不断地推进立法改革，保护私有产业中的公共及个人房产不受非法侵占。

（10）我们坚持国家及欧盟补贴原则，并将其作为维护团结统一的工具和动力，实现预算稳定，减轻财政负担。还将促进各行政部门之间长期合作，以从各个层级上拉近公民、社会与国家之间的距离，提高办事效率。

（11）我们将建设西班牙国家产业平台、公民个人发展平台以及国家福利保障平台，进一步创造稳定的就业形势。

（12）我们致力于提供高责任感、高透明度、高质量、模范型和拥有高效管理的公共服务。

（13）我们将推进长久对话，重新衡量国家与各政治力量以西班牙大局利益为重，在相互尊重的原则与法律条款制约下建立合作契约与协议这一传统。

（14）我们力求建设一个开放、多元、相互尊重的社会。憧憬一个强大且充满活力的民生社会以及励精图治且具主导性的国家政治、社会、经济和文化。

（15）我们不懈追求诚实、正直、责任感和为大众服务的目标，努力让它们成为永远指引我们政治活动的价值观。

（16）我们憧憬一个建立在和平以及对差异性和少数派的尊重基础上的国际社会，为发展民主、自由和人权而奋斗。

（17）我们将在尊重环境、与自然和谐相处的基础上促进西班牙经济、社会和科技的稳定性发展。

2. 根据章程，国家各级委员会：

（1）在符合西班牙大众需求的基础上，确定、更新及组织党内有利于选举程序及管理各项计划的原则、价值观、思想体系和工作重点。

（2）将党内结构调整及区域改革与社会实际相结合，提高公民参与度，听取并维护公民意愿，为社会提供切实服务。

（3）从政治上和道德上用法律约束人民党公职人员，制定各部门行为准则，以提供高效、高质的公共服务，改善公民福祉，提高其生活质量，实施可持续、透明化的有效管理。

第三条　人民党价值观与原则

西班牙——我们的国家

我们捍卫 1978 年颁布的宪法所拥护的依法治国、保障民主原则。国旗作为我们国家的象征，代表着我们民主共存的基石：统一、主权、自由、公正、权利与义务面前人人平等以及各地区之间的团结。

我们向所有受到任何激进主义行为迫害、威胁和强迫，因捍卫国家而遭此待遇或遭到独立分子歧视的人士提供支持，始终履行维护民主共存的义务，反对任何有违该原则的行为。

我们维护各自治区统一但有区别的平衡状态，以保证境内外所有西班牙人享受相同权利，履行相同义务，享受最低程度上同等级别与质量的公共服务。

我们承认传统、文化和语言上的多元化，它们共同组成了西班牙文化遗产，我们还会将这种多元化发扬光大，造福子孙。我们将西班牙语作为国家遗产和所有西班牙人共同的语言，国内其他所有语言也享受同等待遇。我们将在这些语言的保存、教学和推广上做出不懈努力。

我们维护和推动各地区、省级社团，各议员团、市议会和岛上委员会所做的工作，它们均为各地区核心部门，并在资金合理的情况下，于公共服务中发挥至关重要的作用。

我们承认农村地区在国家经济建设中的重要地位，将加强农村与城市地区的联系，保证生活在任何农村地区的公民皆与城市中公民享有同样的权利和同等质量的公共服务。

我们向旅居海外的西班牙同胞承诺，提升他们在国内政治中的参与度，保证他们——无论居住何处——均享有与所有西班牙公民一样的权利。

我们尊重在恐怖袭击中丧生的受害者及其家属，他们曾经历暴行，忍受悲痛。我们将揭露真相，纪念逝者，重申正义，维护他们为西班牙的自由、民主和统一而进行的战斗，让他们的牺牲为子孙后代所铭记。

我们将做出努力，尽快让"埃塔"组织的犯罪分子因反人类的罪行而受到法律制裁，以免那些如今还逍遥法外的始作俑者因时效问题逃脱罪责。我们将敦促成立一支跨专业队伍，由一名特殊检察官领导，负责"埃塔"

组织未结案件的调查。同时，我们将加强建设国家法院受害者援助办事处的建设，以使所有恐袭受害者均能获得合法权益与庇护。

西班牙，一个充满现实机遇的国家

我们努力打造一个在权利与义务上男女平等的社会，致力于推动经济进步，促进各地区、自治区之间团结合作。

我们希望在社会上赋予政治更多的话语权，让公民更多参与公共事务。在一个正经历深度变革的社会中，我们努力加强依法治国，夯实民间社会基础，无条件捍卫自由制度。

我们努力打造有弹性、冲劲足、具有引领性的市场经济，使得个人倡议、工作机会和有责任感的企业文化能够与政治、社会发展和谐共处，相辅相成，打造繁荣与团结的社会。

我们将努力改善和加强福祉制度，通过高效管理、稳定预算、低税政策来提高经济活力与税收责任，争取世代享有团结稳定，保证公共服务，维护西班牙的国际信誉。

我们维护社会服务与权利的管理，相信社会政策的有效性能够引导人民自治。我们尽力制定有效的社会政策，提供将补助需求、参选自由考虑在内的公共服务，给予民间社会和第三产业更多主导权。

我们改善条件以促进西班牙各产业发展，尤其要发挥企业家、个体户、中小型企业在西班牙经济中的执行力与推动力，切实创造新的就业机会。

团结稳定的社会

我们将促进就业作为最好的社会政策，增加社会活力，支撑福祉与社会服务制度。

我们维护高质量的教育体系，该体系鼓励勤奋，尊重师长，培养学生发挥天赋、获取知识、开拓创新、汲取文化的能力，并将其作为机会平等的保障。我们尊重父母自由选择子女受教育的模式，不论他们居住何处，我们都将为其子女提供接受教育的便利。

我们重视劳动价值与付出以及个人想法和目标，将其视为个人尊严的体现。

我们在高质、免费、平等原则基础上维护公共医疗系统，让公民无论居于何地都能够享受平等待遇。此系统不会将公共卫生中的私人机构排除在外。

在尊重选择多元化和承认个人尊严的基础上，我们促进个人在政治、文化和个体上的完全自治，同时不遗余力地与一切形式上的暴力做斗争。

我们将推行一些政策，创造更多机遇，争取更大进步，使科技发展、社会融洽、经济有力，为西班牙人创造更多福祉。我们将加强电子信息化政务建设，开发新技术，实现更加高效的电子化管理。

我们重视各代人之间的团结，将为老人提供稳定的养老金，为年轻人制定与其息息相关的公共政策，将家庭作为社会单位予以保护。

我们将敦促执行与出生率相关的横向政策，积极应对人口变化带来的挑战，保障正常世代交替，维系国家活力。

我们将促进家庭、工作和个人生活之间的协调工作，以便男性与女性能够真正享有平等待遇。我们认为三者之间的协调符合广大劳动人民利益，有利于提高劳动竞争力。

我们以全局视野看待公共服务的提供：保护、满足、预判各人需求，尤其要考虑弱势人群，让残疾人也能够完全融入社会中去。

我们将推进发展社会资讯与就业，及时更新公共政策，更好地响应社会新需求。

公众服务机构

我们作为忠实的服务机构，保证为境内外所有公民提供优质的公共服务。

我们加强国家各个机构的稳定性，执行法律，践行公正，保障司法安全，尊重境内外所有公民的权利与自由。

我们在公共生活中进行民主、合理且具示范性的推陈出新，在各机构中扫除腐败现象，废除不合理制度，并始终保持对宪法条例中无罪推定原则的最大尊重。

我们将透明化作为基本且不可废除的原则，将问责制作为与公民建立关系的核心要素。

我们坚持将对话与调解作为管理的核心原则。因此，我们将在管理工作和党内行政职能扩大的过程中实行逐步分离和限制。

我们强调对国家执法部门和武装力量的尊重，他们保卫和平、自由与民主，用各自的身躯支持、宣传和捍卫本职工作。

我们在向公民提供服务方面倡导公共管理，为公民提供便利，简化程序，提高效率，实行有效管理，引进新兴技术，改善公民体验。

我们以模范性、责任感和有效性作为导向，努力建设开放的社会，打造坚固、透明的管理部门，为所有西班牙人的共同利益服务。

西班牙，世界舞台上的主角

我们要求西班牙拥有欧洲身份，重申与欧盟的承诺，协助欧盟，努力让所有成员国在经济、税收和劳动政策上达成最大共识。福利方面，我们拥护欧洲模式，支持稳健、可持续增长模式，努力达成政治、民主、安全、国防稳定，并将其作为欧盟发展的首要条件。

我们的对外政策以坚持维护国家利益为原则，在不同国际组织中代表西班牙，同时，尊重人权，尊重全人类的自由、民主与发展。

我们承诺积极维护国际安全，尤其是跨大西洋地区的安全。

我们将进一步重视伊比利亚美洲的身份，加强与该地区的跨大西洋联系，该地区的历史文化遗产以及我们使用的同一种语言，均为我们描绘出一幅在社会层面与经济合作上联系更加紧密的蓝图。我们希望西班牙语既是全球交流的工具，又是我们与伊比利亚美洲地区共有的遗产。

"依法治国，保障民主"——这是我们希望为西班牙带来并且给予维护的原则，同时也希望将其带到伊比利亚美洲并加以维护。

第四条　政治承诺

人民党始终承诺，将捍卫自由、正义、机会平等与政治多元化作为国家进步和人民福祉的保障。

我们自始至终捍卫国家主权，不允分裂、结盟，所有西班牙人，不论男女，均平等接受 1978 年颁布的宪法、各管理部门及其规章制度的约束。我们公开反对所有分裂行为，因其作为破坏国家主权的行为，违反宪法中有关国家绝对统一之条款。除此之外，分裂行为还意味着将领土置于公民权利之上，在原本上下统一、团结一致的国家与社会中划分虚构界限。我们承诺将永久维护共识与对话，为我们的国家打造适宜的体系与秩序。

我们是一支为自己的历史备感自豪的政党，为西班牙的现在与未来打拼，支持年轻人以及"新生代"这一西班牙最大的青年政治团体的雄心壮志。我们捍卫自由、多元与民主，将它们作为社会共处的唯一原则。梦想创造美好未来的年轻人是我们优先培植的对象，因此，我们将鼓励他们参与政治。

我们深知个人的良好发展有利于整个社会的繁荣昌盛，因此我们将于民间社会赋予公民更多主导权，减轻赋税。家庭是我们获取安全感与情感寄托的第一来源，也是我们社会的支柱，因此我们要不遗余力加以捍卫。我们承诺，将进一步加强人与人、代与代以及不同地域间的团结并予以支持，改善社会福祉。

我们维护稳健的政策执行，深入对话，寻求共识，同反对党谋求意见统一。在尊重依法治国、保障民主的前提下，强化各政治力量之间《国家契约》之效力，责无旁贷地尊重与接受政党换届的民主原则。

作为欧洲、伊比利亚美洲和国际组织中的一部分，我们的政治活动均通过这些组织，以及——以特殊方式——通过欧洲人民党及中间派民主国际来制订计划。我们将以自由和民主为导向的政治承诺作为活动框架。

第一部分 党员及规章制度

第一章 党员及其权利义务

第五条 关于党员

1. 凡成年西班牙人，不论居住何地，以及在西班牙取得合法居留权的外国人，在符合现行法律规定下，均可成为我党党员或支持者。

加入人民党者，不论所属何地，均不可再加入其他西班牙政党或在未经允许的情况下，加入人民党竞争对手的独立选举人团体。

不具有西班牙国籍但合法居住在西班牙的外国籍党员或支持者，在接受人民党意识形态的情况下，无须退出在其母国参加的政治组织。此种情况下，党员在递交入党申请书时，应向组织进行汇报，并证明该政治组织与我党的意识不相冲突。

在西班牙境外居住的人民党党员或支持者，也可以参加与本党意识形态相近的境外政党组织，此种情况下，党员必须在加入该组织前向我党进行汇报，并证明该政治组织与我党的意识不相冲突。

2. 入党流程

党的地方办事处应为有意欲加入人民党的人员提供申请表。在使用两种官方语言的自治区，申请表格应采用双语形式。申请人应依照经全国执行委员会批准使用的格式书面填写申请表。居住在国外的西班牙侨民申请入党，须在申请表中注明其接受人口普查时所用的居住地址。在申请表格中，可注明申请受理所在地的至多两名本党党员作为入党介绍人。

经全国执行委员会批准使用的申请表，可以在人民党门户网站以及各自治区、省、岛屿层面的不同电子平台上下载。

申请人在申请表中应陈述入党理由，填写身份证信息、身份证号、居住地址、联系电话、邮件地址、电子信箱或其他可以保证通信畅通的电子联系方式，以便申请人能够通过本章程中的入党流程，正式加入政党并参与相关活动。

入党申请可以在网上通过身份证件的电子版或其他可识别的电子身份证明来完成。入党申请将遵循相关个人信息保护法律。

申请表中注明需缴纳的金额，采取银行直接扣款或实名存入的方式缴纳党费。如果党员之间存在亲属关系，则允许共同使用同一账号缴纳党费。

3. 入党申请交由申请人居住地或登记地址所属区域的人民党办事处受理。如果申请表交至其他区域办事处，须立即送回至申请人居住地或登记地址所属区域的人民党办事处，由当地执行委员会呈交，并由申请人居住地或登记地址所属的最高省级或岛屿执行委员会予以受理。

如果所在地为单一省份自治区，则申请递交至申请人居住地或登记地址所属的区域或地方管理委员会。该申请应在十日内寄送至自治区执行委员会。

在任何情况下，申请人可以因工作或住址变动，提交变更地域党团的申请。该申请提交相应执行委员会进行受理，也可由其申请变更的相应党团进行受理。该变更将影响党员普查，应在三十日之内予以受理，如果逾期未完成受理的，则默认为变更。如果拒绝变更申请，须根据现有章程，在十日内以书面形式向申请人提供正当理由，申请人可以向权利保障委员会提出上诉。

如果所在地为单一省份自治区，由申请人提出申请，省级、岛屿、自治区执行委员会可以授权居住地以外的办事处对其入党申请或地域变更申请进行受理。

4. 如果所在地为单一省份自治区，省级、岛屿、自治区级执行委员会须在收到入党申请后的第一次例会上讨论是否予以批准。如果有正当理由拒绝申请，应在自受理之日起十五日内告知申请者本人。申请人在收到告知后的十五日之内，可以向自治区执行委员会提出上诉，委员会须在下一次例会上予以讨论。如果省级或岛屿执行委员会未在"党员规章制度"规定的期限内予以受理，申请人亦有权提出上诉。

5. 支持者身份需于全国登记党员普查前获得，以便统计。党员身份在缴纳党费之后正式生效。党员或支持者的证件由总书记签发。自党员或支持者被纳入全国登记党员普查的三十日内，我党负责使所有文件生效，并将电子版及纸质版证件发放给申请者。申请者在申请注册时可保存申请资料的复印件。

省级或岛屿级书记负责将新增党员及支持者的信息提交自治区秘书处以及各区域委员会。

如果证件遗失、被盗或损坏，党员可书面向省级书记处提交书面说明，申请补发新证件。

6. 党的总书记处根据1999年12月13日第15号个人信息保护法，谨慎保留并更新党员的信息资料。如需查看地域组织存留的党员信息资料，须由经百分之十的党员提出申请。党的上级组织有权随时查看下级组织的党员信息资料。

7. 年龄介于十八岁至三十岁之间的入党申请人，如未做放弃双重党员身份的声明，则同样也是新生代组织成员。为此，应有新生代特别申请表，该申请表可在人民党门户网站 www.pp.es 予以下载，同时要求在各党的省、岛屿及自治区地方组织放置纸质申请表。手续办理基本按照本款规定执行。在不违反前一章所述之规定的前提下，人民党总书记处每月将向新生代组织提供年龄介于十八岁至三十岁之间且未同时办理加入新生代组织的相关手续的新成员名单。

8. 全国党员规章制度由管理委员会通过。

9. 党员在人民党门户网站及各地办事处均可获取人民党党章及党的相关现行组织条例。如果自治区地方组织使用当地语言，则党章及组织条例可以用该语言书写。每次召开全国大会后，党的秘书处应及时向各区域和地方办事处发放最新的电子版及纸质版的党章及其他内部条例。

10. 秘书处应每年向全国领导管理委员会提交党员清单，包括由自治区在全国登记党员普查中统计的党员人数和支持者人数，以及该年度新增或减少的党员人数。

第六条　入党申请

入党申请书包含以下内容：

1. 接受人民党政治思想确立的一切原则及施政纲领；

2. 承诺遵守党章及其他规章制度；

3. 忠诚于我党及其领导，遵从党内各部门宗旨，无条件接受和遵从党内文献及各类文件；

4. 承诺在公众生活中诚信为人，能够代表人民党形象。

第七条　党员的权利

所有按期缴纳党费的党员均平等地享受如下权利：

（1）全程参与各区域及本章程中规定范围内的主席选举；

（2）在章程及其他规章制度规定的范围内，积极参与决议和纲领的制定与执行；

（3）在党章规定范围内参与我党或管理部门组织的各类活动；

（4）通过相关途径参与党内讨论或发表意见；

（5）行使选举权和被选举权，在现行党章规定范围内在党内各级会议上发表观点或进行投票；

（6）作为候选人参与党内管理部门竞聘。党龄超过一年的党员有权参与国家、自治区、省、岛屿、省会或人口超过十万人地区级别党内职务的竞选；

（7）接受培训或相关技术支持以提升党员自身素质，完成党交付的政治任务；

（8）对公共部门的党内领导和代表的政治行为进行监督，通过规定程序，引导相关评论和评价；

（9）被告知党的各项活动；

（10）在有本党参加的选举中，依据相应职位的能力要求，被提名为候选人；

（11）对于有损其权利、声誉和形象的政治行为，有权要求政党介入调停并发布相应的公告；

（12）定期收到党内领导组织所做的决定，以及党的各公共部门采用的政策；

（13）对其认为党内机关违反法律或党章的决定提出质疑；

（14）根据其被赋予的职权，走访权利保障委员会、党员维护中心及人民党监察办公室；

（15）党员在其深层信仰与伦理道德相冲突的情况下，党员作为代表机构成员，有权根据其真实意愿对不在大选方案之列的提案进行投票，但须事先向党团发言人说明正当理由。

第八条　党员的义务

1. 所有党员都承担相同的义务：

（1）公开及私下尊重我党、其机构和所有党员的声誉和形象；

（2）遵守党章、规章制度及党内其他相关规定，服从各管理部门及党内领导小组的指示和领导，根据人民党原则、目标和纲领约束自身政治行为；

（3）参与我党组织的个人或公共活动，积极承担相应职责与工作任务；

（4）在审议过程中，保守党的秘密，特别是我党各部门和领导小组的决议和决定，在尊重内部民主原则的前提下遵守各项行为准则；

（5）在自愿退党、离开党组织或是因党纪处分及其他本章程相关的原因离开本党，须向我党退还其所承担的机关代表的职务；

（6）根据现行党章规定，遵守就职宣言中的各项要求；

（7）在选举程序中担任党内监票员或计票员，并接受相关培训；

（8）积极配合选举活动，在力所能及范围内参与相关任务；

（9）宣传及维护人民党的意识形态和政治计划；

（10）在规定时间内缴纳党费。党的全国执行委员会在总书记处建议下，于全国代表大会之后召开的第一次会议上确定每年可接受审阅的党费缴交指导标准，制订免除或减少党费但不影响党员权利的预算方案。

第九条　支持者

1. 支持者是因为意识形态、政治理念的关系而自主、自愿地决定配合、参加和支持人民党的政治议程的人。支持者可以参与人民党组织的一切公共活动，接受政治培训，知晓党内活动，参与竞选，担当监票员和计票员，加入研究委员会以及在不同的竞选中被提名为候选人，履行相关职责。

2. 支持者有义务维护人民党、其领导小组和党员的形象，遵守党章及党内其他规章制度。

3. 在提交支持者申请书之后可留存申请资料的复印件。

第十条　职务冲突制度

1. 申请公职或党内领导职务的党员，须符合以下条件。

（1）不可以跨地域同时担任一个以上党的主席和书记职位，或是兼任地区、自治区和全国层级的民意代表。

依宪法实质，如下职位被视为可以兼任的：

a. 地方及省级机构的职位；

b. 自治区议会和政府的职位；

c. 全国议会及政府的职位。

（2）参议员可同时担任基层党主席、秘书长或其他职务，可以在省、其他地方机构或自治区议会中任职。

党的议会党团规则须得反映并贯彻本条款之规定。在上述职务领域中，任何情况下，议会团体成员不得有同时兼任党团内不同部门任务的情形。上述规则须得根据本条款之规定执行。

（3）议会议员或欧洲议会议员不得兼任以下职务：党内岛屿、省级或自治区各行政级别的主席或秘书长；人口超过两万居民城市的市长；省级议会党团主席；岛上市政厅主席。

（4）省级和岛屿级的主席和秘书长，可兼任省和地方机关、自治区议会及参议院的代表。

2. 人民党监察办公室负责监督职务冲突制度的执行，并解决相关问题。在特殊情况下，经特别授权，该办公室须提交报告，由国家执行委员会批准执行。

第十一条　丧失党员资格

1. 党员由于以下原因，将丧失党员资格：

（1）党员逝世；

（2）党员本人向所属执行委员会提出正式书面申请；

（3）由国家权利保障委员会确认党员存在严重违反党章和党内规章制度的行为；

（4）公开声明或以态度表明对宪法或党的章程有异议；

（5）加入或有意向加入其他政党或政治团体，非经允许，在任何选举中成为其他政治团体的候选人，或担任其他政治团体的计票员或监票员；

（6）在人民党参与的竞选活动中，支持有利于其他政党竞逐选票宣传和游说活动；

（7）超过十二个月不缴纳党费或其担任的职务应当缴交的政治捐献。如果党员失业，可经其所属的执行委员会批准减免党费，委员会须定期检查该党员的就业情况；

（8）在宣传活动、政治交流、公众集会上或通过纸质或视听等其他媒体，公开表示与人民党的意识形态、基本原则或目标存在严重分歧；

（9）不论从何种角度看，作为其他政治代表性团体成员的角色突出于其作为本党党员的角色；

（10）无西班牙国籍，且在西班牙丧失合法居留之权利者；

（11）未经相关执行委员会允许，出于个人或他人意图，推进或支持违反人民党在任何管理范围内的协议、联盟、协定或职务的不信任案；

（12）因严重违反本章程第一部分第三章中各条款规定而受到处罚者；

（13）经司法判决有罪，且已依照罪责严重程度向权利保障委员会报告；

（14）公开声明有种族主义、排外主义或男权主义等有损他人尊严的思想倾向。

2. 如果发生前款第一、第二、第五、第六、第九、第十一项所述情形，相关人员将即刻丧失党员身份。中止党员身份的决定或决议，视具体情况将由全国、自治区、省级或岛屿执行委员会负责。上述决定可以在七个工作日内向权利保障委员会提出上诉，并于三个月之内做出裁决。

党员身份的丧失自决议或决定执行制作日起生效，且上诉期间已被剥夺党员资格的人员仍无党员身份。

其余情况下，按照本章程第一部分第三章相关条款之规定剥夺党员资格。

3. 在上诉过程中，相关人员将自动中止其党员的权利，不再代表我党担任任何职务，此种情形于最终上诉裁决做出之后结束。

4. 任何情况下，党员退党或被开除党籍，均须告知权利保障委员会。该委员会对事实进行确认，并将案件相关信息告知相关人员本人和人民党党员信息中心。

5. 党员如果因本条第一条第七款之规定，拖欠党费而丧失党员资格，党的执行委员应将信函或其他书面材料发送至该人员在数据库或申请表上登记的地址或电子邮件，以便确认相关人员的真实意愿。相关人员应在一个月之内：

　　a. 补交党费；

　　b. 提出合理可以暂免履行义务的要求；

　　c. 若未承担任何公职，申明自愿转为支持者。

　　超过规定期限，执行委员会将执行相关决定，对相关人员采取即时处理。

第二章　党的职责

第十二条　总则

　　1. 人民党所有公职人员、机构干事均应承诺：

　　（1）在履行职责期间，注意自身言行的榜样作用，严格自我要求，效力于公众利益，服务于广大民众，摒弃一切即使合法但有损组织荣誉和形象的行为；

　　（2）秉承透明、负责、高效、诚朴的原则管理好公共资源；

　　（3）避免可能与组织利益相冲突的个人行为，不搞特殊化，不占便宜；

　　（4）不参与或影响涉及本人或家属的相关行政决议程序；

　　（5）不与被视为避税天堂（依据 1991 年第 1080 号法令及欧洲委员会 2015 年 6 月 17 日公布的避税天堂名单）的国家或区域发生业务往来；

　　（6）严格遵守法律及本章程中关于职务冲突制度的规定，不亲自参与、也不通过中间人参与可能导致违纪的活动；

　　（7）根据本组织规章中的相关规定，接受广大党员对其管理工作进行年度考评；

　　（8）参加党内组织的各类活动。

　　2. 人民党所有公职人员、机构干事均要发表由国家执行委员会通过的就职宣言，宣誓遵循上述原则及行为准则。

第十三条　就职宣言

　　在接受公共职务或机构职务前，须签署就职宣言。该宣言中包含社会伦理承诺之内容，对公职党职义务责任做出规定，赋予党员有效公职党职，要求相关人员负责任，讲诚信，力求履行与其职务相关之义务。

　　所有人民党参选名单上的成员，不论所在层级如何，同样须签署就职宣言。

　　拒不签署该宣言者不能成为公共职务或机构职务的候选人。

1. 承担公共职务或机构职务的人员须每两年更新一次就职宣言，若初始宣言中所涉情形有变，则须立即向党呈报。

2. 宣言由以下内容组成。

（1）一份责任声明，其中将承诺坚守诚信品质，接受相关培训，完成相关实践，以更好地履行职责；尤其应恪守诚信，保证所登记信息的真实性，在必要的情况下，能够提供证明材料；承诺在任职期间履行职责。

以下情况被视为缺乏可信度：

a. 被判有期徒刑，且还未服刑；

b. 经人民党监察办公室鉴定，被犯罪委员会裁定为有罪；

c. 被裁定为在处分期间不得担任干事或承担公职。

（2）一份宣誓声明，签署该声明则表示无任何法律诉讼妨碍签署人成为候选人，并且在执行公务期间也不存在利益冲突。该声明中将对符合现行法律及党章中有关职务冲突制度以及违反该制度的相关后果做出重申。

（3）承诺在公开场合以团结、责任、透明、表率、诚信及现行党章中的其他价值观、原则及义务为行动导向。

（4）在接受职务之前，向人民党监察办公室提交以下材料。

a. 经济活动申报表及财产申报表。如果有义务申报，申报材料须在提交至相应或相关部门时才具有效力。如果无义务申报，则由人民党监察办公室制作同等效力的表格。

b. 最近一次个人所得税和财产税的申报情况（采用人民党监察办公室所制表格）。

c. 用于党的网页上相应部分的个人简历。

（5）明确承诺将公共行为与私人行为相分离，将公共活动、私人活动及党的活动相区分。

（6）承诺在开启任何司法程序过程中可能出现犯罪迹象时向人民党领导层进行通报，在全国权利保障委员会认为承担某公共或部门职务有损组织或机构利益时，主动提出卸任。

第十四条　管理评估

党内所有担任公职的人员，均须根据相关部门的制度，参加该职务所在区域组织的党员大会，至少一年两次，以便对其管理能力、是否遵守选举方案、是否起草报告及开展政治活动的情况进行考查，其中还应集中考查以上内容是否符合现行党章要求。

第三章 纪律制度

第一节 违纪行为及相应处分

第十五条 界定及类别

1. 人民党纪律制度旨在了解违纪行为的数量，根据本章节及相关规章制度确立的相关程序处理违纪行为，同时尊重西班牙宪法及相关立法中的无罪推定原则。

2. 现行党章中提及的所有类型的人民党党员，有意或无意触犯党的纪律，将被视为违纪纪律。

3. 违反纪律视其情形，分为特别严重违纪、严重违纪及轻微违纪。

4. 根据不同类型的违纪行为将采取不同的违纪处分。

第十六条 特别严重违纪

1. 如涉及以下条款，将被视为特别严重违纪：

（1）侵犯宪法中所确立的任何党员的基本权利和义务；

（2）在履行公职期间有贪腐行为；

（3）因违法行为被捕，或根据权利保障委员会所定准则，存在不符合党章中有关道德义务规定的行为；

（4）表现出对人民党及其管理机构和代表大会不忠诚，故意泄漏党的机要信息，损害党的利益；

（5）对人民党及其管理机构、代表大会和各党团组织符合党章规定的指示和领导存在异议；

（6）公开表示对管理机构、党的代表大会或党团组织在民主前提下做出的决定或指示存在异议；

（7）以任何方式企图或是操纵下级组织，以妨碍其做出自主决定；

（8）在党内组建或引入有组织的有悖我党利益的意见派系，并参与其活动；

（9）在履行公共职务或机构职务时违反我党现行党章第十条中有关职务冲突制度的原则与纲领；

（10）在有保密约束的前提下，将我党或其领导小组的协议、决议或决定透露给第三方；

（11）利用职务便利，不正当使用手头现有或有权查看的文件资料或相关信息；

（12）伪造或销毁本章程第十三条中所规定的就职宣言中的重要信息；

（13）不履行就职宣言中的义务与承诺；

（14）不依据相关部门内部检举渠道协定中的规定履行检举义务；

（15）按照"内部检举渠道协定"中的规定递交的材料中存在伪造信息或不符合事实真相的情况；

（16）不按照"内部检举渠道协定"和"非常规行为侦查反馈协定"中的相关规定，在通过内部检举流程或根据内部指示进行检举的过程中未履行保密义务；

（17）不配合党内按照"非常规行为侦查反馈协定"相关规定开展的内部调查；

（18）在内部调查程序中，威胁或阻碍相关人员，包括负责人、证人、检举人和被检举人；

（19）自愿加入"党内预防犯罪计划"的人员，如未遵守计划中的规定，则将被视为违纪。有关界定违纪类别的内容在行为准则及预防犯罪计划的具体条款中有详细解释。违纪行为将根据被违反的条款、行为危险程度、违纪性质及相关具体情况被界定为"特别严重违纪"、"严重违纪"或"轻微违纪"；

（20）在社交网络中发生以上行为。

2. 以下情节也被视为特别严重违纪：

（1）在党团组织中招降纳叛或是利用其他政党的叛党者以确立、保持或改变公共机构中本党团之多数的行为；

（2）在档案中有两次或以上严重违纪的处罚记录；

（3）此前两年之内因严重违纪而被最终裁决处理者又一次严重违反党纪；

（4）若为相应权利保障委员会裁定，涉事人员加入有组织的派系，公然活动且损害党的利益与形象；

3. 特别严重的违纪行为将受到以下处罚：

（1）中止党员资格四至六年；

（2）四至六年内不予担任党内要职或行使代表权的资格；

（3）开除党籍。

本款第一、第二两项之规定并不互斥。

第十七条　严重违纪

1. 如涉及以下条款，将被视为严重违纪：

（1）以任何形式散布有损我党及其任一管理机构、代表大会或人员的信息；

（2）未经相应执行委员会主席允许，以我党名义公开发表声明或组织游行，在政治上损害我党利益；

（3）放弃自己所履行的党所赋予的职责，或是在选举期间明显擅离职守；

（4）篡改或窃取非本人应履行的职能；

（5）在大众媒体上以口头或书面形式编造丑闻，意图诋毁或对任何党员造成名誉损害；

（6）无充分和正当理由，连续六个月不参加党内会议并且已收到违纪警告提醒；

（7）在未经我党高层组织或党团机构许可的情况下，向其他政治组织、自然人或法人做出政治允诺；

（8）近两年内曾有两次或以上轻微违纪行为；

（9）违背党内管理机构及代表大会或领导小组的指令或领导，但情节不严重；

（10）无充分和正当理由，拒绝在选举活动中按要求担当监票员、计票员或参与相关工作；

（11）无充分和正当理由，拒不接受职务且未向人民党监察办公室提交相关材料或信息；

（12）在社交网络中发生上述行为。

2. 严重违纪行为将受到以下处罚：

（1）中止党员资格一至四年；

（2）一至四年内不予担任党内要职或行使代表权的资格。

本款第一、第二两项之规定并不互斥。

第十八条　轻微违纪

1. 如涉及以下条款，将被视为轻微违纪：

（1）在行使党所信任托付的职责时疏忽大意；

（2）无故多次缺席党内会议，但未达到第十七条第一款第六项中所述情形；

（3）无充分理由，在党的工作中拒绝党所要求的配合与协作；

（4）在党内会议上挑战会议规则，或是漠视同时出席会议的其他人的意见和要求；

（5）通过媒体口头或书面诋毁、蔑视或对我党党员进行名誉损害，情节较轻；

（6）在社交网络中发生上述行为。

2. 轻微违纪行为将受到以下处罚：

（1）中止党员资格一个月至一年；

（2）中止党员资格期间不予担任党内要职或行使代表权的资格；

（3）口头或书面警告。

本款第一、第二两项之规定并不互斥。

第十九条 处分等级与时效

1. 上述条款中所述处罚将根据违纪程度进行分级，并由相应层级权利保障委员会调查员根据具体情况及量定原则裁定。

2. 如有违纪情况：

（1）特别严重者，停权五年；

（2）情节严重者，停权三年；

（3）情节轻微者，停权六个月。

3. 执行处分的时间自违纪之日起计算，若此间有新的纪律文件不再将被处分的行为视为违纪，则执行处分的时限自然中止。

4. 在出现特殊情况或接到类似建议时，权利保障委员会须通过决议中止对党员进行处罚。

第二十条 被处分者的复权

1. 被处分者在规定的时期内接受处分至终了后，自动恢复其作为党员的完全权利。

2. 若所受处分系开除出党，则可以在接受处分六年之后申请重新入党。此种情形下，相关人员须向党的省级执行委员会提交书面申请，并由该委员会向自治区权利保障委员会报告，后者于一个月内予以批复，然后再由前述省级执行委员会按照批复意见予以相应的处理。

若省执委会和自治区权利保障委员会意见相左，则移交自治区领导管理委员会处理。

3. 在特殊情况下，由岛屿级或省级的执委会提议，且自治区权利保障委员会随时可出具支持性报告，则原定为六年的申请再入党时间可缩减。

4. 若通过司法决议宣布某公职人员因受到不合理起诉而中止公职职能，人民党将通过该人员所属的执行委员会向公众公告其并无违纪事实，恢复其公共服务职位和名誉，并即可恢复其党员资格，使其享有人民党内一切权利与义务，可重新参与党的各部门工作，以及由部门推选参加选举活动。

第二节　违纪调查

第二十一条　纪律程序、过程及预防性措施

1. 纪律流程将依照法律原则进行，按规定进行听证、指证、质证及辩护。在未进行相关流程时，不可强加处罚。

2. 自治区及国家权利保障委员会依照第五十五条中有关党员个人和政治性特征的相关规定，办理相关手续，执行调查。

流程经相应权利保障委员会或在以下机构的要求下正式启动：

a. 党主席及执行委员会；

b. 各级选举委员会主席；

c. 各级权利保障委员会主席；

d. 国家主席及新生代组织全国执行委员会的合适成员。

若有本章程中第十六条所述之特别严重违纪行为，权利保障委员会在十日内予以批复，调查可由该委员会主席发起。

若不同的地方机构同时对同一案件开展调查，则由高一级部门执行，低一级部门应向高一级部门汇报一切进展并退出调查程序。

若党员享有特权，或隶属党内某国家级机构，则经党主席或国家执行委员会正式宣布或建议，由国家权利保障委员会负责专门调查和审理。

3. 启动纪律调查之后，相应权利保障委员会将依据有关标准从其成员中委派一名法律专业人士作为指导者，后者按照有关规范主导相关流程。

在检查前期记录、报告和证物，并确定证物真实有效之后，指导者将建议建立案件档案或列举该人员已有违纪事实，提出处分建议，以便被告

人于七个工作日之内做出反馈。若有效期内未接到相关辩护词，则认为违纪行为属实，将受到相应处理。

辩护及提供新证期限截止时，指导者将对已有证据进行听证，并且可以正当理由拒绝其认为不必要或来源不明的证据。

前述诉讼完成时，指导者须在十五个工作日内提出处分建议。督导过程完结后，指导者须将所有情况上报至权利保障委员会，以便该委员会做出处分结论。

负责案件审理的指导者将不能参与权利保障委员会此后组织的审议与表决。

委员会应在两个月之内形成处分决定。该决定须基于事实和基本原则。若对处分决定不服，被告人可在十个工作日之内向国家权利保障委员会提起上诉，该委员会须于三个月之内做出批复。

全国委员会的决议可被相应的指导者和法院驳回。

4. 调查流程开始前，权利保障委员会可打开报告案宗，了解案件情况，决定是否立案。若不启动纪律程序，则自治区委员会主席须得到国家权利保障委员会批准或撤案许可。

5. 违纪案件的审理过程自起始之日算，不得超过三个月，若有特殊情况，在指导者建议下，可延长一个月。若未能达成任何处理决定或决议，则在不影响第十九条第二款中的有关规定的情况下按前述期限执行，其中八月为非受理时间。

6. 违纪案件将存入档案，在司法判决宣布案件或调查中止，或宣布判决结果，即使不是最终裁决时，所有预防措施自动失效。

7. 对于党员资格或权责的临时性中止依照以下规定执行。

（1）若涉及本章程第十六条及第十七条中所述的违纪行为，权利保障委员会或因其本身职能或受委托开展案件调查或对被举报人开展调查，可对担任党职或公职的被举报人做出中止权责的决定。

（2）如有以下情况，则立即由国家权利保障委员会中止违纪人员的党员资格：

a. 党员宣传和支持有违我党领导层决议的活动；

b. 党员涉及本章程第十六条中的违纪行为；

c. 党员涉及与贪腐案件，已执行口头审理程序并被裁定为贪污罪。

（3）尽管有上述规定，若党员有十六条中所述的特别严重的违纪行为，或有紧急原因，国家权利保障委员会主席在案件正式开始调查之前可中止涉案党员的资格与权责，但需该委员会在其后召开的第一次会议上进行批复。

（4）若党员隶属党内国家机构，权利保障委员会将根据内部决定或国家执行委员会全国主席的建议来采取预防措施。

（5）预防措施须经过权利保障委员会中绝对多数成员表决结果方可执行，于相关部门决定实施之日起生效。

（6）在不妨碍以上规定的前提下，权利保障委员会可依据职权或在指导者要求下，通过合理协商，可采取适用于相关违纪行为的预防措施。

（7）案件开始调查之前或在办理过程中均可采取预防措施。已采取措施不影响案件结果，并可在审查过程中，经权利保障委员会决定，进行修改或撤销。

第二十二条　特殊假设

1. 若党员在履行公职或代表职责时涉及贪腐案件，自愿或在某种情形下有不符合党章中有关义务和道德责任规定的行为，且知晓自己将作为被调查者在司法调查中做出陈述，须在遵守上述规则的同时遵守以下特殊条款。

（1）相关权利保障委员会将根据第五十五条中所述之规定，建立信息档案，在相应司法程序中执行口头审理时生成违纪档案。该案件决议在宣布审判结果时生成，但此结果非最终裁定，仅仅是使司法程序终止的诉讼中止。

根据现行贪腐案件的轻重程度，国家权利保障委员会可衡量案件具体情况，决定是否中止涉案党员的党员身份。

（2）在判决结果为无罪释放时，即使该判决非最终裁决，也须对该违纪案件文件进行批示，中止案件或停止司法程序。在此情况下，任何预防措施均将被撤销。

（3）现有案件中有关采取预防措施的决议可在新形势要求下进行修改。

2. 全国领导管理委员会在权利保障委员会建议下，可批准一份符合上述规定的纪律制度准则。

第二部分　党内组织与主要结构

第一章　一般原则

第二十三条　党内组织原则

人民党的组织结构遵循如下基本原则：

（1）政党本质上是效力于公民和社会的工具的政治理念；

（2）鼓励全党党员直接参与内部民主，认真考虑每位党员意见；

（3）在采取决议和制定我党政治纲领时鼓励党员参与其中，开展讨论；

（4）确保所有党员拥有同等机会，并且将每一位党员都视作党重要的政治和社会节点；

（5）党内所有成员均接受团结、忠诚、相互尊重的原则；

（6）党员得恪守其基于本章程所做出的种种道德承诺，党组织得尊重与保护党员的权利；

（7）党的纪律的界定基于党员的道德承诺及个人责任的担当；

（8）永不脱离群众，听取社会真实需求，同公民及其权益代表组织保持持久的联系；

（9）在内部沟通或与群众沟通时应用信息技术作为优先渠道。党员与群众之间的互动将充分利用各种新技术，便于相关人员参与各大会议和党内各机构的工作；

（10）与新生代组织互通有无，保障他们参与合作，透过该组织加强与年轻人的联系；

（11）所有活动均公开透明，各级机构均须向所在地党内组织汇报其政治与经济活动情况；

（12）我党的地方组织均为开放场所，用于会谈、培训、讨论等事宜，使认同我党原则与价值观的人士能够走近我党。

第一节　地方组织的原则与基础

第二十四条　地方组织的原则

1. 人民党的全部政治行动，都依赖于全国范围内组成本党的去中心化的党的地方组织，承认各地方机构在执行各自章程时具有的自治性和组织能力，不损害第二十八条中有关保障党的团结、协调和高效的组织原则条款。

2. 人民党将各地区的政治自治作为决定因素及内部团结的主要因素。自治区的党组织的名称前应冠以该地区的名称。

3. 人民党得经由其地方组织，在其所在区域的所有市政区或社区内建立和建设地方与区域领导管理委员会保障各区域工作的开展。

第二十五条　人民党各机构

1. 人民党须在国家、自治区、省、岛和地方范围内设立组织。人民党在自治市休达和梅利利亚设立的组织被视为大区级组织。

2. 省、岛或单一省份自治区执行委员会可成立地方领导管理委员会。在自治区首府、省会和岛屿，可成立区域领导管理委员会，将其作为地方组织的主要组成部分，根据自治区、省和岛分别设立相应级别的执行委员会。

3. 党的岛屿地方组织的组建，得适应岛上具体情况，并依据其所订立的组织章程来确定所设党组织的层级及口径。

4. 地方基层组织的发展得根据市政或自治社区中党的领导管理委员会的指导意见，旨在实现区域内党的行动的更高效率，以及不同的基层党组织之间更明确的分工、协调与整合。在任何情形下，都要确保党的地方组织在各自的领导管理委员会的协调下，保持功能正常且不可替代。

5. 自治区人口数或党员人数较多有对党的组织要求时，可经省、岛或单一省份自治区执行委员会批准成立区域领导管理委员会。

6. 党内地方组织的管理通过群体性或个体性机构执行，且领导人须为党员。上述群体性机构为国家、自治区、省和岛屿级范围内的代表大会、领导管理委员会和执行委员会。个体机构为相同范围内的主席和总秘书长。

如章程中未做绝对多数通过规定，则地方机构决议以简单多数票通过。不允许代行表决权。如决议影响参选人员且经参与投票全员中至少百分之二十五的成员提起申请，可进行秘密投票。

党内多人领导机构会议可在商议后于境内任何地点进行。

7. 国家议会作为我党大会中的协商机构设立。

8. 党的特殊机构为选举委员会、权利保障委员会、人民党监察办公室及自治委员会。

9. 若有党内机构，不论所属层级如何，拒绝履行本章程中规定的职责，则其职能将自动为上级组织承担。

10. 不同层级地方组织中可成立研究委员会作为参与合作、工作和研究的机构。

第二十六条　组织规章制度

党内各地方组织须在其相应的内部组织规则内运作，设立协调和研究机制，以最大限度地发挥组织效力。规章制度不可更改或删除本章程中针对各机构的相应规定，且须接受上级执行委员会监督，由国家执行委员会解决相关疑问。

第二十七条　党内行政组织

1. 党务管理部门是党的行政机构，其基本目的是根据组织及领导层指示，执行党内管理机构的决定。在国家、自治区、岛屿层级上组建，根据内部规章制度，由总秘书处、副秘书处、协调处、秘书处及相关组织的行政负责人组成。同时，新生代组织也将派遣一名代表作为党务管理部门的组成部分。

2. 主任为党内组织的行政负责人。其任命和卸任均由总秘书处负责，经相应地方组织同意，隶属于国家中央办公室，由该办公室对其做出职务不可冲突之规定。主任履行行政职能，管理其所在层级相应的国家、自治区或省级范围内的经济—金融事项。

3. 如未获国家执行委员会特别授权，担任主任职位者不可参加党内选举。

第二节　自治组织

第二十八条　自治组织基础

1. 根据本章程第二十四条及第二十五条规定，各个自治区及自治城市休达和梅利利亚的人民党将冠名为"人民党……"（后接自治区名称）。

2. 党的组织结构和职能，作为党员参与工作的基本核心，均根据所在地方级别而定，如岛屿、省、自治区级，同时不干涉所在区域的自治性，并适应该地区的特点及党员层次。

3. 自治组织基于以下原则设立：地方代表原则，自治区内组织单一排他原则，促进全国范围内党的团结与认同原则、协作原则；接受全国领导管理委员会颁布的总体政务纲要的原则。

4. 自治区主席为自治区党内最大的个体性党务机构，执行管理与代表任务。

5. 自治组织规章制度，在不违反本章程中规定的前提下，对大会举行、领导管理委员会和执行委员会职能及各自治区的特殊规定进行调整和约束。可存在省或岛屿级组织规章制度以及约束各多人领导机构职能的内部机制管理制度。

第三节　人民党海外组织

第二十九条　人民党海外组织基础

1. 旅居海外的人民党党员可根据本章程规定，于所在国家成立海外组织，所成立组织冠名为"西班牙人民党驻……"（后接所在国别名称）。

2. 海外党组织的机构和职能，须符合所在国家特点和党组织发展水平，根据国家执行委员会决议而定。

3. 海外党组织可在国家执行委员会批准下成立协作机构。

4. 人民党总秘书处，在征询海外党组织意见后，向国家执行委员会推荐两名驻外代表作为该组织的当然成员。

5. 执行委员会主席也是根据本章程有关海外党组织的规定成立的全国领导管理委员会的成员。

第二章　党的代表大会

第三十条　党的代表大会

党的代表大会是党内最高权力机构。因领导人任期已满或因其他特殊事由举行，根据召开原因分为普通代表大会或非常代表大会。

在代表大会召开时将大力宣传。在相应机构的网站上上传有关代表大会的进程与组织的重要文件，例如：代表数量、发言以及全会上的投票结果。

第三十一条　普通代表大会

1. 党内普通代表大会，不论所属范围及层级如何，均根据以下基本原则每四年召开一次。

（1）任何地域范围和层级的代表大会皆依托相应的领导管理委员会并由其决议召集。若为全国代表大会，从发出会议通知到会议召开间隔两个月时间，若为自治区、省或岛屿级代表大会，从发出会议通知到会议召开间隔四十五天，其他下级地域范围则间隔时间为一个月。会议通知中应注明会议时间、地点、发言题目、相关个人、政府机构或负责起草提案、答辩的党内委员会。若代表大会召开日期与选举进程冲突，全国领导管理委员会可更改会议时间，于选举结束后最多十二个月之内召开代表大会。

（2）领导管理委员会对代表大会的规则与具体日程进行审批，并充任专门委员会的代表，负责大会的组织工作。代表大会召开的时间、日期、地点在确定以后，不论参会人数多少，均具有合法性。

2. 自治区、省或岛屿代表大会会议通知须在全国代表大会闭幕后四个月之后发出，当全国执行委员会基于党的整体利益考虑而提出反对意见时除外。各下级行政单位级别的普通代表大会及海外党组织代表大会均须按照普通全国代表大会召开频率举行。

3. 自治区、省或岛屿代表大会的召开决议并非最终决议，仍须党的全国执行委员会批准决定。

第三十二条　非常代表大会

1. 非常代表大会须提前讨论，在相应领导管理委员会议事日程上决定，经委员会中超过三分之二的大多数成员同意方可召开。非常代表大会无须事先告知辩论主题。若召开的为全国非常代表大会，从发出会议通知到会议召开间隔为一个半月；若为自治区、省或岛屿级特殊代表大会，间隔时间为一个月；其他下级行政区域则间隔时间为十五日。

2. 若需召开全国紧急非常代表大会，则仅需提前三十天发出通知，在通知中陈述会议目的及紧急召开会议的理由。

3. 于非常代表大会上做出的组织变动及决议对于普通大会同样有效。

第三十三条　大会代表

1. 党内普通代表大会，不论所属地方层级如何，均由以下代表组成。

（1）当然代表：领导管理委员会中的所有成员、代表大会组织委员会中的成员。后者代表人数不超过十人，且须合乎适当的条件。

（2）选任代表：人数至少超过当然代表四倍，其名额由领导管理委员会或组织委员会在所属地区各组织之间分配，其中至少百分之七十五的名额为保障名额，其余至多百分之二十五的名额则经由直接选举按照得票率高低产生。

在前述标准之外，召集大会的领导管理委员会还可以在所属地域内的各组织中间平均分配少量的附加名额，后者数量不超过规定总代表人数的百分之二十，其余代表名额分配方式如前述之规则。

2. 自治区、省或岛屿代表大会的选举代表数量由相应的领导管理委员会决定，尊重前款中第二项有关最低人数之规定，且根据本章程中第四十条第一款第十五项之规定，最多人数为党员总数。

3. 新生代党员在人民党代表大会中拥有视其成员数量而定的比例代表席位，在所有成立了新生代组织的区域，其成员均可在其组织内部代表大会上被选举为人民党代表大会代表。

4. 代表选举将通过公开名单进行选区划分，选区划分为地区、地方、岛屿或省，具体情况由相应领导管理委员会决定。在省级或岛屿级代表大会上，若某城市没有区域或地方性领导管理委员会，可因地域相邻与其他地方组合，在最近的地方领导管理委员会所在地成立新选区。

5. 只有选举代表可以行使在所属地域范围内提交代表大会草案修订案的民事行为能力。可提交由个人或多名代表起草的修订案，但须每位参与起草的党员签名并提供党员号或身份证号。

6. 隶属于人民党的成员，不论是西班牙人或外国人，均可受邀参加代表大会并在会议上发言。

7. 其他部门和行政区域的单位、组织或协会代表也可受邀参会。

第三十四条　代表大会权力

1. 党的代表大会，根据其所属地域范围，主要具有以下权力：

（1）审批或审查自上一次普通代表大会召开以来执行委员会及领导管理委员会的活动开展情况；

（2）审批或修改本地域范围内的组织和管理规章，但不能够改变上一级的章程制度；

（3）了解代表大会管辖范围内同本区域党组织相关的财务状况；

（4）为相应地域范围内党的领导设置基本政治方针；

（5）讨论和采纳有利于丰富党的政治理念，提出选举建议或影响党内战略与管理的各类文件；

（6）选举党的主席，为全国代表大会选出执行委员会及领导管理委员会委员。

2. 全国代表大会还具有以下专属权利：

（1）经全国领导管理委员会同意，批准与其他党派成立协会、联盟或联合组织；

（2）听取全国权利保障委员会主席所做的报告，以及由该委员会及相应自治委员会所做出的开除党员的有关决议；

（3）解散或合并党的部分组织。两种情况均须召开全国代表大会，并且经三分之二多数代表同意，成立清算委员会，取消相应登记，将剩余资产捐献至我党参与的新政治组织或慈善机构；

（4）若任何一项改革会影响到党内领导的公职任期，则就此做出决定。

3. 第三十一条第一款第二项中涉及的代表大会章程，审议的形式、政治沟通的方式、达成共识的程序等问题，均须事先经大会主席团审批。

第三十五条　党内民主与选举流程

1. 党员选举权。

（1）所有按期缴纳党费的人民党党员，不论在境内还是境外，均根据本章程中相关规定，享有自由、平等和秘密的投票选举全国、自治区、省或岛屿党的主席的权利。

（2）所有按期缴纳党费的人民党党员均可参选全国主席或我党其他区域机构主席。参选全国、自治区、省、岛、省会或人口数量超过十万人的地区或海外党的主席的党员，党龄不得低于十二个月。

2. 选举流程。

人民党国家、自治区、省和岛屿级主席选举均在代表大会上通过选举代表投票完成，并应符合以下规定。

（1）作为主席候选人，应在大会通知下发后七至十五天内，根据通知要求向相应组织委员会递交预选材料。

（2）被推选为全国党主席候选人者须提交至少一百名党员的支持文件。被推选为自治区、省或岛屿党主席候选人者，所要求的支持者人数少于全国党主席之需，具体人数视代表大会框架规范具体规定而定。

（3）如同一代表候选人名额大于等于两人，组织委员会须在四十八小时之内公开候选人名单并于二十一天之内举行内部选举。

（4）大会公告发送后十五日之内，人民党所有党员均可注册登记参与选举流程。

（5）除此之外，每位已注册党员在距离选举日五天之前均可自荐为代表。各个大会上的代表选举都采取对开放名单进行无记名投票的形式。

（6）在选举中将选出代表参加人民党代表大会，同时，以不记名投票方式对党的主席之候选人进行预选。

（7）赢得投票区内大多数选票者可当选为大会代表。

（8）获得有效票数最多的两位候选人可作为党主席候选人在代表大会上参与选举。

（9）若候选人获得有效票数超过全体投票人数的百分之五十，即收获的选票多于其他预选者大于或等于十五个百分点，则在一半选区中以最多票数作为代表大会候选人胜出。

（10）针对全国代表大会的选区共六十个，其中包括四十九个省级选区和十一个岛屿级选区。多省自治区的选区划分以省为单位，岛屿及单一省份自治区的选区则均为一个。

（11）若某区域代表人数与党员人数相同，则无须进行二次投票。主席选举在代表大会上进行。

3. 人民党代表大会上的党主席选举及领导机构主席选举。

在全国、自治区、省级岛屿级代表大会上根据以下规定完成党主席和各部门领导的选举流程：

（1）候选人在大会上陈述其工作方案并介绍将承担领导职务的团队；

（2）大会上除选出候选人之外，还将遵循如下标准，通过一轮选举多数决的形式选出承担领导职责的人选：

a. 全国代表大会将根据候选人名单选举出主席、三十名全国执行委员会委员以及三十名全国领导管理委员会委员；

b. 自治区、省或岛屿级代表大会将各自根据候选人名单选举出主席以及二十二名执行委员会委员；

c. 其他区域组织，须在相应层级党的领导机构的提名下，依据自己的有关规范和名单制，选举产生自己的主席和执行委员会；

d. 候选名单上的主席候选人，依据党的体制的要求，必须是已取得代表大会上的候选人资格。

4. 人民党的首相候选人：

由代表大会选举出的人民党全国主席，将同时成为人民党的首相候选人。当在人民党主席辞职、离世或无法任职的情形下，若无法召开非常代表大会，则由全国领导管理委员会，根据国家执行委员会提议，任命本党候选人候补国家首相职位。

第三章　代表大会中的党内管理机构

第一节　领导管理委员会

第三十六条　领导管理委员会制度

1. 领导管理委员会是代表大会中的最高领导机构。

2. 领导管理委员会至少每四个月召开一次例会。在委员会主席提议下，经执行委员会决定或应五分之三以上成员要求，可以召开非常会议。

3. 领导管理委员会会议通知，包含会议议程，除特殊情况下，均应以书面形式提前五天发布。会议召开前二十四小时之内，在全国领导管理委员会绝大多数成员签字申请下，可将议事加入会议议程中。信息发送可通过电子邮件完成。

第三十七条　领导管理委员会权责

1. 各行政区域相应的领导管理委员会均执行以下职能：

（1）敦促将各种方案、决议、党的代表大会上的指示落到实处，掌控执行委员会的相关运作；

（2）接受、讨论关于党的组织、战略及计划方案的报告；

（3）确保党章及其他党内管理规定得以遵守，通过本层级党组织的相关规章制度；

（4）了解党的执行委员会在管理、协作和党派研究方面的变动以及主席或秘书长所做的任何一项任命；

（5）召集党的代表大会；

（6）在有权利保障委员会机构建制的情况下，对该权利保障委员会成员进行任免。

2. 除上述权力外，全国领导管理委员会还可批准同其他政党组建同盟、联盟或联合关系的权力，以及本章程第三十五条第四款所及之指派人民党的首相候选人之权。

3. 经绝大多数成员同意，全国领导管理委员会可委托部分权力给党的其他领导机构，须特别明确委托的权限及委托的时间。

第三十八条　领导管理委员会构成

1. 领导管理委员会根据所管辖行政级别范围，遵循如下标准构成。

（1）全国领导管理委员会构成如下：

a. 国家执行委员会成员；

b. 全国代表大会上选出的三十名委员；

c. 本党籍的国会众议员、参议员和欧洲议会议员；

d. 自治区、省和岛屿党的主席；

e. 自治区、市立法议会具有人民党党员身份的主席及发言人；

f. 登记人口五万人以上的自治区、省和岛屿的首府城市中本党籍的行政首长和议会会长；

g. 新生代自治区主席，十五名由国家执行委员会选出的新生代成员；

h. 本党籍的政府部长；

i. 本党籍的欧洲委员；

j. 自治区党的总书记；

k. 人民党海外党组织执行委员会主席；

l. 登记人口超过五十万人的城市的发言人，且委员会不由政府组建；

m. 具有人民党党员身份的西班牙省市联邦主席或副主席。

（2）自治区领导管理委员会，根据其自己的章程规定，构成如下：

a. 自治区执行委员会成员；

b. 省、岛主席及秘书长；

c. 本党籍的自治区议会成员；

d. 省、岛屿政府的行政首长，省会城市和登记人口超过五万人的城市市长或发言人；

e. 登记人口超过五万人的城市的议会会长；

f. 新生代主席及自治区秘书长，加上十五名由国家执行委员会选出的新生代成员；

g. 新生代省、岛主席；

h. 本党籍的自治区政府理事；

i. 本党籍的政府驻自治区代表；

j. 自治区内具有党员身份的国家领导管理委员会成员。

（3）省级领导管理委员会，由自己的章程确定，构成如下：

a. 省级执行委员会成员；

b. 地方委员会主席；

c. 省内党的全国议会成员；

d. 省内党的自治区议会成员；

e. 省内欧洲议会成员；

f. 省内省级众议员；

g. 省会及登记人口超过五万人城市的市长或发言人；

h. 登记人口超过五万人城市的地方主席；

i. 新生代省级主席及秘书长，加上十五名由该组织选出的成员。

（4）岛屿级领导管理委员会及党内其他组织根据各自章程来确定。

（5）成为国家、自治区、省级、岛屿级领导管理委员会及党内其他部门成员者均须具备党员身份。

（6）在党的相应网页上介绍领导管理委员会成员名单并专门说明其职务。

2. 选举委员会及权利保障委员会秘书长均为管辖范围内领导管理委员会的当然成员。

3. 自治区领导管理委员会可根据民意及各省或岛屿的特殊情况，邀请任何成员加入本部门以及省级或岛屿级领导管理委员会。

4. 人民党主席可邀请任何一位党员出席领导管理委员会或按要求向该委员会做陈述报告。同样，也可任命一名书记员，但该人员没有发言权和表决权。

5. 主席同样可以邀请具备党员身份的议会团体技术秘书及主任参与相应地域级别的领导会议，但他们没有发言权和表决权。

第二节　执行委员会

第三十九条　执行委员会体制与构成

1. 执行委员会是在各级党的代表大会闭会期间，在所属地域不同的党组织中行使党务管理职能的行政机构。

2. 党的全国执行委员会构成如下：

a. 党主席（全国）；

b. 总书记，也是总协调员，副书记；

c. 三十五名由代表大会选出的委员；

d. 众议院、参议院及欧洲议会中议会团的发言人及总秘书长；

e. 各自治区、市主席；

f. 具有人民党党员身份的议会代表；

g. 根据第四十七条第一款第九项中规定，由全国主席指派的最多五名委员；

h. 全国选举委员会及全国权利保障委员会主席；

i. 新生代全国主席及总书记；

j. 我党各自治区主席；

k. 协调员与书记员，视其所处职位的重要程度以及是否有自己的意见表达渠道；

l. 人民党籍的国际组织的主席及总秘书长，视其组织同党关系的紧密程度以及是否有自己的意见表达渠道而定；

m. 根据第二十九条第四款之规定，两名人民党海外组织代表；

n. 国家财务主管；

o. 具有人民党身份的欧盟委员会成员。

3. 不同级别的选举委员会及权利保障委员会主席是相应级别执行委员会的当然成员。

4.（1）在不违背上述规定前提下，自治区、省或岛执行委员会构成如下：

a. 主席；

b. 总书记、副书记；

c. 省或岛主席；

d. 本党籍的自治区议会主席；

e. 二十二名由自治区、省或岛代表大会选出的委员；

f. 相应组织中登记在册的全国执行委员会中的成员；

g. 自治区议会发言人、主席，省议会、市议会或岛屿地方议会发言人；

h. 新生代自治区、省或市级主席。

（2）自治区、省或岛组织规章制度决定省级议会、市政议会、省会政府、国家议会省级办事处之党内发言人，在自治区、省或岛屿级执行委员会中的参政形式以及市级发言人在地方执行委员会中的参政形式。

5. 全国、自治区、省或岛屿级执行委员会，由主席组织，至少每月召开一次例会，在五分之三成员要求下可召开非常会议。有关非常会议的要求同时适用于其他地方机构的执行委员会，召开频率由各机构相应条例规定。

6. 除紧急情况之外，执行委员会会议通知应至少提前七十二小时，以书面形式通过电子渠道发送，通知内容包含会议议程。经执行委员会绝对多数成员申请，可将所申请事务于会议正式召开前二十四小时之内纳入会议议程。

7. 执行委员会中出席会议人数达到一半多一名的条件下，主席即可宣布执行委员会的有效构成，并可以任命一名书记员，该人员无发言权和表决权。

8. 自治区、省或岛屿级主任可参加执行委员会会议，在会议上具备发言权但不具备投票权。

第四十条　执行委员会权力

1. 执行委员会在其所属区域党的组织内行使以下权力。

（1）组织、协调和管控党内活动，采取必要措施执行各级代表大会及领导管理委员会所做出的决定。

（2）撰写并向相应地域层级的代表大会或领导管理委员会提交报告和提案。

（3）提出我党总战略、政治宣言及纲要，制定各行政机构政治活动总方针，审批规章制度，任命或撤销其发言人和领导职务。

（4）任命权利保障委员会及选举委员会的总书记、副书记、协调员、秘书和主席，任命司库，审批影响组织和内部职能的修订、删减或改写方案。

（5）在严重事态下，成立临时委员会，暂时接管所属地域层级的党组织，行使领导管理委员会、执行委员会、主席和总书记的权力，在无代表大会特别说明的情况下，则行使高一级地域层级的执行委员会的权力。同时，该临时委员会可通过被任命的人员行使管理上述机构的权力。所有情形下，接管的临时期限均不能超过六个月，若有特殊原因，可进行延期。

此后两个月之内须召开代表大会。

（6）接受党务管理人员的辞呈，并指派人员接管其工作。

（7）处理组织内不同单位之间的冲突矛盾。

（8）根据本党章相关条款，于权利保障委员会成立纪律审查案件。

（9）通知下属机构召开会议，指明会议议程及事由。

（10）审批相应组织的年度预算与结算。

（11）制定预选和选举活动方案，在适当情况下，向专为行使大选之组织的执行权力的委员会派出代表。

（12）依据本章程第十一条第二款所及之权力，宣告违反本章程第十一条规定的党员丧失党籍。

（13）在主席辞职或逝世情况下，推举人民党领导人，并将提案提交至相应领导管理委员会。

（14）赋权与批准党的个体性领导机构的政治、司法和管理活动。

（15）授权下属机构代表大会的召开。

（16）任命我党在各行政机构、企业、公司等单位中的代表。

（17）听取所属区域范围内的自治区执行委员会下属的省或岛屿级执行委员会的报告，授权和批准所有动议。

（18）处理本章程中第七条及第八条执行过程中产生的分歧。

（19）批准内部的组织和管理规定，包括权利保障委员会的监管措施，以防止违法行为。

2. 全国执行委员会可组建代表委员会，执行特殊工作或研究活动。

第四十一条　执行委员会内部机构

1. 国家执行委员会内部由分派了不同权责的部门组成，分别协调、管理全体或部分成员，并从整体上考虑党的政治和物质的要求。

2. 其余各级执行委员会内部结构由地方组织条例规定，但其职责范围须符合全国执行委员会相关要求。

第三节　协商机构

第四十二条　人民党全国议会

1. 全国议会是我党的一个协商性质机构，其召开通知由全国议会主席下达，每年对该机构执行的政策进行评估，并就执行委员会或领导管理委员会的决议进行讨论。全国议会可以提供指导、建议并对党的政策做出评价。

若当年召开全国代表大会，则无须召开全国议会。

全国议会构成人员如下：

a. 全国领导管理委员会成员；

b. 自治区议会议员；

c. 自治区管理委员会成员；

d. 省议员团，岛上理事会或代表大会主席或发言人；

e. 各市市长或人口超过一万五千人的城市发言人；人口超过一万五千人以上的单一市政区划的省份，每超出此基数一万人，可以再选派一部分相同数量的代表；

f. 全国执行委员会决定的一部分党员，以及依据全国领导管理委员会既定章程，由各自治区、省或岛上相应的领导管理委员会任命的代表；

g. 新生代自治区秘书长及省级和岛屿级主席。

2. 各地域层级的党组织均可依据全国领导管理委员会的规则召开代表会议，向如下人员通报党内管理情况：从事党务管理的党员、担任政府公职或处于政府反对派地位的党的成员，以及致力于选举计划实施的相关党员等。

第四十三条　旅居海外西班牙人代表大会

旅居海外西班牙人代表大会作为人民党协商机构，负责制定我党有关居于西班牙境外党员和西班牙公民的行动方针，提出有关移民事宜的政策建议，协作和鼓励西班牙人在海外开展竞选活动。

旅居海外西班牙人代表大会由人民党主席、总书记、海外党组织协调员、人民党各级海外执行委员会主席以及党主席任命的人员组成。

旅居海外西班牙人代表大会于全国代表大会及议会召开期间或在主席要求下举行会议。

第四十四条　西班牙移民代表大会

西班牙移民代表大会作为党的协商机构，负责研究有利于社会一体化的政策。同时负责研究移民动机，移民来源国的社会、政治和经济形势，以便开展与这些国家的积极合作，促进它们的发展与经济增长。

该代表大会应在西班牙移民团体中促进、协调和鼓励竞选活动。

第四节　主席

第四十五条　首任主席

人民党创始人、首任主席为 D. 玛努埃尔·弗拉加·伊里瓦内。

第四十六条　名誉主席

1. 在党主席推荐下，全国代表大会在全会上可任命在我党政治方案推行工作中有重大贡献的全国主席为名誉主席。

2. 名誉主席将为全国执行委员会当然成员并受托代表全国党的主席履行其他权责。

第四十七条　主席

1. 主席为我党在相应行政范围内的最高负责人，履行如下权力：

（1）作为党的政法代表，指导领导管理委员会和执行委员会，在选票出现相持情形时拥有裁决权；

（2）在执行代表大会、地方组织管理机构或其他高级职能部门的决议过程中采取适当的措施；

（3）向执行委员会举荐总书记、副书记、协调员、秘书及财务主管人选；

（4）向执行委员会举荐选举委员会主席及成员、人民党监察办公室成员以及权利保障委员会主席人选；

（5）直接启动纪律案件，暂时中止涉案党员在党内的职务；

（6）在患病或不在西班牙境内时，授权总书记代行职权；

（7）就不同党的活动领域之间的分权、增减权力及相关变化，向执行委员会提出建议；

（8）在最近一次党的代表大会或党员大会之后，基于优化党的组织结构的特殊目的，任命最多五名表现突出的委员加入执行委员会；

（9）向执行委员会提出免除任何一位成员的职位权责的建议，并从其他委员中选择替换者；

（10）在某成员辞职或逝世时任命新的成员加入委员会；

（11）向总书记或全国执行委员会中其他成员授权代行其职务；

（12）向执行委员会建议成立人民党研究委员会并推举该委员会领导人，被推举人员应为人民党党员。

2. 在紧急情况下，为解决紧急事态，人民党主席可暂时行使任何群体性机构的部分职权，直到执行委员会或领导管理委员会召开会议，并向该部门汇报事态结果及临时批准采取的措施。

第五节 总书记

第四十八条 总书记

1. 人民党总书记由主席从代表大会选出的成员中举荐，由执行委员会任命。

2. 人民党总书记拥有以下职责：

（1）在主席领导下，执行党的执行委员会和领导管理委员会会议通过的决议、领导方针及决定，由书记员做好会议记录并存档，该书记员可以参加前述会议但不具有发言权及表决权；

（2）通过副书记及各活动范围内的协调员完成协调组织工作；

（3）指导党的服务性工作并担任相关工作人员的领导；

（4）采取具体措施，保证各位党员能够获取适当信息，党员之间交流畅通，党员能够积极参与党内生活；

（5）在不影响主席或议会团发言人职权前提下，跟踪执行党的选战计划；

（6）正确引导党内各级各地管理活动的相关信息。

3. 总书记为主席普通候补人选。同时，总协调员和副书记可短期或长期地代理总书记之职。

第四十九条 内部组织

1. 执行委员会在主席建议下，有权审批党的国家级领导层内部组织，其中包括副书记、协调员及秘书。

2. 副书记、协调员及秘书负责领导和协调全国执行委员会委以的活动范围内的工作，注意该范围内服务工作效率。

3. 本条第一款中涉及的职务修改、精简或合并得在主席建议下，由执行委员会负责完成。

4. 本条中涉及的职务调整若有新设职务，得在党主席的建议下由执行委员会任命。

第五十条 国家领导委员会

1. 领导委员会是在主席领导下，依据全国执行委员会指定的方针，具体负责党内日常工作管理和协调部门。

2. 领导委员会构成如下：

（1）主席；

（2）总书记；

（3）总协调员；

（4）副书记；

（5）众议院、参议院及欧洲议会代表大会发言人；

（6）若议题与青年相关，则构成中须有新生代全国主席。

国家领导委员会会议可邀请属于人民党的自治区政府主席参加。同时，也可邀请新生代协调员、秘书及其他由主席决定的人员参加。

3. 领导委员会在国家执行委员会领导下执行以下职能：

（1）执行主席和总书记指示；

（2）推进我党或各自治区、省和岛屿党组织的政治活动；

（3）在党内各级范围、部门和地方组织中开展管理和协调工作；

（4）确保党内活动的合理开展；

（5）向国家执行委员会或全国领导管理委员会递交提案；

（6）协调同各地区议会党团之间的合作。

4. 领导委员会每周举行例会，会议由党主席或总书记主持。

5. 各自治区、省和岛屿党组织也应在其章程中规定设立类似机构，以管理党内各部门之间的工作，协调其关系以及所处组织同区域内外其他党的组织和部门的关系。

第五十一条　司库

司库的任命依据本章程中第四十条第一款第四项及第四十七条第一款第三项规定完成，依法行使所在区域范围内或由执行委员会指定的管理与金融职权。

第四章　专门机构

第一节　选举委员会

第五十二条　选举委员会体制

1. 选举委员会负责与竞选相关的所有事宜，存在于国家、自治区、省、岛屿和地方层面，由一名主席、一名书记和六名由相应级别执行委员会任命的委员以及一名新生代执行委员会指派的委员组成。

2. 党的选举委员会负责审批或修改提交至该委员会的竞选提案，在修改提案时须向提交提案的选举委员会反馈建议调整的原因。

3. 选举委员会成员，除主席和书记之外，不可作为选举对象出现于名单之上，若要参加选举，则须在选举通知发出后两个工作日之内提出辞去相应职务的申请。若投票有损委员会主席或书记形象，则不应组织该投票。

4. 各级选举委员会可在适当情况下向党内领导人咨询意见，也可鼓励党内各地方机构参与选举事宜，并于选举之后在其职责范围内任命公职人员。

5. 每个岛屿均得设立选举委员会，行使省级选举委员会同等职权。

6. 各级选举委员会在各自选区中选举法定代表。

7. 在制定不同选举流程中的候选人资格时，各选举委员会应参考以下标准：

（1）根据本章程第七条中规定，所有党员均享有平等权利；

（2）被选举人的功绩、能力、评价结果，特别是此前依据党的规章制度履行权责和义务的情况，已被宣布为叛党者除外；

（3）候选人与其参选区域的联系紧密程度；

（4）符合我党及各行政机构团体提出的关于正确行使职能的要求。

第五十三条　各选举委员会权责

1. 全国选举委员会制定及通过本党竞选欧洲议会议员的候选人资格，通过参加西班牙议会、省会议会选举的候选人资格，指派候选人参与自治区政府主席职位、众议员主席职位、省会市长职位及理事会会长职位的竞选，经全国党主席授权，批准由自治区选举委员会推选的候选人参选自治区参议员。

2. 自治区选举委员会负责在省级选举委员会提案基础上，提名本自治区立法议会议员的候选人名单，并提交至全国选举委员会，在省级选举委员会的提议下通过人口超过两万人的城市和地区候选人资格，提名候选人参与竞选代表该区域的参议员。

3. 省级选举委员会负责制定和推举参与立法选举候选人资格及省会城市选举资格；推举人口超过两万人的城市候选人资格，通过人口两万人以下的城市和地区候选人资格。

4. 地方选举委员会制定人口超过两万人的城市候选人资格，制定和推举人口两万人以下的城市候选人资格。

5. 群岛地区根据岛屿级选举委员会指示执行自治区相关规定，不得违反第五十二条中第五款所及规定。

第二节　权利保障委员会

第五十四条　体制与构成

1. 权利保障委员是负责保障党员权利的行使，审理和裁决党内纪律案件，贯彻党内规章对党员进行纪律教育和必要时处置违纪党员的机构。全国和自治区党的组织均设置该委员会。

2. 权利保障委员会为群体性机构，行使专门、独立的职责，由主席、书记及至少六名至多十名委员组成，均根据该委员会所属职权范围，由相应的国家或自治区级领导管理委员会任命，成员中至少五人具有法律专业本科学历。同时，还应包括一名由新生代组织执行委员会所选出的新生代成员。成员中其中一人承担副书记一职，负责撰写会议记录、保管文件、在任何情况下替任书记员。

若一定期限内权利保障委员会成员席位出现空缺，执行委员会可指派人员填补空缺，直至召开第一次领导会议。

3. 在行使监管职能的过程中，各级执行委员会负责监督本党籍担任公职的人员及规章制度所涉及的所有人员是否存在违纪言行，即使该人员不具备人民党党员身份。

4. 国家权利保障委员会定期向自治区权利保障委员会通报与该自治区相关的案件。

5. 紧急情况下，委员会主席与书记可召开会议做出具有效力的决定，但该委员会须在召开第一次会议时做出相关批示。

第五十五条　管辖权

1. 国家权利保障委员会拥有对所有党员的普通管辖权，对担任众议员、参议院及欧洲议会议员的党员或隶属于党内国家级机构的党员拥有专属管辖权。国家权利保障委员会不可放弃管辖权或将其移交至其他机构，在自治区权利保障委员会需回避案件的处理时，可转由国家权利保障委员会代行权限。

2. 自治区权利保障委员会具有审理和裁决案件的权限，甚至做出开除出党的处分决定。党员或干部有行为不端时，一经发现则会建立机要档案，并可能形成违纪记录。

3. 若针对党员的指控合乎本条第一款中所述规定，即便案件中调查对象还涉及其他不属同种情形的党员，自治区权利保障委员会均应拒绝受理该案件并移交至国家权利保障委员会处理。

4. 自治区权利保障委员会关于违纪案件的决议存在争议或党的各级代表大会上出现反对意见时，根据各级代表大会规章制度，由国家权利保障委员会裁决。

5. 任何党员若认为依据党章规定，其权利受到党的组织的决议或行动以及其他党员行为的侵害时，可向自治区权利保障委员会提出申诉，该委员会应在最多四个月之内予以裁决，若不满意处理结果，可在十个工作日内向国家保障委员会提起上诉。

6. 针对自治区权利保障委员会的决定和决议，在有关通知下达后十个工作日内可向国家权利保障委员会提起上诉，后者依循党的规章所确定的程序，于三个月之内予以裁决。

7. 国家权利保障委员会是唯一一个对党章及党内规章制度做解释说明的机构。

自治区权利保障委员会负责解释说明所在自治区或下级行政单位范围内的规章制度。

第五十六条 党员维护人

党员维护人是党员与管理结构及人民党领导层之间的沟通渠道，党员可向该维护人陈述意见、投诉及建议。

党员维护人从国家权利保障委员会成员中选出，由国家执行委员会任命。

自治区权利保障委员会可任命自治区自己的党员维护人，在相应行政区域内配合全国党的党员维护人工作。

党员维护人每半年向相应区域组织的总书记和主席提交工作总结。

第三节 人民党监察办公室

第五十七条 制度与构成

1. 人民党监察办公室是党内一个能自主行使权力的机构。

2. 该办公室由三至五名未担任任何公职或部门领导职务的成员组成。

3. 人民党监察办公室成员的任命参考主席建议，由相应区域的执行委员会负责审批。

4. 国家执行委员会审批通过人民党监察办公室的办事章程，该章程应符合本条规定。

第五十八条　内部管控职能

1. 国家领导管理委员会成员均受本条所及规定约束。自治区各人民党监察办公室对担任自治区领导管理委员会且不属国家领导管理委员会的公职人员有管辖权。其余公职人员则由相应的省级或岛屿级办公室主管。

2. 人民党监察办公室在其职权范围内执行以下内部管控：

（1）监督代表党的公共职务和党组织职务的任命是否符合流程和要求；

（2）审批个人所得税及财产申报的相应表格文件；

（3）存留承担人民党公职或党的代表机构中职务所需材料；

（4）完成和管理人民党干部活动、财产及财产税务登记；

（5）监督本章程第十条中有关职务冲突制度的执行情况；

（6）保证资料信息获取渠道及使用的安全；

（7）执行全国执行委员会依循相关规章所赋予的其他职能；

（8）向权利保障委员会通报在行使职能过程中可能察觉到的异常和不正当行为。

3. 为行使职能，人民党监察办公室成员可随时要求传讯公职人员。

4. 人民党监察办公室制定年度报告，汇报其职能行使情况、管理工作情况以及各项活动开展情况。

第四节　自治委员会

第五十九条　自治委员会

1. 自治委员会作为人民党专门机构，具有咨议性质，负责讨论、协调和引导我党有关自治区发展、融资、能力范围的各项政策，加强各区域团结、提出共同政治活动纲领的提案和决议。

自治委员会由人民党全国主席、总书记、各自治区党主席以及人民党领导的各自治区和城市主席组成。

自治委员会至少每三个月召开一次例会。非常会议根据党主席指示召开。

参加自治理事会会议人员由主席决定。

自治委员会依据人民党主席决定参加人民党领导委员会。

2. 自治委员会行使以下权力：

（1）讨论会对自治区当局权力范围产生影响的联合提案；

（2）制定并向国家执行委员会提出建议，请求该委员会通过各自治区政治活动基本纲领；

（3）促进各自治区之间相互合作，在忠于国家的基础上，实现共同利益。

3. 根据自治委员会决议，可成立临时或常设的特别委员会，负责协调和指导制定人民党有关自治区具体事务的政策，并要求制订联合计划。

上述专门委员会由书记主持，或由自治区主席选派的人员或代表主持。

党主席选派的相关人员也可参与构成上述委员会。

第三部分　参与人民党的活动

第六十条　开放的政党

人民党是一支面向所有公民的开放的政党，欢迎所有党员或无党派人士，不论个人还是集体均通过本部分所述渠道参与我党的日常活动。

第六十一条　活动参与负责人

各级执行委员会根据本章程中第四十九条之规定，指派一名负责人，负责推行活动参与政策与途径，鼓励广大党员参与其中。

第六十二条　活动参与途径

1. 作为西班牙议会、自治区议会及欧洲议会的各行政团体中的成员，人民党在省或岛屿的党组织成立议会办公室，于自治区执行委员会指派的协调员领导下，负责收集公民向人民党议员及其他公职人员所提出的要求、咨询或建议并做出相应答复。

被选举出的议员定期到议员办事处值班。办事处须制定接待时间表并定期向公众宣传。在不违背上述规定的前提下，不同地方或区域的接待时间根据组织和地区建议而定。

人民党各区域单位在社交网络上推动成立在线议会办公室，最大限度上于各级议会所代表的区域推广（省、自治区及国家）议会代表的提案。同时，鼓励各级机构或公职干部在办公过程中使用社交网络。

人民党在各议会代表区域内的代表提交提案，相关信息均将通过不同沟通渠道，让广大党员知晓。

人民党以上述方式与各位公民保持直接和长久的联系，收集群众关心的话题，回应群众的需求与建议。

2. 所有公民均可出席论坛活动，将其作为积极参与党内活动的渠道，在论坛中各抒己见、交流沟通。通过论坛活动，人民党希望向全社会传达相关建议与立场，收集各种建议与关切，让各类决定得以更好地执行。

论坛按行政单位级别，以面对面形式举行，并在举行之前以公告形式或在网页上发布通知。

论坛期间，由执行委员会委派一名人员，作为该机构相关负责人，在论坛结束后向该委员会提交总结。

3. 为促进和方便党员与干部参与党内活动，可在各行政区域设立研究委员会，作为常务工作机构和政策对话、讨论和研究部门，负责撰写报告或形成提案。

党员可撰写提案、项目，并提议成立研究委员会。相关手续以书面形式提交至执行委员会或该委员会主席等待通过。

上述委员会应在主席建议下由相应执行委员会通过成立，分为不同部门领域，向公众开放，欢迎党内外专家参与。党内设立的研究委员会允许新生代组织参与。

4. 在主要区域组织中设立电子平台，方便广大党员通过人民党网站直接参与活动。

5. 人民党在各社交网络上的官方主页是公民交流与对话的平台，以此作为了解群众需求和建议的渠道。人民党应在各个自治区、岛、省和地方组织的主要社交网络平台上设立官方主页，公布网站首页链接并用以保持与广大公民畅通交流的渠道。于人民党名下创建的官方主页上的名称应是党的名称而非个人名称。

主页上除机构主要信息之外，还应为论坛、在线议会办公室及本条中所述其他渠道留有空间。

网页上还需配有相应功能，允许党员和公民就人民党的政策和倡议发表观点，就本身感兴趣的问题提出政治活动方针，为需要审议的问题进行投票，在网络上分享和宣传人民党的建议与倡议。

党的代表大会在各区域组织网站首页上占据醒目位置，并设一个有效途径，便于代表大会组织委员会与主席职务候选党员之间沟通联系。

6. 各地方范围内的领导机构均须在各个向公众开放的办事点提供公民

接待服务部，定期公布接待时间表。在省、岛屿或人口超过两万人的城市中，公民接待服务部将作为议员办事处的必要补充。

人民党各办事处的公民接待服务部负责接收提议、方案和提案，并提交至人民党相应机构受理，完成相关手续并在受理之后予以答复。

7. 人民党以最快速度，跟进和答复通过上述渠道提出的需求、方案、咨询和建议，丰富党内政治活动。人民党与各类公民协会保持畅通联系。

8. 为促进社会网络应用，须为广大党员，尤其是人民党党内干部代表制定《行为规范手册》。

9. 加强必要的工具建设，以建设或维系传统沟通渠道，方便获取与公民需求相关的信息。

10. 在培训方面，不同行政级别区域，在人民党各办事处设计课程，进一步深化各部门工作。培训课程均以自愿为原则，充分利用党内成员和干部的学识、经验和专业知识。

第四部分　党的行政团体

第六十三条　体制、职能与权力

1. 人民党的行政团体作为人民党在国家、自治区、省、岛屿和地方各机构开展政治活动的渠道，由选举名单上选出的候选人组成。

2. 行政团体不得吸纳在选举时作为候选人加入其他政党阵营的当选者，上述组织或团体解散或并入人民党时除外。

3. 人民党的行政团体的活动须符合人民党管理机构相关规定。当我党在制度上与其他政治力量联合组成某些特定机构时，党内团体成员也接受同样规定的约束。

4. 有关不同行政团体的组织和结构的规则，依据每个团体制定的规章制度完成，该规章制度在立法机构会议及岗位调动之前两个月之内提交至人民党执行委员会获得批准。

5. 根据相应规章制度，人民党主席兼任代表大会、参议院及欧洲议会的议会团主席。议会代表团驻代表大会之发言人协助上述议会团开展活动，维系议会团与各类社会团体之间的关系。

6. 行政团体至少每季度举行一次例会，会议应党主席、团体领导机构之要求举行，或应三分之二成员要求举行。

7. 人民议会联盟与自治议会团体相互协作，并为相应的代表大会、参议院及欧洲议会提供协助。

8. 人民市级联盟对人民党选举出的市级和岛屿级干部进行协调。其构成与功能由全国领导管理委员会批准通过的规章制度予以界定。

9. 议会发言人委员会由自治议会团体及代表大会、参议院及欧洲议会中的发言人组成，负责人民议会联盟日常工作的管理与协调，构建人民议会网并将其作为日常沟通渠道。其功能由人民议会联盟规章制度予以界定。

10. 地方管理委员会同各市市长及各议员团、理事会、市政厅主席共同制定和执行市、省和岛屿级选举方案的行动方针。该委员会的构成和职能受人民市级联盟规章制度约束。在保证公共服务管理工作质量、透明度和创新性的基础上，委员会也应发挥切实作用，把我党市政工作的优良模式推广至自治区和国家的政务工作中去。

11. 行政团体须定期将活动开展情况及职能履行情况汇报至团体所属的地方组织管理委员会或按要求向高级部门做汇报。还须按相应执行委员会规定每年至少向全体党员做一次汇报。

12. 上述规定适用于各行政单位区域党内各级行政团体。

第五部分　财产、经济及党内聘用制度

第六十四条　基本原则

1. 人民党拥有完全的法律行为能力，享有经济自主权和处置相关资产的权利。

2. 人民党的经济—金融活动受 2007 年第 8/2007 号组织法有关政党财务方面的规定、适用法律以及现行党章约束。

3. 根据现行规定，人民党应保存随时可查阅的财务状况记录。

4. 以任何名义持有或转让的财产和权益均为人民党所持财产。

第六十五条　经济资源

1. 人民党经济资源构成如下：

（1）各公共管理部门的财政支持；

（2）各行政团体接受的贡献；

（3）党员党费和贡献；

（4）党内活动收益、财产管理所产生的收益、推广活动中所产生的收益以及通过提供专项服务所产生的收益；

（5）符合法律规定的钱财或物质捐赠；

（6）相关借贷资金；

（7）所获继承财产。

2. 国家执行委员会制定党员缴纳党费的最低金额及当选官员的最低政治捐献金额。党员缴纳党费中的百分之零点七用以组织非政府组织合作发展部门活动。此项规定由人民党中央办公厅根据国家执行委员会所采纳的相关决议执行。

第六十六条　预算和年度结算

1. 财政年度以自然年份为基础，至每年 12 月 31 日为止。各行政单位区域组织全部预算由相应执行委员会于 12 月 31 日之前完成审批。

2. 各行政单位区域组织单独预算由相应执行委员会审批。人民党年度结算由国家执行委员会审批。

3. 国家、自治区和省级地区党组织均须制作年度合并报表。如岛屿、地方和县级地区存在决算，则与省级决算报表合并。

4. 内部审查旨在对党的财务、经济加以管理，以保证与经济权益和义务相关的文件及记录得以正确查阅和审计。

5. 年度结算须在法律规定时间范围内寄送至审计法院。

第六十七条　聘用

1. 人民党聘用流程遵循公开、民主、透明、保密、平等和不歧视的原则，并在适当情形下保护当事人的自主意愿与隐私。

2. 在符合上述规定的同时，人民党可制定相关的聘用指导文件。该文件将于人民党网页上公开。

第六部分　人民党新生代组织

第六十八条　性质、成员身份及体制

1. 新生代是在人民党内部组建，通过自己选举产生的机构，促进年轻人参与党内生活，为西班牙宪法中第四十八条之规定的实现做出贡献。

2. 任何年龄在十六岁以上三十岁以下且未加入其他政党的青年，均可申请加入人民党新生代组织。

3. 新生代成员在年满十八周岁时自动转入人民党成员党员，根据本章程第一篇之规定享有与其他党员同样的权利与义务。

4. 新生代参考本章程总的政治原则和组织要求，自行撰写该组织章程和规章制度，以党内各行政区域组织提供的物质资料的支持下，达成组织目标。

附加条款

一

根据国家执行委员会建议，授权全国领导管理委员会批准修改党章，新党章中包含第十八次全国代表大会上确定的有关制度、术语或章节数所做修改。

二

授权全国领导管理委员会审批与本章程执行相关的其他规定。

三

新生代保留现有规章及其在各合作机构和人民党选举流程中的层级。

允许新生代领导管理委员会在该组织章程中做出必要修改，以便于更好地配合本章程中相关规定的执行。

新生代代表大会审批通过该组织章程，章程须通过人民党全国领导管理委员会批复。

四

在不违反第三十五条中有关主席和党内管理机构选举的相关规定的前提下，省和岛屿级代表大会中两名以上的公告候选人仍可以在本层级大会代表中联名向相应代表大会推选一名候选人。

五

加纳利群岛和巴利阿里群岛的自治组织决定举行自治代表大会时，可经执行委员会批准，以集会的形式召开。只有以这种形式，主席、领导管理委员会及自治区执行委员会的选举才可在选区通过组织委员会于岛上省会城市设立的投票点进行投票。

不论是以这种分散机制还是以常规方式投票给执行机构，自治区代表大会皆应举行普通或特殊性质的最终会议，以符合本章程中第三十一及第三十二条规定。在会议上正式通报选举结果，并就各份提案或其他文件进行讨论，决定是否采纳。

六

人民党党章及其他与党员和公民相关的文件均可在人民党首页 www. pp. es 上获取。

七

与党员的有效沟通可通过电子邮件进行，以便各位成员及时知晓党内最新动态和情况。党的官方网页及其他相关社交网络上均应加大宣传。

八

党员若承担某职务，从任职起算，可由国家执行委员会给予最多一年过渡期，期满后，根据职务冲突制度，承担职务者不再兼任其他职务。

九

全国代表会议以及各地方代表大会上通过的提案须在会议召开后在网站上予以公布。

（专门）过渡性条款

在特殊情形下，在第十八次全国代表大会闭幕后，至少有三十天时间组织召开自治区代表大会。

最终条款

本章程自在人民党第十八次全国代表大会上通过之日起生效。

各地方党组织的章程皆须于最多六个月之内做出相应修改，以与本章程保持一致。

（余思聪 译）

西班牙工人社会党章程

（第三十九次全国代表大会修订）

第一部分 总则

第一章 通用组织原则

第一条 名称、简写、标识、地址、网址和电子邮箱

1. 党的名称是西班牙工人社会党，简写为 PSOE，党的标识要素包括铁砧、墨水瓶、钢笔、书、拳头和玫瑰。

2. 党的标识为一个带有拳头和玫瑰图样的正方形，并配有简写 PSOE 字样。联邦执行委员会有权制定与该图案的合法应用相关的技术条款，并负责与相应机构沟通该事宜。

3. 各级政党或联邦政府可使用区域范围内所承认的官方语言来确定其标识图案或名称，并可使用自己的简写名称，但应附上简写 PSOE 字样。

4. 联邦所在地位于马德里费拉斯大街，邮编为 70。各区域政党或联邦政府的所在地位于其领导机关所商定的地点，其搬迁应获得联邦执行委员会的同意。

5. 党的网页是 www.psoe.es，其官方电子邮箱为 infopsoe@psoe.es。

第二条 行动范围、目的和执行区域

1. 西班牙工人社会党是一个联邦性质的政治组织。根据西班牙宪法第六条，它是人民参与政治的工具，构成并体现了人民的意志，代表工人阶级，反对剥削，致力于建设一个自由、平等、团结、和平的社会，并为人民的进步而奋斗。党的目标和规划体现在其原则声明、各项代表大会及会议决议中。

2. 党的行动范围是整个国家，同时会考虑各社会主义统一进程中所达成的协议的规定，尤其是不影响与加泰罗尼亚社会主义党签署的统一议定书中的规定。

第三条　通用组织原则

1. 党内生活采取民主参与的形式并实行党员共同责任制。

2. 尊重每位党员在党内的信仰自由和言论自由。无论是每位党员单独发表意见，还是通过持有相同观点和意见的党员共同构成的不同派别发表意见，都应保障党内讨论的完全自由。党员可以通过不同区域内的党组织以及依据本党章规定的渠道，表达其观点和意见。不允许形成有组织的政治倾向。

3. 服从党的相关权力机关做出的决定。

4. 党组织的联邦思想是以各机关在章程规定的相应职权范围内自治为基础而形成的集体思想的结晶。

5. 党的统一从根本上体现在其最高纲领、大会决议中所含基本思想的统一以及党员面向社会时所采取的行动的统一。

6. 在最高纲领和政治行动之间有许多问题待解决，如制定过渡性和局部性纲领，以及确定有关战略策略的定义以便实施这些纲领。所有这些问题的实现，都必须基于党组织内部依据章程规定的渠道而不断进行的审查和讨论。

7. 整个党组织的各级代表机构应在其各自的职权范围内，做出决议以确定党的立场、提出要执行的指导方针、明确执行机构，并在全体成员的支持和配合下付诸实施。

第四条　意见派别

1. 各意见派别只能在党的联邦范围以内形成。

2. 在遵守党的章程、纲领和政府机关决定的情况下，所有持相同政见的党员可在党内形成各自的意见派别并开展活动。

3. 联邦委员会负责审批联邦执行委员会提出的建立新意见派别的议案。向联邦执行委员会提出的申请至少应由五个大区或民族地区联邦政府中不少于百分之五的党员提出并担保。

4. 各意见派别必须让自己所在范围内的执行机构了解其活动情况，尤其是要向党组织提供体现其自身工作并反映其相关思考的文件材料。

5. 党的各项会议应当在党的办公驻地召开。参与某一意见派别工作的党员应当注意不向党外传播违背党的代表大会及其他领导机关所做决议的言论。

第二章 党内机构的选举程序

第五条 党内机构的选举和审查程序

执行机构和代表机构的选举遵循如下标准。

1. 执行机构的选举。

（1）市级和选区执行委员会的选举采用多数当选制，应从封闭名单上的全部党员中以一人一票、直接和秘密投票的方式选出。

（2）岛屿、省、自治区和联邦执行委员会的选举采用以下制度。

i. 总书记的选举：该选举采用初选制。根据相关条例，选举由相应区域内具有完全政治权利的中坚党员和党员以一人一票、直接和秘密投票的方式进行。各级党组织的全部初选过程均应由类似的标准进行规范管理，从而便于候选人参与，并确保选举过程中的资源平等、组织公平、自由且透明。

初选采用"二轮"当选制。在第一轮选举中，获得百分之五十以上有效投票的候选人将被选为总书记。如第一轮中被推选者超过两位且均未获得百分之五十以上的有效投票，则获得较多票数的两位候选人将进入第二轮选举。在这一轮中，获得票数最多的候选人将被选为总书记。

为了使候选人谨慎参选，候选人需要缴纳普查保证金，比例如下：①联邦级别选举，缴纳党员和中坚党员人数的百分之一的保证金；②自治区级别选举，缴纳党员和中坚党员人数的百分之二的保证金；③省或岛屿级别选举，缴纳党员人数的百分之三的保证金。

如果只有一位党员达到最低保证金数，则保证金审查机构将推选该党员为总书记，无须投票。

若仅出于获取候选资格所需保证金审查的目的，准候选人可向保证金审查机构提交最多两倍于所要求数额的保证金，用于获得候选资格，而此目的仅仅是为了达到所规定的最低数额，因为所提交的部分保证金可能是无效的。

在联邦级的初选中，保证金审查机构为联邦道德与权利保障委员会，而在自治区级或更低级别区域范围内的初选中，保证金审查机构为其相应区域范围内的道德委员会。

ii. 相应范围内执行委员会的选举：该选举采用多数当选制，经当选的总书记的提议，由在各自代表大会中有选举权的全部代表以一人一票、直接和秘密投票的方式选出。

（3）为了保证初选过程中最大限度的公平，初选期间在执行委员会中担任组织职务的候选人及其指定的候选代表将被中止职务，而其职责将自动由相关条例中指定的替代人员或机构临时代其履行。

2. 其他机构的选举。

（1）省、岛屿、大区或民族地区及联邦委员会的选举。

i. 各自的代表大会选举：

省、岛屿、大区或民族地区及联邦委员会的成员，根据其相应人数，从完整的封闭名单上的各代表大会代表中选出，且名单上男女代表应比例均衡，以一男一女的交替顺序排列。当名单上的参与者人数为单数时，两种性别的出现形式应根据人数进行最恰当的平衡，并按照候选人男女交替的顺序排列。

如果有两份名单，得到至少百分之二十有效票的少数派会得到相应比例的代表名额。在任何情况下，获得多数票的一份名单将有权获得超过半数加一席的代表席位。

如果有超过两份名单且没有一份获得绝对多数票，则得票最多的一份有权得到超过半数加一席的代表席位，其余席位则由其他选票超过百分之二十的候选人名单按得票比例进行分配。

ii. 通过党员的投票直接选举：

同时，根据即将批准的法规，省、岛屿、大区或民族地区及联邦委员会成员中的三分之一将由西班牙工人社会党相应地区范围内具有完全政治权利的党员及中坚党员以一人一票、直接和秘密投票的方式选出。最后投票选出的代表团应男女比例均衡。当名单上的参与者人数为奇数时，两种性别的出现形式应根据人数进行最恰当的平衡。

（2）代表大会代表及会议列席人员的选举。

根据联邦委员会批准的用于此目的的规定，由相应区域范围内具有完全政治权利的西班牙工人社会党的党员以一人一票、直接和秘密投票的方式选出。各执行委员会的成员不能作为代表参加各类代表大会。

最后投票选出的代表团应男女比例均衡。当名单上的参与者人数为奇数时，两种性别的出现形式应根据人数进行最恰当的平衡。

（3）本党践行民主原则并支持男女平等，因此，采用均衡代表制，即任何一个性别的代表人数在党的任何领导、监督或执行机构中的比例不低于百分之四十且不高于百分之六十，包括各委员会的领导人和发言人，以及由各机构内的本党议会党团任命的各项职务。任何不符合本条规范的例外情况应由相关权力机关授权批准，且需提前报告，说明理由。

第五条附　关于对总书记的审查和管理委员会的成立

1. 关于总书记的撤职。

（1）启动总书记撤职或审查程序需要由联邦委员会或其他地区级的同等机构进行秘密投票，且至少应获得百分之五十一的投票；在同意启动撤职程序后，对现任总书记的撤职事宜应当由相应范围内的党员或中坚党员在一次讨论会中讨论并批准，而该讨论会应自联邦委员会或其他地区级的同等机构同意启动审查程序之日起一个月内召开。如果在讨论会中多数人投票决定撤职，则将中止联邦执行委员会或其他地区级的同等机构的职务，并立即由联邦委员会或其他地区级的同等机构任命一个管理委员会。

（2）经上述程序任命的管理委员会，成立于通过初选制选举总书记的区域范围内。该管理委员会的执政期仅限于自任命之日起至多九十日内，且在此期间其使命仅限于组织初选程序及代表大会。在该代表大会上将选举出一位新的总书记和一个新的执行委员会。管理委员会只能从内部中立的立场采纳党组织的日常管理决定，不可在其执政期外做决策或履行其职能。

2. 关于管理委员会的成立

（1）管理委员会的成立源于上一款中所预见的因总书记撤职或审查而可能发生的情况或法律规定的其他可能情况。

（2）在章程或法律规定所预见的可能情况下，管理委员会的成立应当：由联邦级别的联邦道德与权利保障委员会或低一级的大区或民族地区道德与权利保障委员会发出同意通知并由高级执行委员会及其成员决定。

（3）管理委员会的执政期不得超过九十日。在各管理委员会的执政期间，相应级别的机构和地区的党员普查情况不得修改，以便执行由其暂时替代的机关的选举程序。

第二部分　党员

第一章　一般规定

第六条　关于入党

1. 年满十八周岁且声明愿意与西班牙工人社会党合作并参加党的活动的公民均具有入党资格。

2. 若要获得党员身份，无论是成为党员、中坚党员还是支持者，均需在相应的普查中进行登记注册。

3. 旅居国外的西班牙籍公民，经执行委员会的事先授权，可在继续保留其在"社会主义国际"的兄弟政党中的党籍的情况下，再行加入西班牙工人社会党。

4. 本党章的联邦发展规章会对入党程序、相关权力机关、期限和权利保障加以规范，其中明确规定了每一种入党形式的申请手续。

第七条　关于党员的行为举止

所有党员都应知晓并遵守"西班牙工人社会党道德条例"中所规定的内容，且该条例作为本党章的附件构成其中的一个组成部分。因此，如有党员违反本党章、道德条例或任何其他条例中的规定，品质恶劣或有悖道德，不遵从党的纲领、决定或决议，公开发表对党或其他党员不忠的或不负责任观点，违反党的纪律，侮辱或诽谤党内其他成员，或以其他任何形式违反本党章对党内全体成员规定的义务，将受到处罚，甚至可能按照规定被开除党籍。这一切都应遵循规定的程序并由相关权力机关做出决定。

第八条　丧失党员资格

1. 当发生以下任一情况时，党员资格将自动丧失：

（1）死亡；

（2）提出退党申请；

（3）未按照党章和法律规定缴纳党费；

（4）不同机构内的本党议会党团成员放弃该资格；

（5）正式加入其他政党的选举名单的党员；

（6）当西班牙工人社会党与其他政党参与同一竞选活动或与之在选举利益上有冲突时，通过任何形式或在任何范围内公开与其他政党进行政治交流，为其做宣传或助其获得选票的党员；

（7）附议或支持其他政党或联盟对西班牙工人社会党名单上的市长或其他当选官员提出的不信任动议；

（8）在未经党的权力机关明确授权的情况下，在相应范围内推动、附议或支持某一不信任动议；

（9）被委员会依法判决犯了刑法中规定的某一严重或相对严重的欺诈罪行，无论该判决是否为终审判决；

（10）根据本联邦章程及其发展法规中的规定，经过依法进行的有理有据的对席审判后，被相关权力机关处分并驱逐出党的成员。

2. 上述所有行为应由联邦执行委员会根据既定规章予以宣布。

第九条 关于党员

1. 各党员隶属于某一市级党组织或选区党组织，并通过所在党组织按照党的规定行使其权利并履行其义务。

2. 党员的权利如下：

（1）接受党组织提供的政治或技术培训，以便更好地在为社会主义事业奋斗的过程中发挥配合作用并在党组织交付的任务中获得斗争的成功；

（2）知晓各领导机构和行政机构的构成，以各机构为渠道获取党内各级机关所采纳的各项决议的信息，一般是关于所有影响党内生活、对外规划及机构活动的问题；

（3）加入组建或存在的本党议会党团从而成为其中的一分子，并可在其中自由表达思想或提出倡议；

（4）通过口头或书面形式自由表达思想，在党内自由交流、讨论及评论自身或他人的政治立场；

（5）在尊重他人尊严、遵守党内各机关在章程规定的权力范围内所采纳的民主决议和决定的前提下，本着忠实负责的态度，自由地进行公开表态、价值判断及观点表达；

（6）依照法律对各项活动规定的条款，参加在职选举及筹划的所有机构活动和内部选举活动；

（7）以候选人身份参加筹划的内部或外部选举活动，不因歧视或其优势地位而遭到反对或异议，除非是本党章中指出的由于党龄或不可兼任而造成的限制条件。行使该项权利的必要条件是按时缴纳党费；

（8）以真实信息为依据，本着言论自由的原则，在尊重他人的前提下于规定的地点和时间内对被选举人和负责人进行政治监督；

（9）面对不公正的攻击，在党外由党组织对其予以保护；在党内由相关权力机关通过公正公平的行动对其予以保护；

（10）在得到执行机构的相应授权后，使用党组织的人力物力资源来履行其义务并行使其权利；

（11）参加党组织提供的各种职位竞选活动，借此避免任意指定合作者或雇员的现象，除非是对信任度有严格要求的职位。同样，也有权获得选举通知并被选为相应级别的评议委员会或审查委员会的成员；

（12）参加某一部门组织并按照法律规定条款借助第二代互联网开发网络党建；

（13）提出政治倡议。这是一项个人权利，但实施者为集体。根据法律规定，由相应的执行委员会或党的最高机关实施，包括地方级代表大会（地方大会）、省级代表大会（省委员会）、自治区级代表大会（大区委员会）、民族地区级代表大会（民族地区委员会）和联邦代表大会（联邦委员会）。若该倡议拥有所属机关相应区域范围内至少百分之二十的党员签字支持，则此机关必须受理该倡议；

（14）若党员认为党的机关所采纳的决议违反了法律或本党章，可通过党章或法律规定中要求的程序提出异议，且在任何情况下最终都需上诉至有关法院和评审委员会；

（15）向联邦道德与权利保障委员会或党的任何其他机关求助来维护其作为党员的权利。

3. 党员的义务如下：

（1）在工作及其所有活动范围内有责任感；

（2）维护党的利益，维护党的原则声明、政治纲领，拥护各代表大会批准通过的各项决议和章程及其领导机关依法颁布的决议，不可加入其他不同的政治组织；

（3）从行动和精神上与党组织的其他党员团结一致，尊重其他党员的观点和立场，尊重他人并进行必要的合作，不因不同形式的政治思想而歧视他人；

（4）遵守党章、道德条例和其他内部规章条例，服从党的机关在行使其相关职权时所制定的各项决议、方针和指令；

（5）党员应当在某一社会运动中发挥作用，如果担任工会职务，应当主要在工人总联盟中发挥作用，在其开展活动的过程中，应当实施并维护党的权力机关针对每一情况做出的战略决策；

（6）向党的各个机关和机构提供所需的知识与合作；

（7）通过所建立的组织渠道，为其提供所拥有的与组织任务相关的信息；

（8）积极参与党组织召开的组织活动和政治活动；

（9）根据情况接受通过民主推选或行政程序任命的政治代表的职务，有正当理由或特殊情况的除外；

（10）因住址变更，从一个党组迁移到另一个党组，应当向将转入的党组提交转移申请，如果其完全有权转移，则会自动通过申请；

（11）通过银行转账的方式缴纳党费作为经济支持；

（12）在各种选举活动中担任计票员或监票员；

（13）通过初选程序，参与并配合候选人选举活动。

4. 超过六个月未缴纳党费的党员将失去党员资格并转为支持者，但这会提前向其做出书面通知并说明原因，直至其所欠党费交齐为止，除非有正当理由证明其欠费是因失业或任何其他致使其无法缴纳党费的不可抗力造成的。

第十条　关于中坚党员

1. 中坚党员是指属于联邦范围或自治区范围内的党内成员，未以党员身份加入任何市级或选区党组织。他们根据党的法规直接在其所属范围内行使其权利并履行其义务。

2. 中坚党员与本党章第九条中规定的党员享有同样的权利。例外情况是，中坚党员不能参加总书记的选举以及选区、市级、省级和岛屿执行委员会的选举，因为其不能加入这些区域组织架构。中坚党员可以直接参加其所属范围内的全部选举活动，即联邦和（或）自治区范围内的选举。同时，也可在其所属的联邦和（或）自治区级别的机构中行使其提出政治倡议的权利。

3. 中坚党员与本党章第九条中规定的党员具有相同的责任和义务。

4. 超过六个月未缴纳党费的中坚党员将失去其党员资格。在该情况下，他们可转为支持者，但这会提前向其做出书面通知并说明原因，直至其所欠党费交齐为止，除非有正当理由证明其欠费是因失业或任何其他致使其无法缴纳党费的不可抗力造成的。当欠费人员明确提出申请要加入支持者名单时，可将其纳入该名单。

第十一条 关于支持者

1. 党的支持者是指准备与党合作并参与党的活动，但不承担党员和中坚党员所必须承担的责任和义务的人，其只需在党组织中承担本条所规定的少量责任和义务。

2. 支持者与党员同样享有第九条（1）、（2）、（5）及（12）项中的权利，以及仅当其支持者身份受到影响的情况下享有（13）、（14）和（15）项中的权利。此外，按照各项要求及联邦发展规章中的程序，在采用"开放初选制"进行的各类代表机构候选人的内部选举活动时，支持者享有选举权。

3. 支持者与本党章第九条中规定的党员具有同样的责任和义务，第（9）、（10）和（12）项中规定的内容除外，除非是跟其作为选举人参加开放初选活动有关。

4. 若支持者所开展的任何活动违背了党所做的各项决定和决议或与党所开展的活动相悖，或未履行本党章中规定的责任和义务，将失去支持者的身份。

第三部分 协会和团体

第十二条 与协会和团体的合作协议

1. 西班牙工人社会党可以同文化团体、专业性团体、娱乐团体、维权机构、合作社、研究中心、技术组织和在社会运动（生态、和平等）内部开展工作的学术团体、公民运动（居民协会、消费者协会等）；与各大学合作开展的文化活动、理论及意识形态研究；争取社会权益的团体（老年人、青年人等）签订合作协议。前提是这些团体的章程和目标不能违背党的各级代表大会所做的决议及其思想原则。

2. 前述合作通过同所在地区相应的执行委员会签署合作协议来实现，其中应明确合作组织的义务和权利，比如参与代表大会、联邦委员会、大区或民族地区委员会的权利。

3. 在联邦委员会及相应的大区、民族地区、省或岛屿委员会召开的第一次会议上，应提出合作协议并由多数票批准通过。在任何情况下都可向直接上级机关申诉，而该申诉也应当由多数票决定。

第四部分　党的总体架构

第一章　党的总体架构

第十三条　关于党的区域组织

西班牙工人社会党是一个联邦性质的政治组织，是在选区、市级、岛屿级和（或）省级党组织的基础上建立起来的，并以大区或民族地区的党或联邦政府为架构。

1. 每个大区或民族地区政党或联邦政府可自行决定其名称，但必须加缀西班牙工人社会党的简写字样 PSOE。

2. 每个大区或民族地区联邦政府的名称、组织和章程必须在提交给联邦委员会后的六个月的期限内审批通过。

3. 党或联邦政府在大区或民族地区的领导机构是大区或民族地区代表大会、大区或民族地区理事会或委员会、大区或民族地区执行委员会。

第十四条　关于党的管辖范围内的机构关系

1. 若党的组成机构的任何行为违背了本党章中的规定、联邦委员会或联邦执行委员会的决议，可经联邦执行委员会的决定而中止并失去效力。

2. 当党内某一特定区域范围内的机构或政治情况有需要时，联邦执行委员会可采取其认为必要的措施来使情况恢复正常。党章的联邦发展法规将对这些情况下拟定的措施和遵从的程序进行规范。

第二章　党的组织

第十五条　市级或选区党组织

1. 各级党组织对党员义务的履行情况负责，并确保党员参与党的各项任务。

2. 市级和选区党组织的机关是相应的市或选区的代表大会和执行委员会。这些机关根据联邦代表大会、联邦委员会、联邦执行委员会各项决议中的规定及其上级机关的决议和条款的规定在其辖区范围内自主开展活动。

3. 设有选区党组织的市级党组织的机关为市执行委员会、市委员会和党员代表会议。

4. 市级和选区执行委员会是相应党组织的执行机关，由党员大会选举产生并向其报告工作。例行党员大会每六个月召开一次，用于选出执行委员会。其管理报告和工作计划将每年进行投票表决。

5. 若是设有选区党组织的市级党组织，市执行委员会由党员代表会议选出并向市委员会报告其管理情况。

第十六条　关于西班牙工人社会党的市级架构

1. 西班牙工人社会党的市级架构如下：

（1）在有党的组织架构的所有市级单位都应设有一个市级党组织；

（2）在设有选区党组织的地方，市级党组织由各选区党组织共同构成。

2. 在事先征得联邦执行委员会同意后，大区执行委员会可在那些依照地方制度基本法准备设立选区的市成立各选区党组织，其行动范围至少应是某个完整选区或新划选区。

3. 在相应的大区或民族地区执行委员会事先提出建议的情况下，联邦执行委员会可授权建立一个西班牙工人社会党的市级架构。该架构负责满足各市的需求，每个市由县、教区、乡镇、更小的附属地方单位或新划选区构成。

第十七条　省级或岛屿级党组织

1. 根据其所在大区或民族地区政党或联邦政府各自的章程规定，各市级和选区党组织共同构成省级或岛屿级党组织。

2. 省级或岛屿级党组织的职责是，根据上级机关的总体方针，在其所属区域内贯彻党的总体政策，并执行必要的提议以解决其面临的各类问题。

第十八条　在国外的西班牙工人社会党

1. 在国外的西班牙工人社会党的党组织通过其各自的法规进行管理，但这些法规应当得到联邦委员会的批准。

2. 对于旅居国外的西班牙工人社会党的党员，他们在联邦代表大会和联邦委员会中的代表权会得到保证。

3. 本党章的联邦发展法规会确立用以保证在国外的党员参与联邦代表大会的权利与义务的形式。

第三章 部门组织

第十九条

西班牙工人社会党由七个部门组织构成：教育部门组织，环境部门组织，公民广泛参与部门组织，卫生部门组织，信息社会部门组织，企业家、社会经济和自由职业者部门组织，及旅游创新部门组织。

第二十条

1. 西班牙工人社会党党员可通过各部门组织直接参加其管辖范围内的相关报告、讨论和提议等活动。

2. 在其所处领域内，各部门组织可向党的领导机关发起讨论并提出建议，还可为党的政策纲领及选举方案的制定做出自己的贡献。

第二十一条

1. 各部门组织在联邦、大区或民族地区、省及岛屿的层面上建立。

2. 党员直接参与相关事务的基本行动范围是省和岛屿的范围。大区或民族地区及联邦范围的主要作用是协调下级部门并为其提供咨询及支持。

第二十二条

1. 各区域范围内的部门组织架构由以下三部分构成：全体党员会议、协调委员会和协调员。

2. 各部门组织的最高机关是全体党员会议。省和岛屿级全体党员会议由所有在册党员构成。大区或民族地区级全体党员会议的成员将按比例从省和岛屿级全体党员会议的成员中选出代表。

3. 联邦级全体党员会议的成员将按比例从大区或民族地区级全体党员会议的成员中选出代表。

4. 每个部门的全体党员会议根据指定的程序选出各自的协调委员会和协调员，这些人将成为党的执行及审议机关的发言人。

第二十三条

各部门组织应定期召开会议，以讨论相关文件、公告和提议，并在适当的时候提交给其所属地区的党的执行或审议机关。按照党章中联邦发展法规的规定，各部门组织可参加各委员会和代表大会，有发言权和表决权。各部门的授权代表可参与党的执行机关及代表机关的选举和管理，而他们是通过用于选举参加代表大会和会议的授权代表的规定程序选出的，但那些已登记为部门授权代表选民的人，应当选择参加部门授权代表选举，不能参加相应区域范围的授权代表选举。

第二十四条

1. 各部门组织在党的决策和管理机关中有代表权，可发言并投票。

2. 各部门组织在相应范围内的党的代表大会上有代表席位。代表人数根据相应范围内党员的数量按比例确定。

3. 联邦执行委员会可尝试授权将一个部门组织变成党组织，使其具有与区域党组织同等的内部权利。

第二十五条

在所有关于其成员的入党情况和机关手续的问题上，各部门组织应听从组织书记的意见，并与其工作内容相仿的书记保持职能上的联系。

第五部分　党的联邦机构

第一章　联邦代表大会

第二十六条　定义与职权

1. 联邦代表大会是党的最高权力机关。其主要职能如下：

（1）确定党的原则及纲领，规定党的政治路线并指明党的战略政策；

（2）讨论并评定联邦执行委员会、联邦委员会和联邦道德与权利保障委员会的管理情况；

（3）选出联邦执行委员会、联邦道德与权利保障委员会，以及联邦委员会的代表；

（4）讨论并批准西班牙工人社会党的联邦章程。

2. 联邦代表大会的组成如下：

（1）通过本党章中第五条第一款第（2）段（ⅱ）中规定的程序选出的代表团；

（2）根据适用的法规选出的西班牙社会主义青年组织的代表团；

（3）每一部门组织的代表团，具有第二十三条中所述的发言权和表决权。

3. 授权代表的总人数由联邦委员会确定，在五百到两千之间。

4. 每个省或岛屿级党组织的授权代表的全体会议可以决定参加大区或民族地区联邦政府代表大会的唯一代表团的构成人员，但这些授权代表或该联邦政府的党组织不可通过多数票将该决定强加给那些选择不加入该代表团的党组织。

5. 各意见派别和与西班牙工人社会党有合作关系的团体可派一个代表团参加联邦代表大会，他们有发言权但无表决权。其授权代表的人数由联邦委员会根据参加该团体的人数来确定，所有这些都不应妨碍那些可能在合作文件中已商定具有表决权的团体的权利。

6. 联邦代表大会通常在上一次例行代表大会召开后第三年到第四年期间举行。

第二十七条　联邦代表大会的运作

1. 在第一次召集会议时，如果党的代表团的一半以上及党员代表的一半以上出席了会议，则联邦代表大会可有效召开。否则，应发出第二次召集通知，三个小时后无论代表团的出席人数为多少，只要出席的代表团的多数票决定召开代表大会，联邦代表大会即可召开。

2. 代表大会的开幕由联邦执行委员会负责，其将确定第一次会议的议事日程。在该议事日程中必须将委任状委员会意见书纳入并作为第一项，在这之后，当证明达到法定人数时，联邦执行委员会宣布代表大会成立，接着进行下一项，即代表大会领导委员会的选举。

3. 为了主持代表大会，将在各授权代表中选出一个领导委员会，由一名主席、一名副主席、两名书记员和一名评论员组成。领导委员会负责管理代表大会并领导各项讨论，确定代表大会的各项审议事项的顺序并使大家遵守规则，在有疑问或遗漏的情况下对规则做出解释或加以补充说明。

4. 本联邦章程的联邦发展法规将规范那些可能导致意见分歧的审议规则，并对相应讨论和审议的形式、为采纳其决定所需的多数票进行规定。

5. 所有的授权代表在各自提出供审议的报告的讨论中都有发言权和表决权。任何在报告中未被采纳的修正案，如果在其各自委员会内具有至少二十到一百张投票，则可在全体党员会议上进行申辩。

第二十八条　选举程序和决议采纳程序

1. 领导委员会的选举，决议、意见及决定的投票，以及联邦执行委员会、联邦委员会和联邦道德与权利保障委员会管理的投票，都通过各授权代表的单独公开投票来进行。

2. 联邦执行委员会的选举按照本党章第五条中的规定来进行。

3. 联邦道德与权利保障委员会的选举采用多数当选制，由各授权代表进行单独秘密投票，事先将候选人写在完整的封闭名单上提交给选举委员会。

4. 联邦代表大会相应联邦委员会成员的选举按照本党章第五条中的规定来进行。

第二十九条　会议召集与议事日程

1. 党的联邦代表大会由联邦委员会召集，而委员会应至少提前六十日确定会议的日期和地点。联邦委员会应将其制定的临时议事日程提案和框架报告发送给各级党组织，并附上联邦委员会、联邦执行委员会和联邦道德与权利保障委员会的管理记录。

2. 省级或岛屿党组织最多有三十日的期限用于对议事日程提出建议，对任何性质的相关事项提交提议、部分修正案或可替代报告，无论这些内容是否会纳入框架报告，只要获得了各自代表大会至少二十到一百人的支持即可。

3. 在已确定的代表大会召开日期的十五日前，联邦委员会应通过执行委员会向所有省级和岛屿党组织及选出的要参加联邦代表大会的各授权代表发出一份记录，其中包含收到的所有修正案和提议。

4. 联邦代表大会的决议以及各项会议或代表大会针对部门政策做出的决定都由党的联邦领导机构编写并负责下发给各级党组织。

第三十条　联邦特殊代表大会

1. 当有特殊情况需要召开联邦特殊代表大会或需要处理某一特定议题时，不必遵守上一条中规定的期限。

2. 联邦特殊代表大会可由联邦委员会或联邦执行委员会召开，前提是有一半以上的成员提出此要求。召集此代表大会的机关将确定会议的日期和地点以及议事日程的各项内容。

3. 联邦特殊代表大会只能针对议事日程中拟定的事项做出决议。

第二章　联邦委员会

第三十一条　联邦委员会的组成

1. 当然成员：

（1）联邦执行委员会成员；

（2）各大区、民族地区或自治区政党以及国外联邦政府或类似架构的总书记；

（3）各部门组织在联邦层级的协调员；

（4）由总书记和另五位成员构成的西班牙社会主义青年组织的代表团；

（5）西班牙工人社会党众议院和参议院党团发言人；

（6）西班牙工人社会党在欧洲议会中代表团的主席；

（7）联邦政务院的总协调员；

（8）西班牙省市联邦政府的主席，只要是西班牙工人社会党成员即可。如果不是，则由西班牙省市联邦政府的执行委员会中职位影响力最高的西班牙工人社会党成员充任。

2. 选任成员：

（1）构成联邦委员会全体成员三分之一的一百三十二名成员，他们经联邦代表大会选举产生，由代表大会的授权代表以一人一票、直接、秘密投票的方式在封闭名单上选出；

（2）构成联邦委员会全体成员的另外三分之一的成员，他们由各大区或民族地区代表大会根据其党员人数选出；

（3）联邦委员会的最后三分之一的成员，他们由西班牙工人社会党的党员和中坚党员通过一人一票、直接、秘密投票选出；

（4）上述第（2）和（3）项中涉及的联邦委员会成员的选举应根据批准的发展法规进行。

3. 该代表团阵容一直保持到下一次联邦代表大会（召开）时不变。联邦委员会的每位成员在任何时候都可经要求而撤销其成员资格。联邦委员会的成员必须根据其所代表的组织的章程规定，准时向该组织的政治领导机关做报告。同样，相应的委员会也可令其在省级代表大会或党员大会上做报告。

4. 西班牙工人社会党的前任总书记和各自治区主席可参加联邦委员会

的各项会议。

5. 与西班牙工人社会党合作的团体或单位的代表可根据合作协议中商定的内容参加会议。

6. 当联邦委员会的成员出现席位空缺时，相应的大区或民族地区委员会应当进行一次选举，除非该空缺席位产生于联邦代表大会选出的一百三十二名成员。在该情况下，此空缺席位由联邦委员会根据联邦执行委员会的提议来决定。

7. 在联邦代表大会、各大区或民族地区联邦政府代表大会进行选举或西班牙工人社会党党员及中坚党员经过一人一票、直接、秘密投票选出新的替代成员之前，联邦委员会的成员将一直行使其职能。

第三十二条　联邦委员会的职权

（1）在联邦代表大会的决议下，确定党在各代表大会中的政策；

（2）审查联邦执行委员会的管理情况；

（3）根据情况，要求联邦执行委员会承担其政治责任；

（4）制定并批准国家范围内的选举方案；

（5）跟踪国家政府的工作和立法情况；

（6）保证公共职务的管理方式符合社会主义的管理方式；

（7）根据代表大会决议，制定党的选举政策的基本路线，使各民族地区联邦政府的选举方案与联邦方案相符并批准这些方案；

（8）批准经联邦名单委员会提前审议后提交给联邦委员会的候选人提议和选举名单；

（9）根据本党章第五十三条的规定确定党的联盟政策，并解决各联邦政府与联邦执行委员会之间就此问题的分歧；

（10）应联邦执行委员会的提议，批准联邦章程中拟定的法规以及发展并应用此章程所需的法规；

（11）批准各大区或民族地区及省级政党或联邦政府的章程；

（12）根据情况，批准为发展党的政策路线而召开的短期会议或研讨会中得出的结论，这些获批的结论将具有约束力；

（13）接收并审查联邦道德与权利保障委员会的报告，并负责处理章程规定的纪律问题；

（14）制定委员会自身的运作制度；

（15）补足联邦执行委员会和联邦道德与权利保障委员会中产生的空缺职务，当该空缺职务为联邦执行委员会的总书记时，联邦委员会应当召开联邦代表大会，以选举新的联邦执行委员会；

（16）批准党的预算；

（17）确定高级职务及类似职务的专门党费募捐数额以及特殊党费的数额，并每年检查联邦执行委员会应向每位党员收取的最低党费；

（18）指定政府首脑的候选人；

（19）批准各意见派别的成立；

（20）对不可兼任制度的异议申请进行决策；

（21）应联邦执行委员会的提议，召集初选并批准选民名册；

（22）召集联邦代表大会；

（23）推动并召集有关总体政策或部门政策问题的会议。

第三十三条　联邦委员会的运作

1. 联邦委员会每年至少召开两次。在每年最后一次联邦委员会上，执行委员会应提交本年度的管理报告。

2. 当有一半以上的成员出席会议时，联邦委员会即视为有效召开。

3. 为了主持并领导联邦委员会的各项讨论，每次会议上应成立一个领导委员会，由一名主席、一名副主席和一名书记员组成，且他们将在被选出后的一年时间内任职。

4. 该领导委员会的职责是领导各项讨论，确定联邦委员会参与及审议事项的顺序并使大家遵守规则，在对规则有疑问或遗漏的情况下进行解释和补充。

5. 联邦章程的联邦发展法规将规范那些可能导致意见分歧的审议规则并规定进行相应讨论和审议的形式以及为采纳其决定所需的多数票。

6. 获得出席人员的简单多数票的决定将被采纳。

第三十四条　联邦委员会的集会

1. 各例行会议应当由联邦执行委员会至少提前十个自然日召集，同时说明召集决定，相应议事日程，召开的地点、日期和具体时间。只要已经通过书面形式向所有成员发出了召集决定的通知，且达到了会议要求的最低法定人数，即一半以上，召集决定即为有效。

联邦委员会的成员可申请在联邦执行委员会已经批准的临时议事日程

中加入新的事项，但至少应有百分之三十的成员同意并应在拟定的召开日期前至少提前三天以书面形式提交申请。

2. 当联邦执行委员会认为合适或其中至少三分之一的成员提出申请时，联邦委员会可以召开特殊会议。

由联邦执行委员会提议的特殊会议应提前五个自然日发出召集通知，除非该会议是因为事项的紧急性必须立即召开。如果该特殊会议是由联邦委员会三分之一成员提出的，则这些成员应当向联邦执行委员会发出申请、说明原因并签字，且其中应写明拟定的议事日程，而联邦执行委员会应在收到申请之日起五日内召开会议讨论此申请。

对于特殊会议，联邦委员会的成员可申请在该特殊会议的临时议事日程中加入新的事项，但至少应有百分之三十的成员同意并应在拟定的召开日期前至少提前四十八小时以书面形式提交申请。

3. 联邦特殊委员会只能针对议事日程中拟定的事项做出决议。

第三章　联邦执行委员会

第三十五条　定义

联邦执行委员会在国家范围内执行由党的领导机关、联邦代表大会和联邦委员会决定的政策，并始终根据这些机关制定的规则和方针采纳其认为有必要的决议。

第三十六条　联邦执行委员会的职权

联邦执行委员会是负责执行和领导党的政策的机关。其职权如下：

（1）组织党内生活；

（2）批准所有的政策文件；

（3）处理国际关系；

（4）为了实现国家层面上的党的宗旨，实施各个方面所需的活动；

（5）跟踪党的代表在各公共权力机构中的行为表现，解释并评判其行为是否符合所确定的目标；

（6）设计能够确保所有范围内党的各项政策方针的协调性的方法，同时提前分析并确定优先政策；

（7）召集联邦委员会并提出议事日程；

（8）解决党内发生的冲突，必要时有可能向联邦道德与权利保障委员会起诉；

（9）批准向联邦委员会提出的建议；

（10）召集特殊代表大会（如果有）；

（11）批准党的预算方案，而该方案随后应提交至联邦委员会进行最终批复；同样，批准选举活动的预算也是联邦执行委员会的职权，只要这些预算是全国范围的；

（12）获得、转让党的财产；

（13）提出并执行有关选举的一般行动与协调标准；

（14）批准本党议会党团在议会上的一般行为标准，并决定该党团在具体的议会程序中的行为和立场；

（15）向联邦委员会提名政府首脑候选人；

（16）向议会党团提名构成众议院和参议院领导委员会的人员，并就议会党团领导层的人员构成提出意见；

（17）追踪关注国家的政府工作和立法情况；

（18）召开其认为合适的部门会议并通过各秘书处协调统一党的部门活动；

（19）任命《社会主义者》报的主编；

（20）向党的各区域机关索取所需的经济、审计、财政信息，并在必要的情况下检查其账目；

（21）召开党员讨论会，就依法决定的有特殊重大影响的事项进行讨论，在任何情况下，只要是关于西班牙工人社会党参与的政府决定或关于可能有利于其他政党的政府首脑选举会议的投票事宜，必须召开党员讨论会；

（22）联邦章程和相关法律法规赋予委员会的其他职权。

第三十七条　联邦执行委员会的运作

1. 联邦执行委员会是共同责任制，但这不免除其成员履行各自职能的责任。

2. 联邦执行委员会自行决定其开会的频次。执行委员会的各项决定获得参会人员的简单多数票即可通过。为了使所采纳的决定合法有效，要求所有成员都收到会议召集通知且达到了法定的简单多数票人数。联邦执行委员会可在其内部成立处理各项具体事务的委员会并授予其处理此类事务的决定权。为此，应制定其认为合适的规章制度。

3. 联邦执行委员会的审议决定是不受约束的且其命令将被记录在联邦发展法规中。在每次会议纪要中都应写明已采纳的决定的具体投票数，且该资料应在纪要书中存档，而纪要书由组织书记保管。

第三十八条　联邦执行委员会的召集

1. 联邦执行委员会可按照其运作法规中所指出的条例召开全体会议或常委会。

2. 联邦执行委员会各项会议的召集由组织书记负责，同时其需制定会议的议事日程并确定召开日期，但须征得总书记的同意，并至少提前五日发出通知，紧急情况除外。当委员会成员中的绝对多数提前四十八小时提交申请时，可在议事日程中加入新的事项。

3. 若有成员认为联邦执行委员会的决议损害了章程中规定的党员权利，可以根据本党章第四十七条的规定向联邦道德与权利保障委员会寻求保护。

第三十九条　联邦执行委员会的构成

1. 联邦执行委员会的选举是根据本党章第五条中的规定进行的，其构成如下：

（1）主席；

（2）总书记；

（3）副总书记；

（4）组织书记；

　　　a. 区域协调执行书记；

　　　b. 选举活动执行书记；

　　　c. 激活地方党组织执行书记；

　　　d. 培训执行书记；

（5）平权书记；

　　　a. 防性别暴力执行书记；

（6）联邦政策书记；

（7）发言人；

（8）机构关系与公共管理书记；

　　　a. 公共职能执行书记；

（9）经济生态发展书记；

a. 农村地区执行书记；

b. 山区执行书记；

c. 交通与基础设施执行书记；

（10）农业、畜牧业及渔业书记；

    a. 渔业执行书记；

（11）移民政策与国外西班牙工人社会党书记；

    a. 避难者政策执行书记；

（12）土地法令与住房公共政策书记；

（13）团结与一体化书记；

    a. 卫生与消费执行书记；

    b. 社会服务、弱势群体和残障人士执行书记；

    c. 文化与体育执行书记；

    d. 教育与大学执行书记；

（14）市政书记；

    a. 市政副执行书记；

    b. 小城市辖区执行书记；

    c. 省、教区和岛屿执行书记；

（15）国际关系书记；

    a. 欧盟执行书记；

    b. 发展合作执行书记；

（16）社会运动与多样化书记；

    a. 年长者执行书记；

    b. 社会运动执行书记；

（17）经济政策与就业书记；

    a. 就业与劳动关系执行书记；

    b. 工业、商业、旅游业执行书记；

    c. 城市经济执行书记；

    d. 社会保障与"托莱多协定"执行书记；

（18）创业、科学与创新书记；

（19）研究与方案书记；

（20）透明与民主参与书记；

（21）公平与新权书记；

    a. 非宗教事务执行书记；

    b. 历史记录执行书记。

2. 参加联邦执行委员会全体会议的有：本党议会党团在众议院上的发言人，本党议会党团在参议院上的发言人，西班牙社会主义代表团在欧洲议会中的主席，西班牙省市联邦政府主席（只要其具有西班牙工人社会党党籍即可，若没有该党籍，则由在西班牙省市联邦政府的执行委员会中职位影响力最高的且具有工人社会党党籍的委员参会），联邦政务院总协调员和联邦能源与工业变化理事会主席。

3. 同时，社会主义青年组织总书记可参加联邦执行委员会全体会议的各项会议，具有发言权和表决权。

4. 各执行书记应受相应的上级书记管辖并具有一些专项职能，而这些职能由联邦执行委员会确定。

5. 联邦执行委员会自行批准其内部的运作条例。

6. 联邦执行委员会的空缺职位经总书记提名并通过联邦委员会的选举来补足。

第四十条　联邦执行委员会的具体职能

1. 主席负责主持并协调联邦执行委员会的各项会议及其组织的各种官方活动。

2. 总书记负责协调党的政策战略并作为联邦执行委员会的最高发言人。同时作为党的政治代表并协调联邦执行委员会的各项工作。

3. 副总书记在各项职能上与总书记配合行动，尤其是协调各位书记的工作，并在总书记缺席的情况下代其出席。

4. 组织书记具有本党章和联邦发展法规中拟定的职权。

此外，作为党的法定代表，组织书记代表党全权负责任何聘用工作，并承担本党法律规定的任何职务或形式下的责任，但技术性问题可授权他人。

5. 各书记应承担内部条例中规定的职能并就此对联邦委员会和代表大会负责。

6. 除了主席、总书记、副总书记和各执行书记外，联邦执行委员会的成员应当优先致力于开展委员会的各项工作。

第四十一条　关于联邦授权代表

联邦执行委员会可指派联邦授权代表，令其以委员会的名义行使被授予的职权，并服从相关书记的指示。联邦授权代表可参加联邦执行委员以便在会上做报告。

第四章　联邦理事会

第四十二条　隶属于总书记的理事会

1. 联邦政务院是一个负责报告和评估可能影响区域团结、各自治区间的关系及其与大区的关系的党的政策的机关。

（1）联邦政务院由联邦执行委员会的总书记召集。

（2）该理事会由下列人员构成：联邦执行委员会的总书记，副总书记，组织书记，自治政策负责人，所有大区或民族地区联邦政府的总书记和西班牙社会主义青年组织的总书记，西班牙工人社会党的自治主席，本党议会党团在参议院上的发言人和西班牙省市联邦政府的主席（只要其具有党员资格）；若无资格，则由西班牙省市联邦政府的执行委员会中职位影响力最高的党员构成。

（3）根据联邦执行委员会的提名，在理事会成员中选出一位总协调员。

（4）如果理事会将涉及可能影响联邦执行委员会的区域负责人和公共负责人的事项，可召集这些负责人参加会议。

2. 工业与能源变化理事会是一个联邦咨询机关，负责报告和评估可能影响工业和战略经济部门的党的政策，且始终从生态角度和经济可持续发展的角度进行评估。

（1）联邦执行委员会将任命一位该理事会的协调员。

（2）该理事会由联邦执行委员会的总书记召集。

（3）参加该理事会各项会议的人员有：总书记、理事会协调员、总书记指定的联邦执行委员会的支部书记和总书记指定的能够为党提供合理参考意见的专家。

第四十三条　隶属于支部书记的理事会

隶属于支部书记的理事会。联邦执行委员会的支部书记可在其职权范围内召开专题理事会，以便协调各地区党的部门政治行动。应参与这些专题理事会的人员有：召集支部指定的各地区范围内的秘书、召集支部指定的自治政府和少数派负责人，以及召集支部认为能够为党提供合理参考意见的学术界的专家和成员。

第五章　联邦提名委员会

第四十四条　构成与职权

1. 联邦提名委员会由联邦执行委员会指定的内部成员和从联邦委员会中选举出的成员构成。从联邦委员会中选举出的成员应当获得多数票。对于可能影响各选区的问题，应提前通知相应民族地区和（或）大区总书记、每一省或岛屿执行委员会的总书记以及西班牙社会主义青年组织的总书记。在联邦提名委员会认为合适的情况下，也可以召集市级党组织的总书记。

2. 联邦提名委员会应提前向联邦委员会说明其对各个选举过程中的候选人的意见，以便联邦委员会做出最终批复。

3. 当政治情况需要或党的整体利益要求时，联邦提名委员会可中止举行由联邦委员会召集的某些区域范围内的初选，只要提前向大区或民族地区执行委员会提交报告或申请即可。

第六章　联邦道德与权利保障委员会

第四十五条　联邦道德与权利保障委员会的构成与定义

1. 联邦道德与权利保障委员会是负责维护和保证党员权利的党的机关，由一名主席、一名书记和三名从党的联邦代表大会中选举出的成员构成。

2. 联邦道德与权利保障委员会的成员不可兼任联邦、大区或民族地区执行委员会成员的职务。其成员在出席联邦委员会时有发言权但无表决权。

3. 联邦道德与权利保障委员会可自由、独立地行使其职权且具有威信力，可通过决议、通告或建议来表达其意见。其决定不接受任何起诉。

4. 各大区或民族地区代表大会应当成立道德委员会，专门负责行使本党章和联邦发展法规中明确指出的职权。

第四十六条　联邦道德与权利保障委员会的职权

1. 通过裁决针对党的机关所做决定的起诉，确保党章中所认可的个人和集体党员的权利。

2. 当得知党员与党的机关之间或党内各机关之间发生争议时，向联邦委员会做报告。

3. 提出西班牙工人社会党的道德准则实施细则并监督该法规的执行与应用情况。

4. 应党内各机关的申请，编制非约束性的意见。

5. 核查准候选人提交的保证金并监督选举联邦总书记时的初选程序。

6. 应相关权力机关的要求，向其报告各项法规的遵守情况或社会主义成员的公共职务的不可兼任情况。

7. 通过通告或建议，以官方途径或应联邦执行委员会的要求，表达其对有关党的利益的事件或情况的看法。这些通告或建议可以是公开的并且应以党的原则和价值观以及道德准则和党的其他法规为依据。

8. 本党章或联邦发展法规所规定的任何其他职权。

第四十七条　起诉制度

1. 若有成员认为其在章程中享有的某项权利受到了损害，根据其性质，如果损害其权利的机关是联邦执行委员会，可直接向联邦道德与权利保障委员会申诉以寻求保护，而如果是党的其他机关对其权利造成损害且其向联邦执行委员会提起的申诉未受保护，可向联邦道德与权利保障委员会提起二次申诉。

2. 起诉程序首先从向联邦执行委员会递交上诉书开始，但如果损害其权利的机关是联邦执行委员会本身，可直接向联邦道德与权利保障委员会递交上诉书。此上诉书应简要说明其所控告的事实及根据章程规定其受损的权利。受理此保护申请的期限为一个月，自提起申诉之时算起。

3. 对于联邦执行委员会或大区或民族地区执行委员会的处罚决定，可在十个工作日内向联邦道德与权利保障委员会提出上诉，同时将起诉书抄送给做出该处罚决定的机关。

4. 对于联邦道德与权利保障委员会做出的最终决定，不可再向任何内部机关上诉，但不妨碍其向相关主管法庭和法院提出异议。

第四十八条　关于财产和事项申报

1. 所有党员在其最终被每一范围内的有关权力机关批准列入党的各类候选人名单前，均应进行财产和事项申报。不履行此申报义务可导致其被排除在候选人名单外。被选中的候选人和被委任公共职务的人必须在其结束任期或停止相关任职时进行申报。

2. 联邦执行委员会、大区或民族地区执行委员会及省和岛屿执行委员会的成员应当向各自的组织书记提交一份财产和事项申报文件。

第四十九条

委员会在任何时候都可以要求担任公职的人员提供有关其财产状况或相关经济活动的补充资料。不提供所要求的资料或不配合委员会要求的人员将构成违规，且在提前告知的情况下，将中止其党员资格。

第五十条

担任党的公职的党员，在其受到诽谤或被要求提供有倾向性的关于其财产或活动的资料时，可向联邦道德与权利保障委员会提起申诉，以便委员会在查证事实的基础上为其品质和诚信进行辩护。

第七章　入党和普查

第五十一条　关于普查的职权

1. 联邦执行委员会负责跟踪入党情况、颁发全党的党员证并除名欠缴党费六个月以上的党员。

2. 组织书记负责监督并更新党员普查情况，编制并保管党员普查总册。其另一职能是负责在章程规定的期限内向有关权力机关报告选举过程中普查的构成情况，并在所有关于入党、除名和人员调动的过程中监督章程规定是否得到严格执行。

第八章　代表会议

第五十二条　定义、召集与举行

1. 西班牙工人社会党可在代表大会期间召开至少一次代表会议，用于讨论有特殊重大影响的政策问题和部门问题，同时需制定一份具体议事日程。代表党的各机关、地区和部门的成员在参会时具有发言权和表决权。

2. 召集代表会议的机关为联邦委员会或联邦执行委员会。在召集代表会议时，应确定参会人数、地区分布和会议目的。

3. 举行代表会议的适用法规由该会议的召集通知确定，而章程的联邦发展法规可作为补充法规。

第九章　党员讨论会

第五十三条　召集与举行

1. 大区、民族地区、岛屿、省或市执行委员会可召集党员讨论会，就依法规定的可能对其辖区行动有特殊重大影响的事项展开讨论。召开讨论会前，召集者应提前获得上一级执行委员会的授权批准。

2. 在任何情况下，只要是关于有西班牙工人社会党参与的政府决定或关于可能有利于其他政党的政府首脑选举会议的投票事宜，必须召开党员讨论会。

第六部分　党的财产与经济制度

第一章　一般规定

第五十四条　原则

在党的财政问题上，西班牙工人社会党作为构成人民意志和政策代表的基本单位，应在所有行动范围内尽可能最大限度地确保其透明度和公开度，并应采用相应的管理制度来避免出现玩忽职守现象并不断对该制度进行调整。

第五十五条　法人

西班牙工人社会党在其所有机关行动范围内具有唯一法人资格，并有完全行事能力，但不妨碍适用于不同机构中政治团体的法规。

第五十六条　财政法规的制定

1. 本党章的联邦发展法规将实行并细化现行法规中有关财政的法令，确立党的各职能架构的运行机制，规定内部管理制度，从而确保对所有涉及经济权利和义务的法令和文件进行合理干预并记入账目，确定财产管理制度、人力资源管理制度、符合现行法规的公共与私人融资来源的管理制度，以及账目的建立、审计和监督办法，执行本党章中的规定。

2. 联邦执行委员会作为经济财政负责人，将通过明确的协议或在领导—经理的授权下颁布所有必须遵守的有关党内各级机构行政管理、融资和财务的必要法令，并将其执行情况上报联邦委员会。

第二章　关于党的财产及其管理

第五十七条　关于党的财产

1. 所有属于党的财产和资金或党可以获得的财产和资金均构成党的财产。

2. 西班牙工人社会党有权重新获得 1998 年 12 月 15 日第四十三号法令《向各政党归还或补偿在内战和独裁期间没收的财产和资金》中承认的不动产、资金和股份，以及 2007 年 12 月 26 日第五十号法令所修订的内容中或可能替代以上法律的法规中规定的财产，并保留修订先前颁布的拒绝承认其财产归还或补偿权利的行政法令的权利。

第五十八条　领导—经理的任命与职权

1. 领导—经理由联邦执行委员会任命。其作为党的经济财政负责人，具有联邦执行委员会准许的充分的授权权利，其所拥有的职权如下：

（1）领导各职能架构、财产管理和人力资源管理；

（2）制定党的预算方案、编制年报并向审计法庭提交年报；

（3）领导并监督自治区级和省级的经济财政管理负责人；

（4）本党章中指明的有关财务办公室和开支授权的职权；

（5）出席审计法庭关系联合委会及其他相关委员会；

（6）专门负责监督 2007 年 7 月 4 日第八号组织法第十五条中规定的有关各政党财政工作的履行情况，以确保党的经济完全透明，包括经济财政负责人本身。

2. 作为联邦级党的经济财政管理负责人，为了恰当行使其职权，可向地方各级的负责人下发具体的指示和行动标准，同时应向联邦委员会汇报这些指示和标准。

3. 为了建立合理的监督机制来管理西班牙工人社会党的财产，在进行财产买卖、抵押或任何其他财产处理行为前，必须使其合法化，即由民族地区、自治区或大区经理针对每一具体行为提出申请，并征得联邦执行委员会的同意，其申请内容包括实施该行为所需的权利和具有该权利的人员。

第三章　关于预算和经济资源及财务工作

第五十九条　关于预算的批准

批准党的预算方案是联邦执行委员会的职权，同时其应按规定向联邦委员会详细报告该方案，以便联邦委员会对相应财年的预算方案做出最终批复。

第六十条　经济资源

根据与政治组织的财政问题相关的法规中规定的内容，西班牙工人社会党的经济资源由下列内容构成：

（1）针对选举开支的公共补贴，其依据为1985年第五号组织法中关于一般选举制度的规定，以及针对各自治区立法大会和巴斯克地区总委员会的选举活动的规范性法规；

（2）针对党的运作开支的年度国家补贴；

（3）各自治区规定的针对相应自治区范围内党的运作开支的年度补贴，以及巴斯克地区及当地各机构（根据情况）准许的年度补贴；

（4）用于开展组织法中规定的针对不同形式公民投票的宣传活动的额外补贴；

（5）可能收到的来自议会两院的议会党团、各自治区立法大会、巴斯克地区总委员会以及各地方行政管理机关的代表党团的捐款；

（6）党费和党员捐款；

（7）党内活动产生的收益以及按照惯例一直在党的办事处开展且有利于与公民沟通和互动的活动所产生的收益，这些活动应在会计文件上体现出来且受审计法庭的监督；通过管理党的自有财产所获得的收益；通过各种宣传活动所获得的利益以及通过提供各种专项服务而获得的利益；

（8）依照现行法规拟定的条款规定所收到的现金或实物捐赠；

（9）通过签订的信贷协议获得的资金；

（10）收到的继承遗产。

第六十一条　关于账目统计

1. 汇总的年报应由领导—经理在法律规定的期限内提交给审计法庭。

2. 西班牙工人社会党应存有电子版账簿，内容翔实，可供随时了解其财政和资产状况以及法律规定义务的履行情况。

3. 根据通用的会计原则和各政党的相关具体规定，电子版的出纳簿、资产清单和资产负债表应含有财政管理法规中所规定的内容。

4. 作为党的经济财政负责人，领导—经理应按照审计法庭批准的政策恰当执行财务计划。

5. 如果情况需要，联邦执行委员会可干涉任何党组织的财务工作和经济资源，同时不妨碍因不当行政管理所引发的其他责任。

6. 联邦执行委员会可以就有关党的全部账目或某一特定机关的财务工作的某些具体问题要求提交不具有约束力的报告和意见。

7. 同时，联邦执行委员会可在必要时要求外部审计，以便详细了解相关账目。

第六十二条　订立合同

1. 西班牙工人社会党应遵守其网站上有关订立合同的内部指导意见，而这些指导意见应符合联邦发展法规以及有关各政党财政及其经济金融活动监督的规范性文件中的规定。

2. 西班牙工人社会党应根据联邦发展法规以及有关各政党财政及其经济金融活动监督的规范性文件中的规定，借助其网站公布有关订立合同的内部指导意见。

第四章　党费

第六十三条　关于入党费用

1. 每年的入党费用由联邦委员会根据联邦执行委员会的提议来确定。同时，联邦执行委员可提出特殊党费并由联邦委员会审批。

2. 市级和选区党组织，经其代表大会同意和联邦执行委员会批准，可将一部分党费退还给其下属的领抚恤金和退休的党员，只要这些党员因其特殊经济状况提出申请且有理有据。

3. 在不违反上一条款规定的前提下，联邦委员会应针对没有经济来源的学生党员、失业党员或经济困难的党员制定党费减免政策，确定少交党费的情况以及有可能免交党费的情况。

第六十四条　关于特殊党费

联邦执行委员会可提出特殊党费并由联邦委员会审批。

第六十五条　关于针对公共职务的专门党费

1. 联邦执行委员会应向联邦委员会提出针对党的代表职务或类似职务的专门党费，以及用于确定该党费金额的法规及其审查机制，并由联邦委员会批准。

2. 若超过三个月不履行缴纳公共职务专门党费的义务，可能会实施党的法规中说明的相应纪律惩罚。

第七部分　选举程序

第六十六条　关于候选人的确定

参加欧洲议会，总议会，自治区、教区和岛屿的立法代表大会，总委员会，省代表大会委员会选举活动，地方选举活动及更小地方单位的选举活动的候选人名单应根据下列原则来编制：

（1）所有党员获取党的公共职务的平等性；

（2）候选人的代表性和社会影响力；

（3）择优原则，保证选出最有能力的同志；

（4）在公共职能实现过程中定期逐步更新人选，避免组织机构职务推诿；

（5）遵守平等民主原则；

（6）提名委员会应获取有关候选人的个人情况、职业发展和政治背景的广泛信息，并为此建立客观评价机制。

第六十七条　关于确定候选人的程序

本党章的发展法规将规范下列事宜：

（1）上一条中涉及的选举活动中候选人选举的程序；

（2）在确定候选人的过程中党的各机构的职权；

（3）监督这些程序的选举保障委员会的组织和运作。

第八部分　党的议会党团

第六十八条

1. 当政府是由西班牙工人社会党执政时，该党的联邦议会党团是政府的常设议会机构，应当充分、深入地向社会公众解释本党所管理的机构推行的相关改革。

2. 西班牙工人社会党的联邦议会党团应就其所实施的活动向联邦委员会提交年度报告。

3. 上述内容经适当变通后适用于所有机构党团（议会，自治区，省议会，岛、教区和地方组织的理事会）。

4. 西班牙工人社会党议会党团在众议院上的发言人在参加联邦执行委

员会的会议时有发言权，但无表决权。

第六十九条

1. 西班牙工人社会党联邦议会党团的成员必须遵守和执行党的联邦代表大会批准通过的各项原则声明和决议。同时在其行使职权过程中，应采用党的领导机构已明确采纳的决议和决定。

2. 在党的领导机构并未通过相关决定或决议的情况下，应遵循议会党团的纪律，而该纪律应建立在尊重议会党团经讨论后以多数票通过的决定的基础上。

第七十条

议会党团的所有成员若因任何情况在获选后要求退党，应信守承诺向议会党团主席提交辞呈。

第七十一条

在任何情况下，联邦议会党团的成员皆受行动统一和投票纪律的制约。若不服从约束，议会党团和联邦执行委员会可向联邦委员会检举其行为。如果联邦委员会认为该成员所做行为后果严重，有权将其从议会党团中除名，同时着手进行相应调查，该案件随后将由联邦道德与权利保障委员会审理并公布其所采纳的决议。

第七十二条

议会党团成员应领取的津贴和薪资会自动存入联邦执行委员会为此设立的活期存款账户。联邦委员会将负责确定拨付给议会党团的财政经费。

第七十三条

就其在议会上的活动而言，尽管联邦议会党团的成员紧密依附于联邦委员会或联邦执行委员会，但出于组织目的，其关系仍归属于各自所在的组织单位。

第七十四条

那些并非西班牙工人社会党党员的议员，若希望加入本党的联邦议会党团，只要其接受本党章中所含义务，经本党联邦议会党团总书记建议，在联邦执行委员会批准后即可加入党团，但在任何情况下均不可代表本党议会党团。

第七十五条

本党议会党团应在其内部成员中选出一个常务委员会，由一名主席、一名总书记和一名副书记，以及其内部规定要求的其余职务构成。联邦执行委员会负责提名履行这些职务的候选人。

第九部分　各自治区议会党团和地方组织议会党团

第七十六条

1. 在涉及本地区的具体问题上，各自治区和地方组织的议会党团都应服从其相应的领导机构。其所有成员均应服从与其有关的政治决议、纲领和决定。

2. 同时还应遵守上一章中针对西班牙工人社会党联邦议会党团所规定的原则。

第七十七条

在每一省区或民族地区范围内，应建立一个与社会公众相联系的议员办公室，由欧洲议会议员、大区和自治区议员构成，并与相应的社会关系书记及其团体和部门委员会合作，以便促进本党议员同其选区中的社会运动和社会公众的对话和联系。

第七十八条

1. 大区或民族地区党组织负责按照其行动范围内的具体情况调整并实施社会主义性质的计划。在社会主义纲领的总框架下，其享有充分自主权用以领导其在章程规定的职能范围内的政治行动。

2. 大区或民族地区的竞选纲领、联盟政策和立法工作，应与联邦执行委员会商议，如有分歧，则交由联邦委员会裁决。

3. 大区或民族地区党组织在任命自治区主席和政府首脑前，必须向各联邦机构通报。

第十部分　西班牙社会主义青年组织

第七十九条

西班牙社会主义青年组织是西班牙工人社会党的青年组织，因此，其领导机关和成员都必须接受并执行党的联邦代表大会的纲领和决议、联邦委员会及联邦执行委员会的决定。

第八十条

1. 西班牙社会主义青年组织中的西班牙工人社会党党员，享有党章中规定的所有权利并应履行其中的所有义务。

2. 各市级或选区执行委员会应动员公民加入社会主义青年组织。

第八十一条

1. 西班牙社会主义青年组织在其基地组织享有自主权，具体而言，即指可以召开自己的代表大会并选举各级领导机关，但其各项决议必须经西班牙工人社会党的领导机构审核批准，以免出现矛盾之处。

2. 西班牙社会主义青年组织的总书记在西班牙工人社会党相应区域的各执行机构中充当本组织的代表，拥有发言权和表决权。

3. 西班牙社会主义青年组织在参加大区、民族地区、省或岛屿级别的党的代表大会和会议时享有发言权和表决权。分配给它的代表名额，以在西班牙工人社会党组织书记的监督下、依照党的党员普查程序而进行的系统普查数据为基础来确定，并与党的其他组织使用相同的计算表。西班牙工人社会党和西班牙社会主义青年组织的书记给每个地区的组织成员颁发合适的证书。在所有情况下，参加党代会的西班牙社会主义青年组织的代表人数，至少占上述代表大会或会议代表总人数的百分之二，至多占百分之五。

4. 出席联邦代表大会和会议的西班牙社会主义青年组织的代表人数应占全部代表人数的百分之二。

5. 鉴于西班牙社会主义青年组织参加每一范围内党的代表大会和会议时独具特殊影响，其党员普查应同西班牙工人社会党的党员普查一起进行，由联邦入党及募款部负责并采用相同的管理标准。

6. 如果对西班牙社会主义青年组织的联邦执行委员会就该组织参加不同范围的西班牙工人社会党的代表大会和会议时的代表问题所做的决定有异议的话，组织书记在听取相关意见后负责做出最终决定。

第八十二条

1. 西班牙社会主义青年组织应配合西班牙工人社会党，共同负责制定针对青年的社会主义政策。

2. 为此，应成立一个青年委员会，由双方组织的总书记共同领导，外加各自联邦执行委员会的四名成员。该青年委员会在奉行西班牙工人社会党的选举纲领时可以有自己的特殊诉求。

第十一部分 《社会主义者》报

第八十三条

西班牙工人社会党的机关刊物是《社会主义者》报,其报头应标注"巴布罗·伊格莱西亚创建"。其出版周期由联邦执行委员会确定。

第八十四条

《社会主义者》报的领导和管理由党的联邦执行委员会直接负责,其主编由联邦执行委员会任命。

第十二部分 纪律制度

第一章 一般规定

第八十五条 指导原则

1. 本章的规定适用于所有违反本党章第七条规定的西班牙工人社会党党员、中坚党员或支持者。

2. 西班牙工人社会党党员的纪律制度由有关权力机关执行,应当在双方均出席的情况下,依据违纪类型对当事人进行审讯,允许其进行无罪辩护,并按照罪行轻重进行处罚。

3. 联邦发展法规将明确规定开庭审理的通知形式,告知引起诉讼的事实、辩护证据的提交方式和期限、有关权力机关进行审理并做出合理判决的期限,以及就相关案件向上述机关或做出处罚决定的上级机关上诉的期限。

4. 在做出最终处罚判决前,对于因与腐败相关的罪行而处于刑事案件审理中且已对其宣布口头判决的党员,应采取预防性措施,自动中止此人的党员身份。

5. 因腐败案相关罪行而被判刑的人将被驱逐出党。

第八十六条 关于有关权力机关

1. 纪律案件由相应的省、岛屿、市或选区执行委员会根据本党章中的规定负责审理。为此，相应的执行委员会应任命一位审理员，在案件审理完毕后，向有关权力机关提出一个判决提案供其做最终裁决。

2. 纪律案件由联邦执行委员会负责最终裁决并实施相应处罚，但应提前告知大区或民族地区执行委员会。

3. 联邦执行委员会可授权大区或民族地区执行委员会来裁决纪律案件并对轻微违纪和严重违纪行为实施处罚。

4. 联邦道德与权利保障委员会是一个仲裁机关，负责通过规定的措施来保障党员的权利。

第八十七条　关于轻微违纪

触犯下列任一相关规定的党员、中坚党员或支持者构成轻微违纪：

（1）对另一位党员进行人身侮辱，但考虑到情况发生的地点、性质和时间，情节不算严重；

（2）在不违背评论自由的前提下，在党的任何行动中未对党员保持审慎尊重的态度。

第八十八条　关于严重违纪

触犯下列任一相关规定的党员、中坚党员或支持者构成严重违纪：

（1）在有关权力机关未做出决定前，有意或因疏忽而剥夺其他成员的表决权、出席党的各类仪式及参加各项党员活动的权利；

（2）公开表示不支持党的有关权力机关所做决定或所采取的态度；

（3）阻碍党的各机构的工作和决定；

（4）扣留文件，阻碍党的任一级别的机构实行所采纳的决定，或阻碍党员为了维护自身政党权益打算采取的行动；

（5）对任何成员进行严重的人身攻击或公开实施旨在损害党的各机构及其成员的名声和公开形象的行为或对此造成重大影响；

（6）通过任何传播途径，公开发表与党的政策方针相反的观点、思想或意见；

（7）违反第五十一条、第八附加条款或做出任何其他可能影响普查或党内成员个人信息档案的管理、监督、使用的违规行为，前提是这些行为按照其严重程度划分不属于特别严重违纪行为；

（8）未配合联邦道德与权利保障委员会完成本党章第四十九条中规定的工作的失职行为；

（9）超过三个月未履行缴纳公共职务专门党费的义务；

（10）联邦执行委员会认定的构成严重违纪的任何违背党的原则或道德准则的恶劣行径或有悖道德的行为。

第八十九条　关于特别严重违纪

除了第八条明确规定的行为外，还触犯下列任一相关规定的党员、中坚党员或支持者构成特别严重违纪：

（1）反复违反与党的有关部门的决定相关的纪律；

（2）在履行任何公共职务或机关职务时缺乏诚信，以及对党或政府资金的不正当管理所衍生的罪行；

（3）同时加入西班牙工人社会党和其他任何一个党派，除非是有关权力机关已核实并明确授权的情况；

（4）在没有得到党的有关权力机关事先授权的情况下，在被任命或选任的公共职务上玩忽职守；

（5）在没有得到党的有关权力机关明确授权的情况下担任公职；

（6）损害公职形象或工人社会党机构的形象；

（7）利用党的名义谋取个人利益；

（8）做出违背党的领导机构所采纳的决定的行为；

（9）联邦执行委员会认定的构成特别严重违纪的任何违背党的原则或道德准则的恶劣行径或有悖道德的行为；

（10）在其签字的用于入党申请的申报文件中，或在代表大会或初选过程中需使用的申报文件中，或是在为了得到或停止担任公共职务和机关职务的申报文件中（财产、利益、收益申报和道德协议签订等），故意伪造或隐瞒信息；

（11）违反第五十一条、第八附加条款或做出任何其他可能影响普查或党内成员个人信息档案的管理、监督、使用的违规行为，只要这些行为按照其严重程度划分属于特别严重违纪行为。

第九十条　关于处分

1. 各项处分的确定应始终建立在根据本联邦章程中规定的程序审理案件后，做出有理有据的决定的基础上。

2. 针对上述条款所涉及的各类违纪行为，可实施下列处分。

（1）轻微违纪：警告和（或）中止党员身份至多两个月。

（2）严重违纪：中止党员身份和（或）撤销公共职务或机关职务两个月以上，十八个月以下。

（3）特别严重违纪：中止党员身份和（或）撤销公共职务或机关职务十八个月以上或驱逐出党。

3. 中止党员身份会使相关人员丧失本党章所涉及的权利和义务。但是，被中止党员和中坚党员身份的人应继续按时缴纳各项费用并遵守党的各领导机构的政策决定。

4. 因严重违纪或特别严重违纪而被中止党员身份或撤销公共职务或机关职务长达十二个月以上的人将最终失去其原本担任的任何机关职务。

5. 在任何情况下，驱逐出党都意味着受处分的人将失去其原本担任的党的公职。

第九十一条　关于处罚力度的判断标准

1. 在确定处罚力度时，可参考下列标准：

（1）是否故意违纪；

（2）对党的利益所造成的侵害程度；

（3）已经因另一同样程度或更严重的违纪行为或因两个或更多较轻情节的违纪行为而被处分后再次违纪。

2. 对于再犯者，如果自上一次处分判决后已过去一年（针对轻微违纪）、两年（针对严重违纪）及四年（针对特别严重违纪），不再考虑已判罚的违纪前科。

第九十二条　关于处分的效力

对党员的处分自案件审理做出判决后即刻开始生效。

第九十三条　党员或中坚党员身份的预防性中止

1. 联邦执行委员会可在整个处罚程序中的任何时刻，无论是由官方起诉的，还是应审理机关或检举人的要求发起的，预防性中止正在接受调查的或已被党的某一机关检举的党员或中坚党员的身份。

2. 在任何情况下，对于因犯了与性别暴力或性自由和性保护（性骚扰、强奸）有关的罪行，或因违反了道德原则或实施了与腐败相关的行为而处于刑事案件审理中且已得到口头判决的党员，应自动预防性中止其党员身份。

3. 如果是提前中止，可从处分中扣除自其权利中止时起所经过的时间。

第九十四条 关于与司法程序的交叠

1. 当引起纪律审查的行为也涉及有关公开司法诉讼时，负责最终判决的有关权力机关可决定中止该项审查，直到公开司法诉讼结束或审理员认为各种情节证实可以恢复审查时为止。中止期不算在违纪行为和调查审理的失效期内。

2. 当按照本联邦章程规定应实施处罚的行为在其司法程序结束时所得最终判决为免罪且没有责任声明，不论是临时判决还是最终判决，只要该判决的依据并非因为该行为不存在，那么有关权力机关可以开始、继续或恢复本联邦章程中规定条款中的相应纪律程序。

第二章 预先诉讼、失效和重新入党

第九十五条 关于预先诉讼：报告性审查

1. 在纪律审查开始前，联邦执行委员会或有关权力机关可在其认为必要的情况下进行预先诉讼，以便确定是否有足够事实证明可以开始审查。

2. 同意开始诉讼的执行机关应任命一位审理员，以便获得已发生行为的有关信息。

3. 如果该程序是通过检举开始的，审理员可行使调解员的职能，让双方达成和解。若不能达成和解或一旦收集到了合适的证据，审理员应向相应的执行机关说明已开展的全部诉讼，并由该执行机关决定是继续进行纪律审查还是就此结案。

第九十六条 关于失效

1. 有关权力机关在任何一个诉讼阶段都应处理诉讼文件，即使其确定违纪行为已失效。应向当事人通知所采纳的决定或判决。

2. 违纪行为在达到下列期限时失效：

（1）轻微违纪达三个月时；

（2）严重违纪达九个月时；

（3）特别严重违纪达十八个月时。

3. 该期限自违纪行为发生时或有关权力机关得知该违纪行为时算起。该期限会因有关权力机关在对应期限内的正式检举或诉讼而中止。

第九十七条 关于被驱逐出党的人员的重新入党

1. 按照纪律审查程序被驱逐出党的成员自其退党生效之日起四年内不

得申请重新入党。

2. 尽管有上一款的规定，但如果自该成员退党生效已过去至少两年且相应地区范围内的领导机构同意其重新入党，那么该成员可申请重新入党。

3. 在任何一种情况下，重新入党都要在联邦执行委员会已事先获得其认为合适的报告并对此表示同意时才可生效。

第九十八条 临时驱逐出党

1. 当发生下列情况时，应联邦执行委员会的要求或民族地区、大区、省和岛屿执行委员会的要求，联邦执行委员会可同意将有关人员临时驱逐出党：

（1）做出明确违反党的领导机构所采纳的决定的行为；

（2）当发生严重违规行为且联邦执行委员会认为应当采取该措施时；

（3）当发生了本党章第八条规定的情况，且有足够证据表明相关人员的行为可导致其失去党员资格时。

2. 在这些情况下，随后将进行相应的纪律审查程序。

第十三部分 党的合并或解散

第九十九条 党的合并或解散及其财产清算

1. 党的合并或解散决定只有在联邦代表大会中由五分之三的代表构成的多数票同意时才能通过，一旦通过该决定，则应当在党员讨论会上讨论并由多数票批准通过。如果是合并，则合并后的单位将明确接替原政党的所有权利和义务。

2. 只有联邦代表大会能够决定党的合并或解散。为了将这一点纳入联邦代表大会的议事日程，需要由联邦委员会成员中五分之三的多数票申请将这一点纳入议事日程。

3. 决定了党的解散后，停职的联邦执行委员会将继续行使其职能以便对当时存有的财产进行清算，并在任何公共机构面前或与所需的第三方共同以党的协调代表的身份在其清算阶段行事。

4. 负责处理解散事宜的联邦执行委员会将着手转让本党名下的所有财产；若该财产在清偿了所有债务后仍有剩余，将作为党的基金移交给追求类似宗旨的非营利单位，这些单位是由决定解散本党的联邦代表大会成立的。

附加条款

第一附加条款

在社会主义统一进程中出现的各政党的组织合作，应由相应代表大会批准通过的各自决定中的规定来规范。

第二附加条款

大区或民族地区委员会负责召集各自的地区代表大会，且应当在联邦代表大会召开结束后九十日之内举行。出于种种考虑，八月份不适宜召开此类大会。

第三附加条款

任何执行机关职务都不可由同一人连任三届以上，除非是西班牙政府首脑、各自治区政府首长、市长、教区区长、岛屿代表大会或总委员会主席担任各自区域内的总书记一职。

第四附加条款

除了本党章中规定的职务和职能之间明确不可兼任的情况外，党员也不可同时担任一个以上的通过直接选举获得的机关职务或公共职务，除非其大区或民族地区执行委员会针对例外情况做了报告说明。同时，一位党员只能担任一个执行机关职务，除非是主要职务或职能的不可分割的一部分或是由此派生出的职务，或其中一个职务构成市或选区执行委员会的一部分。在任何情况下，联邦执行委员会的成员都不可兼任省、岛屿、大区或民族地区执行委员会中的某一职务。

第五附加条款

针对所有需要进行党内选举的活动（代表大会，会议，大区、自治区及市区初选和选举名单制作），所使用的联邦普查名册应于相应主管机关举行上述选举活动的当日封闭。该普查名册可在相应的市级或选区党组织处查看。

第六附加条款

在设有地方党组织的联合政府中，大区或民族地区代表大会可商定成立地方政治协商机构。该架构的组成与选举将在相应的规范中有所规定。

第七附加条款

应成立法规执行发展办事处，由具备一定资质和能力的一名处长和两名成员构成，他们由联邦执行委员会任命。该办事处按照其发展法规的要求，建立组织管理模式和监管机制，预防、检查并管理违纪行为，从而营造遵守法制的组织文化，该法制氛围可能为西班牙工人社会党免除法律责任奠定基础，避免其成员因实施了刑法第三十一条附所述行为而负有刑事责任，同时遵从 2015 年 3 月 30 日组织法一号文件中的内容，以及检察院 2016 年一号法令和通知关于法人的刑事责任的补充规定。

该办事处有自主提议和管理的权力，并监管西班牙工人社会党内部管控的有效性，自主行事并在恰当的时机向联邦执行委员会和联邦委员会（根据情况）报告情况。此外，该组织的另一目的是证实西班牙工人社会党在刑事合规管理体系（UNE 19601）中的法人身份；该法规是一个完整的参考框架，使得本党具有符合刑法和国际标准要求的刑事合规管理体系，从而使西班牙工人社会党成为第一个具备自己的刑法内部管控体系的西班牙政党。

第八附加条款

联邦组织书记负责保存并管理所有的个人信息文件，这些文件是党员的普查登记名册，与党的运作有关，尤其是与党员相关，由此来履行有关个人信息保护的法规。组织书记应采取必要的措施来履行 1999 年 12 月 13 日个人信息保护法第十五条，以及 2016 年 4 月 27 日欧洲议会和理事会法规（欧盟）第六百七十九号关于个人信息保护和自由传播的规定，或其他替代法规。同时，联邦组织书记还有权任命"信息保护代表"并赋予其行使职权所需的工具和资源。

过渡条款

第一过渡条款

西班牙工人社会党在第三十九届联邦普通代表大会上批准通过的章程修订内容自批准之日起必须执行。

但是，于 2017 年在第三十九届联邦普通代表大会后随即举行的各代表大会代表的选举以及自治区、大区、省或岛屿的总书记的选举过程，既可按照第三十九届代表大会上批准的党章的第五条第一款第（2）段（i）项和第五条第二款第（2）段的规定来进行，也可按照此届代表大会召开之前的有效法规来进行，这将由召开各代表大会及举行自治区、大区、岛屿或省的选举活动的有关权力机关来决定。各执行委员会向联邦执行委员会报告其决定。

同时，按照联邦章程第五条第二款第（1）段（ⅱ）项和第三十一条第二款的规定形式进行的联邦委员会、大区、民族地区、省或岛屿委员会成员的选举，在第三十九届联邦普通代表大会结束后且所有民族地区、大区、省和岛屿的代表大会召开完毕后随即生效，因此，各委员会成员的选举应依照第三十九届代表大会召开前的有效法规进行。

第二过渡条款

第三十九届联邦普通代表大会将授权联邦执行委员会来执行为了贯彻党章规定所应采纳的任何决定、法令、手续或管理办法，并授权其在有关权力机关进行相应的登记，同时遵守 2015 年 3 月 30 日组织法关于各政党的经济财政活动管理的第三号文件，或适用于西班牙工人社会党的任何其他法规。

第三过渡条款

当前的党内法规，只要不违背第三十九届联邦代表大会上批准通过的章程修订内容，则可继续保持效力，直至本党章的联邦发展法规批准通过为止，该法规将由联邦执行委员会提请联邦委员会批准通过。

最终条款

第一最终条款

本党章已于 2017 年 6 月 16 日至 18 日由在马德里召开的第三十九届联邦普通代表大会上的决议一致通过。

第二最终条款

本党章应由其联邦发展法规贯彻执行，该法规将由联邦执行委员会向联邦委员会提请批准。

在第三十九届联邦代表大会结束后召开的大区或民族地区代表大会上所决定的相应党章及其发展法规，都应符合本党章及其发展法规的规定。任何反对或违背联邦章程及其联邦发展法规的大区或民族地区党章及其发展法规都是无效的。

（苏雨荷 译）

"我们能"党章程

第一部分　组织原则

第一章　党名、目标及地址

第一条　党名

"我们能"党受西班牙宪法第六条保护，同时受制于 2002 年 6 月 27 日颁布的第 6 号组织法第一条规定。党的名称带或不带自治区名、地名均可（如安达卢西亚"我们能"党、马德里"我们能"党等）。其词首字母缩写为"Podemos"，它有两种标识，第一种标识为：一个深紫色的正方形，上有三个同样大小的不同心圆，圆圈为空心白线。在正方形下部空行后是深紫色的"PODEMOS"7 个大写字母，字体为 Gotham Bold（见图 2）。

图 2　"我们能"党标识（一）

第二种标识为：深紫色的"PODEMOS."7 个大写字母后加一点，字体为 Gotham Bold（见图 3）。

图 3　"我们能"党标识（二）

除卡斯蒂利亚语外，可使用任何被西班牙宪法或自治条例承认的官方语言，如"巴斯克'我们能'党"（巴斯克语）、"阿斯图里亚斯'我们能'党"（阿斯图里亚斯语）、"巴塞罗那'我们能'党"（加泰罗尼亚语）等。

"我们能"党的运作遵循 2002 年 6 月 27 日颁布的第 6 号政党组织法，本党章，由协调委员会通过的法规遵从性计划，公民大会通过的各项文件，各项规章及公民委员会秘书处、区域及设备运行草案，以及其他现行法规的规定。"我们能"党将履行以下规定的各项政策、文件及会计义务，如 2002 年 6 月 27 日颁布的第 8 号组织法关于"政党财务"的规定、1999 年 12 月 13 日颁布的第 15 号组织法关于"个人信息保护"的规定、2016 年 4 月 27 日欧洲议会及委员会颁布的 679 号欧盟条例关于为保护自然人的个人信息处理（信息保护总则）的规定。应根据职责分配任务，由"我们能"党机构的不同成员负责。

"我们能"党的所有机构及其附属组织和所有自愿入党的党员都应遵守由公民大会通过的文件和规章、由全国公民委员会通过的遵从性计划，以及本党章中有关行使职能、关系、权利和义务的规定。

如以上各规定有矛盾之处，应以本党章及其规章为准。民主保障委员会将在党章规定范畴内解决下级组织间可能出现的冲突。

本党章、通过的文件及相关规章公开发布于"我们能"党的官方网站（www. podemos. info）。

第二条 范围及目标

"我们能"党是一个全国性政党，致力于民主地推动国家政治决策、所有公民政治意愿的形成，通过在相应的选举中推举和支持候选人，促进"我们能"党在代表机构中的政治参与。其具体目标为以下两点。

1. 推动所有人民主参与公共政党的决策和决策执行。"我们能"党是以民主方式组建的，鼓励所有党员对党的决策进行讨论以及开放、尊重、直接地参与。

2. 推动《世界人权宣言》在所有社会、政治和组织领域的实施。

第三条 总纲

"我们能"党根据以下纲领开展活动。

1. 所有加入"我们能"党的党员都有发言权和投票权，不因其国籍和籍贯、身体外貌、血缘、种族、语言、残疾、年龄、政见、宗教信仰、性别、性取向、教育程度、婚姻和家庭状况及经济状况等受到任何歧视。为保证此项权利的行使，"我们能"党的所有空间和文件将允许使用西班牙境内的所有语言。同时"我们能"党还鼓励对党员进行培养，促进党员家庭生活与工作生活的协调。所有"我们能"党党员的选票具有相同的价值（即一人一票），不存在特权票，政治平等原则不得受到任何干预。

2. 在"我们能"党党内，所有党员都有权行使选举权和被选举权，并受到法律对各级组织的要求、道德准则的各项规定以及各项选举条例的限制。

3. 在党员行使被选举权时，"我们能"党将性别视为唯一的可调整因素。合议机构中的女性代表人数应至少为总数的一半。为保证该平等权的行使，"我们能"党将推动消除可能影响男女党员平等的限制。

4. "我们能"党组织的基本单位是小组、它所在的统一市政空间（EMU）以及那些根据规定拥有参与权的协调员。小组、统一市政空间和协调员是"我们能"党推动党员参与、讨论以及与社会联系的工具。小组、统一市政空间或协调员的构成、组织、发展和内部运作应遵照现行组织文件及相关条例的规定。

5. 选举方案的制定、代表机构候选人名单的编制、发言人选举、"我们能"党公民委员会成员的选举都应按照本党章执行。上述活动受制于被通过的文件，特别是现行道德准则，以及管理选举程序的相关规定。应始终允许所有"我们能"党成员能在其所在地区入党。

6. 党员应团结合力，同时保持党在联盟中变革的独立性。

7. "我们能"党是一个以普遍性、连贯性和责任感为标准的政治组织。"我们能"党公民委员会，以及其他受委托机构有权做出对"我们能"党有重大影响的决策。公民大会或其委托机构有权做出以下决策：与政治行动相关的基本路线、组织目标、筹款方式、代表及法律行动、一般选举策略的规划、与其他社会或政治团体的临时结盟政策等相关决策。所有"我们能"党党员的参与和决策最终应确保各级组织行动的一致性和连贯性。

8. "我们能"党推动其所有党员直接参与对组织有重大影响的决策过程，使用所有可以扩大和保证民主参与的方法，包括党员出席或远程参会的方式。"我们能"党将鼓励发展扩大党员空间，同时也支持使用不同的远程信息工具来简化党员的参与和决策。通过各级组织，特别是小组、统一市政空间（EMU）和协调员的推动，"我们能"党将寻求办法使无法上网的党员同样有条件参与党的决策。

第四条 地址

"我们能"党总部位于马德里苏里塔街 21 号，邮编为 28012。经协调委员会允许，该地址可变更为西班牙境内的任何地方。

其官方网站的主页为 https://podemos.info/，在该网站上将公布主要联系人的电子邮箱。

第二章 "我们能"党的入党制度

第一节 "我们能"党的入党方式

第五条 "我们能"党的入党方式

"我们能"党的正式党员应是具有完全行为能力的自然人，党员通过现场确认或远程确认的方式证实其入党意愿。

尽管有上述规定，仍允许十四周岁以上的未成年人加入"我们能"党。根据法律和相关条例的规定，可有专门的规定来明确此类党员在组织内部行使选举权的具体要求。

"我们能"党的支持者为那些积极参与党的活动，并且按照规定参加党员普查的人。任何人都可作为参与者登记加入"我们能"党，且可不必获得党员的法律条件而获取与"我们能"党有关的信息，协作和参与组织活动。非党员的参与者将不会被列入党员数据库。在规定选举或合议流程的相关条例批准的情况下，参与者有投票权。任何注册成为参与者的人都可以随时通过确认手续来获取正式党员身份。

第六条 批准入党

对上条中任何一种形式的入党申请的批准，都应通过"我们能"党的道德准则。

在"我们能"党的任一机构或成员的提议下，组织秘书处可与数据保护和信息安全处的代表审核相关党员的入党批准情况。如有拒绝党员入党申请的情况时，则应上报民主保障委员会。

第二节 权利和义务

第七条 党员的权利

"我们能"党的党员拥有以下权利：

（1）根据本党章，有参加党内活动，在管理和代表机构中行使投票权，以及参加公民大会的权利；

（2）根据规定，有成为选民并被选举担任"我们能"党党内职务的权利；

（3）根据规定，有作为支持者自愿参加"我们能"党活动的权利；

（4）有掌握与"我们能"党机构组成、其所做决定、已开展活动和组织财务状况有关的最新信息的权利；

（5）有对其认为党内机构违反法律和本章程的行为提出质疑的权利；

（6）党员可向相关机构，必要时向民主保障委员会提起上诉，以维护其权利。

第八条　党员的义务

"我们能"党的党员拥有以下义务。

（1）认同、遵守并执行道德准则。

（2）与"我们能"党持有相同的目标，并为该目标的实现而共同奋斗。尽可能推动改善社会和政治领域的民主，并在可能的范围内促进人权保障的落实。

（3）尊重本党章的条款、公民大会批准的文件、相关条例、法规遵从性计划、所属机构和团体的规范。

（4）遵守、履行和维护党内机构有效通过的决议。

（5）尊重"我们能"党党员和合议机构的内部和外部游行。

第九条　退党

"我们能"党的任一党员都能通过适当的书面形式或"我们能"党的官方网站自由终止其党员身份。

第三章　代表、管理和行政机构

第十条　"我们能"党的机构

"我们能"党的机构包括：

（1）不同地级的公民大会；

（2）不同地级的公民委员会；

（3）不同地级的秘书处；

（4）不同地级的协调委员会；

（5）统一市政空间的全体会议；

（6）相关条例规定的负责不同选举流程的选举委员会；

（7）不同地级的民主保障委员会。

第十一条　不可兼任原则

基于现行道德准则的不可兼任原则明确了组织职位和代表职位的不可兼任原则。

该规定应由全国公民委员会通过，还应防止相关党员利用"我们能"党牟取与其岗位职责无关的私利。

第二部分　全国性机构

第一章　公民大会

第十二条　"我们能"党公民大会

全国公民大会是"我们能"党的最高决策机构，永久性地拥有最高决策权，并能永久性地发挥其职能。所有"我们能"党的党员在全国公民大会上都有发言权和投票权。

全国公民大会将有现场和远程信息传递渠道，以使"我们能"党所有成员的参与权和决策权得到有效保障。

根据现行党章，作为"我们能"党最高决策机构的全国公民大会对于党内特别重要的决定拥有不可置疑的最高话语权。

第十三条　公民大会的组成

全国公民大会由全体"我们能"党党员组成。

第十四条　公民大会的权责

作为"我们能"党的最高决策机构，公民大会对党内重要事务拥有最高决策权。

大会的决议具有约束力，即使大会本身也不得撤销其决议。

公民大会的权责如下：

（1）确定"我们能"党的战略和总体政治路线；

（2）通过举行面向所有"我们能"党党员的初选，起草选举名单以选举全国性代表机构的公职人员；

（3）同其他政治力量一起批准或拒绝任何管理或选举协定、竞选联盟，以及确定将影响下级地区的框架标准；

（4）在参与拟订后批准最终的选举计划；

（5）选举和免除"我们能"党总书记；

（6）选举和撤销公民委员会或其成员；

（7）选举和撤销民主保障委员会；

（8）以直接或授权的方式通过党章并同意其修订；

（9）批准道德准则和其他政治文件、组织文件或规范性文件及其修订；

（10）其他任何被认为具有重要政治或组织意义的决策。

决议应以简单多数通过，但党章规定需要特定多数通过的情况除外。

如果公民大会决议要求变更"我们能"党的法律性质、解散"我们能"党或与其他政治力量合并，必须经"我们能"党三分之二的党员，以及相同比例的拥有参与权的活跃小组、统一市政空间及协调员同意方可生效。

第十五条　普通全国公民大会和常务全国公民大会

普通公民大会的召开是为了选举总体战略路线，制定道德文件、组织文件和平等性文件，选举总书记，以及组建公民委员会和保障委员会。

普通公民大会必须包括现场讨论的环节。常务公民大会将始终开放，针对具有重要政治意义的问题进行具有约束力的商议。

当出现以下情况时，常务公民大会可以不必满足十八个月的最低间隔期限，以特殊方式召开：

（1）担任总书记职务的人员死亡、辞职、不能胜任或离职；

（2）经秘书处或国家公民委员会原始成员四分之三通过的，具有特殊组织或政治意义的情况。

任何人在履行职责期间都不得接受第二次撤职商议。

第十六条　公民大会的召开

1. 普通公民大会可由以下组织或成员召集，距上次大会的间隔应在十八个月至四年之间：

（1）总书记或协调委员会；

（2）公民委员会超过五分之三的成员；

（3）四分之一的"我们能"党党员；

（4）根据相关规定，百分之三十的拥有参与权的活跃小组、统一市政空间和协调员。

普通公民大会自上届大会起四年后自动召开。

2. 经以下机构和人员决定，可召开常务公民大会对具有重大政治意义的事务进行决议：

（1）总书记；

（2）公民委员会的简单多数；

（3）十分之一的"我们能"党党员；

（4）根据相关规章，五分之一的拥有参与权的活跃小组、统一市政空间和协调员。

3. 在做出撤职决议时，公民大会不得在受影响的职位或机构被选举满十八个月之前召开。以下机构和成员有资格召集大会：

（1）五分之一的"我们能"党党员；

（2）根据已通过规章，四分之一的拥有参与权的活跃小组、统一市政空间和协调员；

（3）公民委员会的绝对多数。

第十七条　公民大会的运作

公民大会的正常运作标准受制于由公民大会多数通过的规定或作为最高决策机构的公民大会通过的规定。

普通公民大会和特别公民大会的组织归属于公民委员会，委员会应指定负责该组织的专家团队，为了相关规定的执行，应提供必要的支持。

第二章　公民委员会

第十八条　全国公民委员会

全国公民委员会是"我们能"党的政治管理机构。日常行政工作应由协调委员会、公民委员会的不同团队根据具体工作职责安排完成。

第十九条　全国公民委员会的组成

"我们能"党的公民委员会由以下部分组成：

（1）"我们能"党总书记将主持会议；

（2）各个时间段担任自治区总书记的人员；

（3）在各个时间段担任自治市休达和梅里达代表的人员；

（4）由"我们能"党居住在海外的党员选举出的一名代表，作为他们在公民委员会的代表；

（5）在公民大会中直接选举的六十二名成员，组成公民委员会；

（6）四名被直接选出的小组代表：根据相关规定，其中两名作为拥有参与权的地区小组、统一市政空间和协调员的代表，另两名作为行业小组的代表。

经公民委员会、总书记或协调委员会决定邀请的人员将暂时或永久成为公民委员会的成员，其有发言权但无投票权。

同样，在公民委员会中可批准最多两个直接民主的席位。在公民委员会的现场会议上，可讨论特定的议题，讨论以流媒体形式转播，相关文件应至少提前七天发布。所有党员可通过远程和直接民主席位的形式进行投票。

第二十条　全国公民委员会的权责

全国公民委员会的权责如下：

（1）推动和执行由全国公民大会批准的决定，以及有利于"我们能"党政治路线发展的决定；

（2）作为组织在相关事务中发表意见；

（3）批准与公民大会通过文件相关的一般性规定，包括公民委员会的相关文件；

（4）召开全国公民大会以讨论必须遵守的规定、党章及其他相关条例的有关规定；

（5）以特殊方式召开下级地区公民大会以讨论具有重大意义的决议；

（6）批准协调委员会递交的预算及年度收支情况；

（7）批准全国性选举活动和特定活动的预算；

（8）在其成员中选举组建协调委员会，以负责协调不同区域的工作，并在公民委员会未召开期间负责行政工作；

（9）任命和替换全国工作秘书处、地区和小组负责人；

（10）任命和替换管理层和负责监管法律遵从性的人员；

（11）任命和替换负责财经的人员；

（12）起草、讨论和通过每年以公开形式递交给公民委员会的管理报告和政策分析；

（13）明确"我们能"党公民大会在代表大会、参议院和其他议会党团中进行政治协作的规定，并根据通过的条例选举运作机构、发言人和相关负责人员。

第二十一条　召开公民委员会的条件

公民委员会可在以下任一情况下召开：

（1）经总书记或协调委员会提议；

（2）经四分之一的公民委员会成员申请，由协调委员会提议；

（3）经十分之一的"我们能"党党员，或五分之一的有参与权的活跃小组、统一市政空间和协调员申请，由协调委员会提议。

除选举期间，公民委员会的两次会议间隔不得超过三个月。协调委员会将在该期限前召开公民委员会。民主保障委员会将监督该规定的遵守情况。

第二十二条　公民委员会的组织

公民委员会将由秘书处、地区和工作小组组成，以确保其职责的履行。每个职位应至少有一名负责人。

公民委员会的组织结构将根据公民大会通过的相关文件决定。

第二十三条　公民委员会的运作原则

公民委员会将制定内部运作规范，该规范将由成员的简单多数通过。规范将明确委员会的一般运作流程（召开、投票制度、周期和纪律等）。

第二十四条　选举和中止公民委员会

公民委员会应由公民大会根据选举规定，通过公开初选方式选举。居住在国外的"我们能"党党员的代表将通过直接普选产生。该选举权不会与全国选民登记冲突。小组和统一市政空间的代表将由现场直选选举。

公民委员会的成员可在当选人发生辞职、不能胜任、死亡或丧失加入该组织资格时，通过召开公民大会中止选举。公民大会可通过党章的有关规定撤职当选人。

撤职决定宣布后，撤销的职位只能由公民大会重新选举。不可兼任原则将限制那些因辞职而影响"我们能"党机构正常运作的人员的被选举权。

第三章　"我们能"党总书记及协调委员会

第二十五条　全国总书记的权责

"我们能"党总书记有以下权责：

（1）履行党的政治代表和组织代表职能；

（2）协调党内各项活动并保证党的政治行动的战略一致性，确保全国公民委员会内部组织的统一性；

（3）主持并召开公民委员会和协调委员会；

（4）召开"我们能"党的公民大会；

（5）对于特别重要的决议，以特殊方式召开任何地域级别的"我们能"党公民大会；

（6）和协调委员会选出的一名代表一起，在党的财政和程序方面行使党的法律代表职能；双方都有权以"我们能"党的名义签署文件，并在职权范围内进行有效约束；总书记和协调委员会选定代表可批准其认为有利于"我们能"党正常运作的行动；双方应定期向协调委员会和公民大会汇报工作；

（7）协调公民委员会任命的不同书记、地区和小组的工作。

第二十六条　"我们能"党总书记的选举和撤职

担任总书记的人选应由"我们能"党的全国公民大会通过自由和直接的选举产生。

候选人将按照相关规定推举，被提名的候选人党龄应超过六个月。

根据本党章规定，可通过公民大会对总书记进行撤职。全国公民委员会将负责该撤职流程，并任命负责的专家团队，提供必要的支持以保证相关规定的执行。

第二十七条　协调委员会

协调委员会是为总书记和公民委员会提供协助以履行公共及内部协调职能的组织。

协调委员会以合议的方式履行组织的一般义务，并根据在公民大会和公民委员会上达成的协议做出政治决策。

协调委员会由公民委员会的十至二十名成员组成，由简单多数选举产生。委员中应至少有一半女性。

根据总书记的提议，协调委员会由公民委员会组建。

公民委员会或公民大会可以根据现行党章或党章批准的组织文件，单独撤销协调委员会成员的职务。

第三部分　地区性机构

第一章　权力下放

第二十八条　组织和财政权力下放

"我们能"党是一个在各地都有分支的全国性组织，与全国公民大会和不同的区域性大会通过的战略路线保持一致。

"我们能"党的公民大会在组织文件中规定了"我们能"党在自治区级以下地域的分布情况。

第二十九条　政治活动和组织管理中的就近原则

地区性机构在其运作、组织和政治行动中享有充分自主权，同时不妨碍与"我们能"党公民大会通过的文件和战略路线保持一致，并且始终在全国公民委员会通过的各项规章范围内运作。

如有要求，自治市和组织在国外的自治机构将享有财务自主权，并始终与全国性机构保持路线一致，遵守党内有关财政透明、合同模式和成本控制等标准。

第三十条　与地区的联系

加入"我们能"党的人员将完全自由地决定他们希望注册入党、参与和行使投票权的地区，但不能同时在多个地点入党。居住在国外的党员可同时在国外和其参加选举的自治区或自治市入党。

负责选举工作的选举委员会在选举过程中，将根据规定监管每个地区注册党员的情况。

第三十一条　辅助性原则

在不影响上级地区政治策略协调和决策等级原则的情况下，"我们能"党将采用辅助性原则，下级地区组织有权制定该地区政治行动的当地标准。

上级公民大会不得撤销地区性公民大会（隶属自治区、自治市或国外地区）做出的不影响国家权力或国家及地区关系的决议。

根据"我们能"党公民大会通过的文件，自治区公民大会将决定其领土范围内不同选举程序对应的政策和法律程序，并制定在自治区下级地区进行的选举活动的框架标准。

第二章　自治区机构

第一节　公民大会

第三十二条　自治区公民大会

根据前一章的规定，自治区公民大会由所有"我们能"党在当地的党员组成，是每个自治区的最高决策机构。

公民大会的决议具有约束力，当该决议对上级地区有重要政治影响时，即使同一公民大会或其他上级公民大会也不得撤销该决议。

第三十三条　自治区公民大会的运作

在不妨碍本党章规定的情况下，自治区公民大会的运作规则（投票制度、最少法定人数等）将由相关法规确定。

为确保总路线的一致性，当地战略路线的选择和自治区总书记的选举，以及自治区公民委员会的组成将以相同方式和流程进行。

自治区公民大会具有常设性质，对有重大政治影响的问题进行商讨及决议。

第三十四条　自治区公民大会的权责

在"我们能"党及自治区公民大会通过的文件中，确定了以下属自治区公民大会独有且不可让渡的权责：

（1）选举、任命和撤职自治区总书记。

（2）根据相关规定，选举、任命和撤职自治区公民委员会的成员；该自治区公民委员会应至少有一半女性委员。

（3）选举和撤销自治区民主保障委员会。

（4）批准所在地区选举流程对应的最终选举方案（在参与拟订后），该方案不得违反上级大会通过的方案原则。

（5）确定当地不同选举流程的政策和法律程序，该政策不得与上级大会通过的原则相矛盾，并制定自治区下级地区选举活动的框架标准。

（6）根据现行法规，批准当地代表机构公开职位选举的候选人名单。并根据各地现行选举法，制定最终选举名单。

（7）根据上级大会批准的一般性原则，批准或拒绝任何类型的决议或当地代表机构的竞选联盟，以及制定下级地区和自治区联盟的框架标准。

　　如果自治区公民大会通过的文件与"我们能"党公民大会通过的文件有明显冲突之处的，则自治区民主保障委员会或全国组织秘书处可对上述文件矛盾之处提出质疑，或限定该地区党员在全国民主保障委员会的权责。

　　第三十五条　自治区公民大会的召开

　　1. 自治区公民大会只能做出其职权范围内的决定。

　　在投票过程中，除了该地区的"我们能"党党员外，居住在国外但在该地区注册的党员也可参与。

　　2. 普通自治区公民大会可以在距前一次大会间隔十八个月到四年之间，由以下机构或人员召集：

　　（1）自治区总书记或自治区协调委员会；

　　（2）自治区公民委员会超过五分之三的委员；

　　（3）"我们能"党在该地区超过四分之一的党员；

　　（4）当地百分之三十的拥有参与权的活跃小组、统一市政空间和协调员。

　　普通自治区公民大会在距上一届大会四年后将自动召开。

　　3. 经以下机构或人员决定，对于具有重大政治影响的问题可召开常务自治公民大会进行有约束力的商讨：

　　（1）自治区总书记；

　　（2）自治区公民委员会的简单多数；

　　（3）"我们能"党在该地区超过十分之一的党员；

　　（4）当地五分之一的拥有参与权的活跃小组、统一市政空间和协调员。

　　4. 由于特殊情况和客观突发事件，如总书记死亡、辞职、不能胜任、停职；或者公民委员会委员数量大量减少，以致其不能正常运作；或在其他任何使该地区"我们能"党公民大会的基本原则受到威胁的情况下，经以下机构、人员和全国协调委员会的共同决定，可召开特别公民大会，该大会将不受期限限制：

　　（1）"我们能"党在该地区超过五分之一的党员；

　　（2）该地区超过四分之一的拥有参与权的活跃小组、统一市政空间和协调员；

　　（3）自治区公民委员会总原始成员的绝对多数；

　　（4）自治区总书记。

第三十六条　自治区专家团队

当自治区机构无法正常运作，无法按照第三十五条第四款的要求做出决议时，全国组织秘书处在听取了该地区现有机构的意见后，将向全国协调委员会提议组建一个能在该地区代表"我们能"党，负责协调委员会委托工作的专家团队。该团队将运作到下一次普通公民大会召开，即距离前一次大会最短十八个月，最长为自该专家团队被任命一年后。

如果在此期间举行省或自治区的选举，或发生其他任何具有同等政治意义的事件，经专家团队和全国协调委员会协商一致，该期限可破格延长一次，最长十二个月。

如要对相关人员或机构撤职，在受影响的人员或机构当选满十八个月之前不得召开自治区公民大会。以下成员或机构有权召集大会：

1. "我们能"党在当地超过五分之一的党员；

2. 当地四分之一的拥有参与权的活跃小组、统一市政空间和协调员；

3. 自治区公民委员会成员的绝对多数。

任何被撤职的人员都不得第二次当选。

第二节　公民委员会

第三十七条　自治区公民委员会

自治区公民委员会是在每届普通自治区公民大会召开间隔负责讨论、决议和在当地对"我们能"党进行政治领导的机构，始终按照大会通过的文件和"我们能"党的总体战略路线运作。

第三十八条　自治区公民委员会的组成

自治区公民委员会将由对应公民大会规定数量的委员构成，人数范围如下：

1. 居民数量少于一百万人的自治区，自治区公民委员会委员人数在十四人到二十四人之间；

2. 居民数量在一百万零一人到三百万人的自治区，自治区公民委员会委员人数在二十四人到三十四人之间；

3. 居民数量超过三百万人的自治区，自治区公民委员会委员人数在三十四人到四十四人之间。

在任何情况下，自治区总书记都应加入公民委员会，并负责主持会议。

自治区公民委员会的组成结构要确保其与下级组织的协调。为此，根据规定，应有至少两名拥有参与权的小组、统一市政空间和协调员作为代表，该代表将在自治区公民大会上以现场投票的方式选举。

第三十九条　自治区公民委员会的权责

地区代表大会通过的文件规定了对应自治区公民委员会的权责，在任何情况下都应包括以下几项：

（1）推动经自治区公民大会批准的"我们能"党的政治方针的实施，该方针应始终与"我们能"党的总战略路线保持一致；

（2）审查并起草、合并、修改和调整所有一般性规定，并制定当地的具体标准，包括该自治区公民委员会的规章和成员处分制度；

（3）根据现行法规，制定必要的措施以实现与代表大会、自治区议会中的"我们能"党小组的政治协作，以及和上级机构的政治协作，并选举运作机构、发言人及履行上述职责的人员。

第四十条　自治区公民委员会的召集和运作

1. 自治区公民委员会受制于相关规定，其召集包括以下方式：

（1）经自治区总书记或其协调委员会决定；

（2）经自治区公民委员会四分之一的委员申请，由协调委员会决定；

（3）经该地区"我们能"党十分之一的党员申请，或五分之一的有参与权的小组、统一市政空间和协调员申请，由协调委员会决定。

大会应根据相关规定，在自申请之日起最短一周，最长六周内召开。除选举期外，委员会的两次会议间隔不得超过三个月。

现行文件和自治区公民委员会的章程将确定使公民委员会的决议生效的最低投票票数，该票数不得少于原始成员人数的五分之一。

根据普通自治区公民大会的决定，现行文件和自治区公民委员会的规定将决定其运作模式。

2. 除委员会本身外，自治区公民委员会还应至少有以下机构：

（1）一个女权主义和平等政策秘书处；

（2）负责乡村地区（或海洋地区）政策执行的机构，该机构负责和"我们能"党的全国性乡村及海洋地区工作组进行长期协作；

（3）由拥有参与权的活跃小组、统一市政空间和协调员，自治区小组协调员、统一市政空间和下级协调员共同组成的代表组织来协调组织内的工作，其组织和运作受制于当地自治区公民委员会批准的相关规定。

第四十一条 自治区总书记

自治区总书记是行使"我们能"党在当地的政治和组织代表职能的机构，负责协调各项活动并确保党的政治行动的战略一致性，以及确保当地党组织与全国党组织的协作和战略一致性。

自治区总书记的权责如下：

（1）在该地区行使"我们能"党的政治和组织代表职能，协调各项活动；

（2）领导当地的"我们能"党公民委员会和协调委员会；

（3）召集自治区公民大会；

（4）拥有自治区组织代表及政治代表的身份，根据全国协调委员会通过的文件，有充分的法律权能代表"我们能"党行使总书记在该地区的权责。

第三节 自治区总书记及协调委员会

第四十二条 自治区总书记的选举

自治区总书记将由自治区公民大会通过自由、直接投票选举。候选人将按照相关规定被提名，且党龄应超过六个月。

通过向任命自治区总书记的自治区公民大会发起撤职申请可对总书记进行撤职。自治区公民委员会将以合议的形式负责组织该撤职流程。

第四十三条 自治区协调委员会

自治区协调委员会是自治区秘书处和自治区公民委员会的合议机构，负责政治工作和内部协调工作。

自治区协调委员会以合议形式履行党在该地区的一般性职责，并承担政治决策的责任，协调不同自治区工作组的政治活动及行政活动。

自治区协调委员会由自治区总书记，以及自治区公民委员会在其成员中选举产生的十至二十人团队组成。其成员中应至少有一半为女性。

自治区协调委员会将由不同书记组成，根据相关规定和公民大会通过的组织文件，对应的公民委员会将委托给各位书记不同工作。

自治区协调委员会的任命、撤职和组织受制于当地公民大会通过的文件，且该文件不应与上级的具有约束力的决议相冲突。

自治区协调委员会的成员可以由自治区公民委员会或自治区公民大会通过具有约束力的决议进行撤职。

第三章　市级机构

第四十四条　市级机构

"我们能"党的市级机构取决于在该市注册的党员数量，但在任何情况下，每个城市都应有一个市级公民大会。

第一节　公民大会

第四十五条　市级公民大会

市级公民大会是"我们能"党在城市的最高决策机构，由当地所有"我们能"党党员组成。

市级公民大会只能就其职权范围内的事务做出决定，且不得与上级大会做出的决定相冲突。

第四十六条　市级公民大会的权责

以下为市级公民大会独有的、不可让渡的权责：

（1）选举和撤职市级总书记；

（2）根据全国公民委员会通过的规定，选举和撤职担任市级公民委员会或协调委员会（如上述机构存在）的成员；

（3）通过与当地选举流程对应的最终选举方案（在参与拟订后），且不能与上级大会通过的方案原则相冲突；

（4）根据上级大会确立的框架标准，确定在当地不同选举程序对应的政策和法律程序；

（5）根据现行规定，批准当地代表机构公开职位的选举名单，并且在遵守当地选举法律的基础上制定最终选举名单；

（6）根据上级大会通过的一般性原则，批准或拒绝任何类型的协定或当地代表机构的竞选联盟。

第四十七条　市级公民大会的召开

1. 市级公民大会的召开受制于自治区组织文件和本党章相关规定。除本市的"我们能"党党员以外，居住在国外但在本市注册的党员也可参与投票。在普通市级公民大会上将同时更新政治路线和选举领导机构。

2. 普通公民大会的召开时间为：在党员人数等于或少于五十人的城市，大会召开间隔为自上次大会后九到十八个月；在党员人数大于五十一人的城市，大会召开间隔为距上次大会十二到二十四个月。

在拥有超过二十五万居民的城市，城市组织文件可规定延长该市公民大会召开的间隔，最长间隔为四年。

以下机构和人员有权召集大会：

（1）市级总书记或市级协调委员会（如上述机构存在）；

（2）自治区公民委员会超过五分之三的成员（如上述机构存在）；

（3）"我们能"党在该地超过一半的党员；

（4）如该地有超过五个活跃小组，则其中超过五分之三的成员。

在党员数量小于或等于五十人的城市，在距上次大会十八个月后应自动召开普通市级公民大会；在党员数量大于五十人的城市，在距上次大会两年后应自动召开普通市级公民大会。

在拥有超过二十五万居民的城市，城市组织文件可规定延长公民大会召开间隔，最长间隔为四年。

3. 除行使专有职能外，还可召开常务市级公民大会就具有重大政治意义的问题进行商讨，大会的召开须经以下机构和人员决定：

（1）市级总书记（如上述机构存在）；

（2）自治区公民委员会的绝对多数（如上述机构存在）；

（3）"我们能"党在该市超过百分之三十的党员；

（4）如该市有超过五个活跃小组，则其中超过五分之二的成员。

4. 由于特殊情况和客观突发事件，如市级总书记死亡、辞职、不能胜任或停职，或公民委员会或协调委员会（如上述机构存在）成员数量大量减少以致其根据现行法规不能正常运作的，或在其他任何使该地区"我们能"党公民大会通过的基本原则受到威胁的情况下，经以下机构、人员和自治区协调委员会的共同决定，可召集特殊市级公民大会，该大会将不受期限限制：

（1）"我们能"党在该市五分之二的党员；

（2）如该市有超过五个活跃小组，则其中半数多一个的成员；

（3）市级公民委员会（如上述机构存在）总原始成员人数的绝对多数；

（4）市级总书记（如上述机构存在）。

第四十八条 市级专家团队

当市级机构无法正常运作，且无法按照第四十七条第四款的要求共同做出决定时，在听取了该地区现有机构的意见后，自治区组织秘书处和全国组织秘书处将向自治区协调委员会提议组建一个在该市代表"我们能"党担负协调委员会委托职责的专家团队，直到下一次普通公民大会召开。

在党员数量等于或小于五十人的城市，该大会应在最短距前一次大会九个月后召开；对于党员数量大于五十人的城市，则该间隔为一年。大会召开的最长间隔为该专家团队被任命后一年内。

在居民人数大于二十五万人的城市，与专家团队和全国组织秘书处达成一致后，自治区协调委员会可延长对专家团队的任命期限。

如要对相关人员或机构撤职，则不应在受影响的职位或机构被选举后九个月内（针对党员人数等于或少于五十人的城市），或一年内（针对党员人数大于五十人的城市）召开市级公民大会。以下机构和人员有权召集大会：

（1）"我们能"党在该市超过五分之二的党员；

（2）如该市有超过五个活跃小组，则其中半数多一个的成员。

任何被撤职的人员都不得第二次当选。

第二节 市级组织

第四十九条 党员普查

每个自治区、自治市或国外地区都应进行党员普查。在全国组织秘书处的提议下，党员普查将根据全国公民委员会的规定反映现有党员的数量。

第五十条 党员数量等于或少于五十人的城市的组织结构

在党员数量等于或少于五十人的西班牙城市中，将建立一个唯一的统一市政空间，这将统一并替代该市曾经的小组和组织。该空间将用当地的语言被命名为"'我们能'党＋城市名"。在这些城市中不存在比城市级别更低的小组。

在统一市政空间形成后，任何对小组的提及都将被理解为统一市政空间。

该空间最多由两部分组成：一个公开的全体会议和会议内部的协调机构，空间的性质和规模将取决于该市的党员数量：

（1）市内党员少于五人的：只有自发形成的非正式组织；

（2）市内党员人数在六到十人的：一位市级总书记；

（3）市内党员人数在十一到二十五人的：一位市级总书记和一个由五人（包括总书记）组成的市级协调委员会；

（4）市内党员人数在二十六到五十人的：一位市级总书记和一个由五到九人（包括总书记）组成的市级协调委员会。

在任何情况下，根据全国公民委员会通过的规定，市级总书记将由相应的市级公民大会经公开初选产生。

在市级总书记的提议下，市级协调委员会将由全体会议的多数选举。其中至少应有一半女性成员。

市级全体会议将向所有有意愿参加的人员开放，所有人在大会上都有发言权，但只有"我们能"党的党员有投票权。

党员数量等于或少于五十人的城市的总书记的最长任期为十八个月。在此期限前，应重新进行选举。

第五十一条　党员数量超过五十人的城市的组织结构

根据该市党员数量和公民大会通过的文件规定，党员数量超过五十人的城市应设立一个市级总书记、一个市级公民委员会和一个协调委员会。

在任何情况下，根据全国公民委员会通过的规定，市级总书记和不属于小组代表的市级公民委员会成员将通过远程公开初选的形式选举。

市级公民委员会的小组代表将以现场公开初选的形式选举，其中应有一半的女性成员。如果在该市有超过一个小组，则应尽可能使当选代表属于不同小组。

市级协调委员会将在市级总书记的提议下，由市级公民委员会多数选举产生。其中应有至少一半的成员为女性。

公民大会在党员数量超过五十人的城市中选举的总书记和市级公民委员会成员的最长任期为两年。在此期限之前，应重新举行选举。

在党员数量超过五十人的城市中，市级公民委员会的小组代表的最长任期为一年。在此期限之前，应重新举行选举。

市级公民委员会也将担任"我们能"党在市级公共机构的职务。党的市级公开职位将选举两名代表（等额选举），为在市级公民委员会中拥有投票权和发言权的常驻代表。

第三节　公民大会

第五十二条　市级公民委员会或全体会议

在党员数量少于五十人的城市中，市级公民委员会或全体会议负责在普通市级公民大会召开间隔讨论、决议和执行"我们能"党在当地的政治政策，且应始终遵守大会通过的文件和"我们能"党的总体战略路线。

自治区公民委员会的相关标准将适用于以下各条未涵盖的所有方面。

第五十三条　市级公民委员会或全体会议的权责

党员数量大于五十人的城市市级公民委员会，或党员数量少于五十人的城市全体会议的权责如下：

（1）推动由市级公民大会通过的"我们能"党的政治路线的实施，并始终与"我们能"党的总战略方针保持一致；

（2）批准或拒绝由市级协调委员会或市级总书记递交的年度预算或竞选活动提案；

（3）审查、起草、整合、修改和协调该市的所有一般性规定，为当地制定地方标准，包括市级公民委员会或全体会议的规定；

（4）如有市级协调委员会，则要负责任命和替换该委员会成员；

（5）负责任命和替换秘书处和市级工作团队的负责人；

（6）根据现行规定，负责撤职市级总书记或其他市级公民委员会成员；

（7）确定市级公民委员会或全体会议与相应市级工作组进行政治合作的必要机制，并在听取市级工作组意见后，选举运作组织、发言人和相关负责人员。

第五十四条　市级公民委员会或全体会议的召开

在以下机构或人员的提议下，市级公民委员会或全体会议可在任何时候召开：

（1）在市级总书记或市级协调委员会的提议下；

（2）在党员数量大于或等于五十一人的城市，经超过四分之一的市级公民委员会成员申请；

（3）由"我们能"党在该市超过十分之一的党员申请。

在任何情况下，市级公民委员会的两次全体会议间隔不得超过两个月；全体会议的两次会议间隔不得超过两个半月。除选举期间外，市级总书记有义务在该期限前召开公民委员会会议。

第四节 市级总书记和协调委员会

第五十五条 市级总书记

市级总书记是一个履行"我们能"党在该市政治代表和组织代表职能的机构，协调各项行动并确保政治行动的战略一致性，确保该市党组织与"我们能"党的自治区、全国性组织保持协作和战略一致性。

市级总书记有以下权责：

（1）行使"我们能"党在该市政治代表和组织代表的职权，协调各项行动；

（2）领导市级公民委员会或全体会议，以及市级协调委员会；

（3）根据党章相关要求，召开市级公民大会。

担任市级总书记的人员将由市级公民大会根据本党章规定的程序选举产生。

根据相关规定，可向任命市级总书记的市级公民大会申请对总书记撤职。

第五十六条 市级协调委员会

在不与本章相关规定冲突的情况下，市级协调委员会是市级总书记和市级公民委员会或全体会议的合议机构，履行政治和内部协调职责。

第四部分 小组

第一章 小组

第五十七条 小组和统一市政空间

在党员数量等于或少于五十人的城市，"我们能"党的基本组织单位是小组和统一市政空间，但不妨碍在法规允许的情况下可存在比市级协调员更高级别的协调员。

小组（或统一市政空间）是"我们能"党促进组织参与、辩论和与社会联系的工具，其主要职能是成为社会和党的联系纽带，充当向"我们能"党的机构及其代表表达社会关切的门户。在尊重党章和不同地区规章的前提下，其有权自主决定其行使权责的形式。小组和统一市政空间将向公民永久性开放。

根据本党章及其相关规定，小组和统一市政空间对其成员具有纪律管理的责任。在小组和统一市政空间中，不允许其成员有任何性别歧视、排外、霸权、仇视同性恋、诽谤、侮辱、言语或肢体暴力等行为，以及有任何违反人权的态度。

根据全国公民委员会在组织秘书处的提议下通过的启动议定书，为使小组有充分的权利，小组必须是"活跃"的。

第五十八条　小组和统一市政空间的法律实体

为了促进活跃小组的组织独立和财务独立，活跃的小组可在"我们能"党的组织框架内拥有适当的法律实体。

拥有法人身份的活跃小组可加入"我们能"党的组织。为此，具有法人资格的活跃小组除了要遵守法律规定的组织和财务要求外，还应得到主管组织秘书处的书面形式的批准。根据司法和财政部门的规定，该组织秘书处将负责核实上述小组是否符合行政、会计和财务要求。根据政党法，该秘书处还要负责监督上述小组对标准的执行情况以及担负财经责任。

拥有法人身份的小组可以用小组的名义开展活动，这些活动应在一般法律框架、道德准则及在"我们能"党党章的范围内开展。小组为了确保遵守法律和党章，应和当地的组织秘书处协调一致。

当统一市政空间为党的组织空间时，则没有独立法人身份。

第五十九条　小组和统一市政空间的财经和财务透明

无论小组是否有法人身份，以及无论小组和党组织的行政关联程度如何，小组都有以下义务。

（1）在不妨碍上级代表大会和公民委员会通过的附加义务，特别是与法人代表财务透明相关义务的情况下，所有小组都应通过公众可访问的渠道公布其账目、筹款手段和经费的使用情况，公布的最短周期为六个月。

（2）根据"我们能"党关于财务透明的一般性规定，以及根据小组当地公民大会或公民委员会通过的特定规章，活跃小组将向当地（或直接上级）公民委员会报告其所有财务制度，并定期向该委员会提交账目。

当统一市政空间为党的组织空间时，其将受制于市级机构适用的财政和财务透明规定。和小组不同的是，特殊标准将不适用于统一市政空间。

第六十条　关于小组的解散

在组织秘书处的提议下，"我们能"党的公民委员会将制定一项草案，在小组不遵守党的一般性组织或道德原则的情况下，对其进行预防性中止或强制性解散。

小组的解散只能由主管组织秘书处根据上述议定书的规定，经过公开审理完成。上诉的动议由相应的民主保障委员会根据上述草案及相关规定进行审理。

第二章　地区小组及协调员

第六十一条　地区小组的定义

地区小组和公民委员会、公民大会的组织形式将根据本党章和各个大会的规定进行调整。

根据党章的规定，在全国范围内，可以存在市级或市级以下的地区小组。其他党员参与的地区组织（地区、岛、省等）将通过协调员联系。

除在国外地区的小组拥有组织自由外，地区小组的下级是市级小组，因此需要向组织秘书处陈述客观理由，以便级别更低地区（街区、地区等）的小组可设立分支机构。该流程将受制于相关规定。

因党员数量等于或少于五十人，因而在设有一个统一市政空间的城市不应设立分支机构。

在任何情况下，同一地区不得有一个以上的地区小组。将制定法规来避免可能出现的组织重叠。

第六十二条　地区小组的权责

根据现行法规，有参与权的活跃地区小组、统一市政空间和协调员有以下权责：

（1）根据被批准的流程召开本地区的公民大会；

（2）根据被批准的流程召集公民委员会的讨论；

（3）组织定期会议、远程会议和其他形式的会议以确保和促进成员和支持者能够按照规定，与公民社会的不同行为人保持顺畅联系，推动社会网络的建设以及推动与"我们能"党总方针一致的各项运动的发展；

（4）根据选举条例，参与选举过程中的各项行动；

（5）其他当地公民大会通过的文件上明确的权责。

第六十三条　协调员

协调空间（协调员）集合了市级以上地区（地区、岛、省等）的地区小组或统一市政空间，包括了所有当地的活跃小组和统一市政空间。协调员还可能包括"松散党员"（居住在没有小组或统一市政空间的城市）。

在有分支机构的城市也可存在市级协调员。

不同协调员之间不能有地区重叠。如果发生这种情况，将根据处理地区小组类似问题的流程进行处理。

协调员的权责以及规范其运作、组建和解散的流程将被纳入本党章中。

上述规定还将明确何时那些成为足量党员的唯一党员身份空间的协调员可有类似于地区小组或统一市政空间的政治参与权。

第三章　行业或主题小组

第六十四条　行业或主题小组的定义

行业或主题小组是"我们能"党的组织基础，以及党的政治参与的首要要求。行业或主题小组也是"我们能"党从临近地区到各个行业领域采取直接政治行动的工具。

对"我们能"党特定主题、行业或计划感兴趣的人员可在尊重民主、尊重人格尊严、尊重人权以及为公民服务的原则基础上，创建行业或主题小组。

第六十五条　行业或主题小组的目标和职能

行业或主题小组的目标和职能为以下几项：

（1）引导社会运动、关心公民社会践行者的需求和愿望，以及与"我们能"党的总目标相一致的个人需求和愿望，并将这些愿望转化为社会行动或组织行动的方案；

（2）通过制定战略、倡议和计划，以与特定工作领域的运作和特点有关的专业知识为基础，向"我们能"党的政治机构提供具体的专业和技术指导，从而促进组织做出正确可行的政治决策；

（3）参与"我们能"党的大会和会议，支持旨在提高党员认知的辩论，传播有关集体行动的知识和建议；

（4）建立行业或主题小组与公民社会组织之间在特定领域和行业稳定的合作关系。

第六十六条　行业或主题小组的权责

活跃的行业或主题小组有以下权责：

（1）根据已批准的流程，在当地召开公民大会；

（2）根据已批准的流程，召集公民委员会的讨论；

（3）在专题会议上发起倡议，在涉及行业问题时，公民委员会应有措施确保那些涉及类似主题的行业或主题小组可以通过现场或远程会议的形式发起倡议；

（4）按照相关选举条例参与选举。

第五部分　民主保障委员会

第一章　定义、组成和职能

第六十七条　民主保障委员会的定义

民主保障委员会是一个公正和独立的机构。根据党的相关规定，该委员会负责保障"我们能"党党员的基本权利，以及保障对党的基本原则和运作规则的尊重。

为此，"我们能"党将在每个自治区设立民主保障委员会，并设立一个全国性的民主保障委员会。

第六十八条　组成

全国性民主保障委员会和自治区委员会由当地组织文件规定的委员构成，成员由公民大会根据规定直接选举产生，其党龄应超过六个月。得票最多的候选人将成为民主保障委员会的委员，并且应保证成员中至少一半为女性，且百分之七十的成员为法律从业人员。往下票数最高的未当选候选人将成为候补委员。在当选委员辞职、缺席或死亡时，候补委员将接替其职位。候补委员可参加全体会议，有发言权，但无投票权。经全体会议决定，候补委员可暂时接替正式当选委员的职务，全体会议还可委托候补委员完成某项任务。

经自治区公民大会召开的具有约束力的撤销决议，并获得"我们能"党五分之一党员通过的情况下，自治区民主保障委员会可被集体撤职，包括候补委员。

民主保障委员会的委员和其他机构职务不可兼任。不可兼任原则明确了适用于民主保障委员会正式委员及其候补委员的其他不可兼任规定。

第六十九条　民主保障委员会的权责

民主保障委员会保障在党组织及其机构中党员的权利，并确保党员遵守对选民的道德和政治承诺。该委员会不应干预组织内部的政治分歧，因为其权责只涉及不遵守道德和组织文件的情况。

由"我们能"党的任何机构做出的对"我们能"党党员造成影响的所有纪律或制裁性质的决议，将最终上诉至民主保障委员会，委员会要对其进行裁决。

民主保障委员会有以下权责：

（1）根据党章，在被授权进行处分审理的机构请求下，对"我们能"党党员和机构间的诉讼和冲突进行调解；

（2）根据相关制度，处理其权责范围内的工作，并交由全国公民委员会批准，同时制定自律规定；

（3）解决其权责范围内，由党章或党的道德和组织文件规定的任何问题。

第七十条　民主保障委员会的运作

民主保障委员会将按照本党章规定的程序灵活运作，且处理程序应始终有书面记录。该委员会将根据党章、道德准则、适用规则相关标准和协议，以及现行法律，以合理的方式发表意见，协调、决定或处理动议。

民主保障委员会全体会议将从其委员中选举一名主席，该主席受制于相关公共条例，该条例还应经公民委员会批准。该主席通过同意、拒绝或提出议案来履行其职责。

民主保障委员会的决议如果是最终决议，则不得对其上诉，并且应该严格执行。任何一个民主保障委员会都不得在未开启纪律处分程序的情况下对任一注册党员采取任何行动或对其进行调查。

第六部分　纪律制度

第一章　制度和纪律程序

第七十一条　纪律制度的基本原则

纪律制度适用于"我们能"党的所有党员。如果不经过本章所述的程序，且发生违反"我们能"党的道德准则、党章、条例，或公民大会文件通过的决议的行为，任何人都不得受到处分。

有纪律处分权的党的机构将根据本党章和2002年第6号政党组织法，确保其纪律处分行为符合相关规定。活跃的小组和统一市政空间应制定一项由组织秘书处批准的条例，其中应包含纪律制度。

1. 以下机构有权启动纪律程序：

（1）全国协调委员会；

（2）自治区协调委员会；

（3）市级协调委员会；

（4）根据规定，对其成员有处分权的活跃小组、统一市政空间和协调员；

（5）根据规定，对其成员有处分权的公民委员会；

（6）根据规定，对其成员有处分权的"我们能"党在欧洲议会、立法议会、市政团体和类似机构中的团体。

2. 以下机构有权处理纪律程序：

（1）全国协调委员会；

（2）自治区协调委员会；

（3）根据规定，对其成员有处分权的活跃小组、统一市政空间和协调员；

（4）根据规定，对其成员有处分权的公民委员会；

（5）自治区民主保障委员会；

（6）全国性民主保障委员会。

如相关党员申请退党，则任何对其正在进行的处分和正在进行的审查程序都应中止，并应记录在案，以备在该党员重新入党后继续执行。由于退党而中止的处分和审查程序将在五年后失效。

如被纪律调查的违反党纪行为引起当局警方、财政或司法调查介入的，审理机构和负责机构应一致同意暂停调查，直到当局调查结束为止。除非当局调查结论是该违纪行为不存在的，否则相关机构可重启调查。在上述情况下，可对该党员采取预防措施，特别是本章中规定的中止其党员身份、暂停其党内职务或发言人职务等措施。

根据2002年第6号组织法附第九条关于预防和监督的规定，"我们能"党将在其内部规定中采用预防违法行为的制度，详见刑法附第三十一条。

该预防制度对所有在"我们能"党担任公职的人员及其工作人员都具有约束力，对违纪行为将按照本党章规定进行处分。

"我们能"党公共代表和担任管理职务的人员的纪律制度将受制于由全国公民委员会通过的相关监管规定。

第七十二条 审理

在需要调查事实的情况下，开启纪律调查的机构将委托当地的组织秘书处指定一名审理负责人。

该负责人必须完成审理程序直至结束。除非有正当理由或不可抗力，在获得全国民主保障委员会许可之前，不得免除其职务。

第七十三条 调查和制裁程序

纪律调查由全国协调委员会、党员违纪行为发生地所属的自治区协调委员会或市级协调委员会发起。活跃的小组、议会党团和市政团体可以根据其各自规定专门针对成员开启纪律调查。启动该调查的机构将通过该名"我们能"党党员入党时所留的邮箱向其发出通知。

该通知应视调查类型包含以下信息。

（1）审理流程：应告知当事人组织秘书处审理负责人的身份。该负责人和被审理人员之间可以书面形式，就其认为适当的问题进行沟通。审理人可在通知被审理人后随时结束审理，应向被审理人说明上诉开始日期和期限、受理机构和上诉方式。

（2）完整流程：应说明当事人被审理的原因。如有需要，可提供证据和证人证词。同时应告知当事人上诉开始时间和期限，以及受理机构和上诉方式。

从告知完整流程之日起，被审查人有十五个工作日向审理机构提起上诉。该期限可经被审查人申请由主审机构进行延长。

主审机构在收到该被审查人的上诉后，根据规定，有两个月时间完成审理，并公布判决。如情况复杂或其他原因需要，该期限可适当延长。判决应以文件形式决定赦免或处分被审理人。应告知上诉的期限和主管机构。所有判决都应通知被审理人、起诉机构以及负责该党员后续处分执行程序的负责人。

该判决将不详细说明动机，判决书只能由起诉机构向判决机构申请查阅，并陈述原因。根据党章规定，所有处分机构的判决将最终递交至全国民主保障委员会全体会议。

第二章　违纪和处分

第七十四条　违纪和处分

违反道德准则条款，"我们能"党文件和规章、党章的党员，将受到以下某项纪律处分：

（1）书面警告；

（2）暂时中止其参与小组、统一市政空间、协调员或"我们能"党某一领域工作的资格，时间不超过三年；

（3）经济处分，根据规定，只针对内部合议机构成员和"我们能"党在立法议会和市政团体中的公职人员；

（4）暂时中止其"我们能"党党员身份，时间不超过一年；

（5）暂时取消其在党内任职、代表党或参加任何党内联盟的资格，时间不超过四年；

（6）开除出"我们能"党。

违纪行为将被划分为特别严重违纪、严重违纪和轻微违纪。

对违纪者进行处分时应考虑其违纪行为的严重性、是否多次违纪、对受其影响的人员或机构造成的损害、对"我们能"党内部和外部的影响、其公共和组织责任等各方面因素。各项处分可并存。

第七十五条　违纪行为

1. 轻微违纪行为包括：

（1）在意识形态辩论之外的公共示威活动中，对他人进行诋毁和诽谤，对机构、团体或大会成员造成伤害，或对党员内部和谐造成破坏的；

（2）在担负小组（根据其自身规定）、公民大会、公民委员会、协调委员会委托其职责，或担任"我们能"党的发言人时，玩忽职守、以非正当方式拒绝合作或辞职而对组织有损的；

（3）在不妨碍批评自由的情况下，其公开诋毁公民大会和相关机构的合议决定的；

（4）在大会、管理机构或工作团体中多次干扰或阻碍正常讨论或政治工作，或造成成员之间发生冲突而无法正常工作，但不构成严重违纪的。

2. 严重违纪行为包括：

（1）以任何方式反对《世界人权宣言》所规定的各项权利的行使，但不构成特别严重违纪的情况。

（2）严重违反"我们能"党的规定，违反道德准则或公民大会的决定，或违反全国公民委员会通过的规定。

（3）散布诽谤"我们能"党的虚假消息，包括抹黑党及其机构。

（4）散布与"我们能"党党员有关的具有诽谤、侮辱性质的消息，对党员隐私及声誉造成损害的。

（5）对党产管理不当，但不构成特别严重违纪的。

（6）利用其在"我们能"党不同机构中担任的职务之便，对其所有或可接近的文件、数据和信息的任何不当使用。

（7）以任何方式操纵党员参与普查、投票或"我们能"党公民大会决议的意愿，但不构成特别严重违纪的。

（8）散布或泄露危及党内机构运作、组织政治行动或其代表的良好形象的内部消息。

（9）非"我们能"党发言人，且未经授权而代表"我们能"党机构行事或发表公开声明的。冒充或篡夺任何级别或性质的不属于其的职务。

（10）拒不履行"我们能"党机构委托其的职责。

（11）在没有主管机构明确授权的情况下与其他组织、政治机构或个人达成政治协议或承诺。

（12）公开违反"我们能"党主管机构的合法决议，违反政府机构、党的代表机构，或其他党的机构组织的指示，但不构成特别严重违纪的。

（13）在大会、管理机构或工作组中的严重不配合行为，例如多次、持续性打断大会，采取破坏性的行动阻止正常辩论或政治工作，或造成小组成员之间发生冲突而影响工作的。

（14）违反党的预防制度，但该违纪行为不构成特别严重违纪的。

（15）累计三项或四项轻微违纪的。

3. 特别严重违纪行为包括：

（1）严重侵犯《世界人权宣言》中的任何权利。

（2）在履行公职期间发生任何形式的腐败，特别是在管理公共资金时以任何形式牟取私利。

（3）对党产严重管理不当，利用党或党的名义牟取私利。

（4）操纵或损害"我们能"党地区公民大会、全国公民大会或其衍生机构的决议自由。

（5）履行公共职务或组织职务时，违反"我们能"党的政治和组织原则、道德准则、规章或公民大会的决议。

（6）在选举中与"我们能"党的竞选党派联合。

（7）在履行公职时不遵守"我们能"党主管机构的决议。

（8）在未经主管公民大会授权的情况下，支持任何对党的不信任动议，或反对"我们能"党的管理机构或其联盟。

（9）根据本党章第十一条和相关规定，违反不可兼任原则的。

（10）对"我们能"党主管机构在公共领域和内部领域的合理决定，多次严重不遵守；不服从党的管理和代表机构，或不服从党组织团体做出的指示或指导方针。

（11）因性别、性取向、族裔等败坏他人声誉的，无论被诋毁人是否为"我们能"党的党员。

（12）严重不遵守党的预防制度，且可能危及党的法律或财产安全时。

（13）根据2002年6月27日第6号政党组织法第三条第二款（19）段，因与腐败有关罪行而被判刑的。

（14）累计两次或三次严重违纪的。

第七十六条　处分

1. 轻微违纪将采取以下处分：

（1）书面警告。

（2）暂时中止其参与小组、统一市政空间、协调员、"我们能"党工作组的活动的资格，时间为一到六个月。

（3）暂时中止其担任的党内职务或代表党及参与党内联盟的资格，时间为一个月到一年。

（4）暂时中止其作为"我们能"党党员或"我们能"党机构成员的身份，时间为十五天到三个月。

（5）经济处分。根据规定，只针对合议机构和公共团体成员。

2. 严重违纪将采取以下处分：

（1）暂时中止其参与小组、统一市政空间、协调员、"我们能"党工作组的活动的资格，时间为六个月到三年；

（2）解除其担任的党内职务或代表党及参与党内联盟的资格，时间为六个月到两年；

（3）中止其党员身份，时间为三到九个月；

（4）经济处分。根据规定，只针对合议机构和公共团体成员。

3. 特别严重的违纪将通过以下方式处分：

（1）解除其担任的党内职务或代表身份，时间为一到四年。

（2）中止其党员身份，时间为三个月到一年。

（3）开除出"我们能"党。

（4）经济处分。根据规定，只针对合议机构和公共团体成员。

第七十七条　中止党员权利的预防性措施、其他预防措施

全国和自治区协调委员会可在下列情况发生时以合议形式下令采取预防性措施，中止任何"我们能"党党员的身份：

（1）"我们能"党公共代表团体中的党员在大会、议会、市政团体或代表机构中失职；

（2）党员正式加入与"我们能"党竞选的另一党派的选举；

（3）代表"我们能"党担任公职，不遵守"我们能"党主管机构的决定；

（4）在未经主管公民大会授权的情况下，支持任何对党的不信任动议，或反对"我们能"党的管理机构或其联盟；

（5）因犯严重罪行或因政治腐败而被公开的，包括任何与道德准则第十一条第五款规定有关的罪行；

（6）根据2002年6月27日第6号政党组织法第三条第二款（19）段，在任何情况下因与腐败有关罪行进入审理流程的；

（7）其他协调委员会认为的非正常情况或损害了"我们能"党形象的行为，特别是与公共管理、议会活动、选举流程、"我们能"党正常运作有关的。

协调委员会将通知被预防性中止党员身份的人员，并陈述事实和原因。该中止自通知发出之时生效。预防性中止党员身份将持续一段必要的时间以供调查。对党员身份预防性中止有异议的可向全国民主保障委员会全体会议提起上诉，该委员会应在最长六十个自然日内予以处理。针对全国民主保障委员会的最终决议不得提起上诉。在上诉期间该中止将持续。

在预防措施有效期内，被调查人不得履行党内职责，但保留其与公职相关的义务。不得以"我们能"党的名义进行示威游行或进行任何活动，也不得在任何私人或公共场合代表党，且在公民大会中无投票权。

除非选举委员会根据现行有效的法律决议无效的，在任何情况下不得剥夺"我们能"党党员的被选举权。但选举委员会可自行决定该被选举权被剥夺的条件。

处分调查结束后，将开始计算预防性中止期。

第七部分　组织管理和民主监督

第一章　预算批准和管理控制

第七十八条　年度预算

除代表大会期间，党的财年与自然年一致。

协调委员会将按照公民委员会财务小组的指导方针，做出下一财年的预算。该预算应在下一财年开始之前由公民委员会批准。

如公民委员会未批准该预算，则该委员会应起草一份拒绝该预算提案的报告，在与全国财经负责人商议后，递交上级公民委员会通过或拒绝。

在该财年结束时，协调委员会将向全国公民委员会提交预算执行情况报告，后者将通过或拒绝该报告。

第七十九条　执行计划

"我们能"党根据2002年6月27日第6号政党组织法第九条规定，采用预防制度来防止违反法律和监督制度行为的发生，详见刑法第三十一条。

在总书记的提议下，全国协调委员会将任命一位执行负责人来负责预防和监督此类行为，该负责人拥有管理和监督执行的权力。

第八十条　管理人

根据上述执行计划，公民委员会将任命一个负责人来进行管理。

管理人应负责领导运作支持、党产管理、人力资源管理等部门。根据全国公民委员会财政透明小组的规定，还要负责建立"我们能"党的党产账户。

全国管理人向全国协调委员会负责，可在该委员会申请下参与其会议及工作。

地区管理人应由所在地的公民委员会任命，向协调委员会负责。根据相关协定及执行计划，还将向全国管理人负责。

第八十一条　财经负责人

根据 2007 年 7 月 4 日第 8 号政党组织法第十四条关于政党财务的规定，将从有经济领域专业知识或从业经验以及良好声誉的人员中任命一名负责党产管理的财经负责人员。

管理党的财经的人员将被称为"财经负责人"，由全国公民委员会在总书记的提议下任命。其职能是与全国公民委员会财政透明小组负责人合作，对党的财经活动进行永久性的监督，以及履行其他党或法律赋予他的职责。

第二章　财政透明

第八十二条　财政和文件制度、财政义务和会计义务

"我们能"党将在其财政透明网站上公布该组织的所有支出和收入。

除该组织当选人员的捐献之外，"我们能"党将每人每年捐献的最高限额定为一万欧元，并且将公布捐献超过五千欧元的个人的身份。

"我们能"党将随时监督其对于 2007 年 7 月 4 日的第 8 号政党组织法关于政党财务部分规定的履行情况。

除党员的数据库外，"我们能"党还将进行会议记录，记录会计、财务、库存和资产负债表情况，以便随时了解其财务状况。详细的财政透明报告将按季度发布。

第八部分　组织性质变更

第一章　"我们能"党的合并或组织性质变更

第八十三条　解散和组织性质的重大变更

全国公民大会或自治区公民大会可决定解散本党或将本党与其他当地政治力量合并。当该决定意味着本党的解散或其他类似的法人资格重大变更时，需有该地区超过三分之二的党员和三分之二的活跃小组的决议通过。

合并后的组织将接管本党的所有权利与义务。只要党的法人资格仍然

有效，则竞选联盟的批准或领土范围内联盟组织的批准不需要多数票通过。

第八十四条　清算

如协商一致解散本党，则应在党员中指定五人组成清算委员会。该委员会将承担清算党产的职责，并在党产清算阶段代表党与任何公共机构或第三方进行沟通。

清算委员会应在本党解散时处置所有党产，为了保护党产可采取所有必要的行动。在党履行完其财务义务后，解散时所留的党产应用于本党章中规定的目的。

过渡条款

第一，本党章将自其在政党登记处注册之日起替代旧版党章。

第二，为确保所有大会文件的准确性，任何被提及的小组都应被理解为统一市政空间（如该机构存在）。

（夏西遥　译）

西班牙公民党章程

(科斯拉达，2017 年 2 月 5 日第四次全国代表大会通过)

前言（总则）

第一条　党名和一般特征

1. 公民党（CIUDADANOS 或 Cs）是一个西班牙政党，依西班牙宪法第六条组建，受 2002 年 6 月 27 日第 6 号政党组织法（简称 LOPP）、其他现行法律条款、现行党章和相关内部条例的制约。

2. 党的内部结构和运作必须遵循民主和透明原则。

3. 公民党的简写为 Cs，其标识是大写字母 C 下方有一个橙色直角三角形。该标识可由执行委员会通过决议予以修改，且无须修改现行章程。

4. 在使用两种官方语言的自治区，公民党的西班牙语名称和另一官方语言的译名可互换使用。

5. 依本章程制定的内部条例，对全体党员、党的相关机构及行政团体均具有约束力。如有相悖规定，以本章程的规定为准。

6. 依据本章程，以下条例均可称为党的组织规章：由执行委员会提议且经全国理事会通过的条例，执行委员会在其权力范围内发布的指令，执行委员会秘书处在党的秘书处的授权下宣布的执行方案。

7. 公民党将履行与其相关的各项法律义务，并遵守有关政党财政的各项法律规定。

8. 公民党的全国总部位于巴塞罗那巴尔梅斯街 291 号，邮政编码为 08006。该地址可在全国理事会的决议下变更，无须修改现行章程。党的门户网站为 www.ciudadanos-cs.org，电子邮箱为 info@ ciudadanos-cs.org。

9. 本章程和党的其他内部条例将由公民党出版，用于在公众中普及。

第二条　行动范围及目标

1. 公民党是一个全国性政党，可以在欧盟范围内开展政治活动，且不妨碍其将活动领域延伸到其他国家或国际组织。

2. 公民党的目标是以民主方式促进公民政治意愿的形成，并通过在选举中提出和支持候选人，推动公民参加政治性代表机构的活动。公民党的政治活动必须遵循党的代表大会确立的价值观、意识形态和基本原则。

第三条　行政团体

1. 党的行政团体包括：党在普通法院、欧洲议会和自治区立法议会中的议会团体，党在省市、地区和岛屿的代表团体，以及其他机构中作为公民党代表的相关团体。

2. 行政团体在内部组织、政治行动及其他任何方面都必须严格遵守公民党的价值观和基本原则，以及党的机构在其职权范围内制定的行动纲领（其中应明确政党与行政团体的完整框架关系）。

3. 行政团体若未遵守前款规定，将被视为第十二条第一款中的严重违纪行为。

4. 公民党的行政团体必须遵循统一行动和严肃投票原则，团体内部规章中确定的特殊情况除外。

5. 党的执行委员会将制定行政团体内部运作规章的范本，各团体依据自身情况对章程模板予以调整。团体章程一旦经执行委员会通过，将成为团体内部运作的基本准则，且未经执行委员会批准，不得擅自做出修改。

6. 行政团体的成员因任何原因退出公民党，或是因不愿意履行组织规章赋予机构代表的义务而拒绝加入公民党，都将会导致成员资格的丧失。

7. 行政团体的经费独立于公民党的经费，来源于相应商会或公司的补助金或捐款。为了有效、透明地管理相关经费，各团体必须进行具体核算。

8. 如果行政团体没有获得其运作所需的经费，公民党将启动适当的法律机制，以确保该团体能够获得必要的经济资助。

第一部分 党员及纪律制度

第一章 党员及其权利义务

第四条 党员

1. 所有符合法定年龄的欧盟公民，无论是旅居国外的西班牙人，还是按现行法律合法居住在西班牙的外国人，都可以加入公民党。依据本章程，"党员"、"成员"和"注册者"三个名词内涵相近，相关的人员拥有相同的权利和义务。

2. 加入公民党需要以个人名义提出申请，要求如下：

（1）认同公民党的政治理念、意识形态及管理计划；

（2）遵守党的组织规章、内部条例及党内组织和管理条例；

（3）忠诚于党和党的领袖，遵守党的机构制定的指导方针，完全尊重党的工作，并保守党的文件。

3. 执行委员会将依照相关规章制度，指定专门的机构以批准或拒绝公民的入党申请。

第五条 党员的权利

所有公民党党员平等享有以下权利：

1. 参加党内外的活动，自由表达思想，积极促进公民党政治意愿的形成；

2. 行使直接投票权；

3. 在党的管理机构和代表机构的选举中，成为选举人或候选人；

4. 在党内自由表达意见；

5. 在认为党的领导机构侵害了其权利时，有权诉诸权利保障委员会；在认为党的机构涉及违反法律或党章的行为时，有权向权利保障委员会寻求保护；

6. 参与党的竞选活动以及党定期组织的公共活动；

7. 依据党的组织规章，出席党的代表大会；

8. 被告知党的领导机构和管理机构的组织结构、党的领导机构做出的决策、党开展的活动以及党的经济状况。

第六条 党员的义务

所有公民党党员应承担以下义务：

1. 宣传并维护党的基本原则、意识形态及政治目标。

2. 公开维护公民党及其相关机构的声誉和形象，并维护党员的尊严。

3. 严格遵守法律、党章及党的其他内部条例。

4. 遵守党的管理机构通过的决议和方针，完全尊重党的工作，保守党的文件。

5. 在个人、家庭和工作允许的情况下，积极参加与公民党相关的竞选活动，特别是担任公职或机构代表的党员（有充分和正当理由的情况除外）。

6. 依据党章和相关具体规定，定期缴纳党费和其他献金。

7. 认真履行党内岗位职责，执行党所分派的工作。

8. 在个人、家庭和工作允许的情况下，担任党的代表参加选举活动。担任公职或机构代表的人员，若因个人、家庭和工作原因无法参加选举活动，应事先告知执行委员会并获得批准，紧急情况除外。

9. 保守党的秘密，特别是自己所属的党的管理部门做出的决议和决定。

第七条 丧失党员资格

1. 公民党的任何党员都可以向执行委员会提交书面材料，自愿放弃党员资格。退党行为须在党员登记簿中予以备案，从提交材料之日时起生效。

2. 在以下情形中，相关人员的党员资格将自动终止：

（1）党员去世；

（2）自愿退党（从提交材料之时起生效）；

（3）被开除党籍；

（4）超过六个月未缴纳党费；

（5）加入或打算加入其他政党；未经执行委员会的批准，在选举活动中加入其他政党的选举名单；不妨碍上述规定的执行，公民党党员可以经执行委员会的事先批准，加入欧洲联合会或国际联合会中的其他国外政党和（或）欧盟范围内与公民党的基本原则和价值观保持一致的其他政党（上述政党不能在国内选举中与公民党形成竞争）；

（6）在有公民党参与的选举中，支持其他政党，为其选举名单和候选人积极宣传，并以任何形式与该政党开展合作；

（7）投票支持其他政党及其选举名单和候选人，反对公民党的官方立场；

（8）在宣传活动、公开集会或其他媒体上，公开表示不同意公民党的意识形态、基本原则和政治目标。

3. 相关人员可以通过法定程序，向权利保障委员会提出上诉，以证明导致其被退党的原因与事实不符，但这不妨碍退党决定的即刻生效。

4. 在上述程序中，相关人员将被自动中止其党内职务，并被取消在党内或党的代表机构中的任职资格。

第八条　支持者

1. 支持者是因意识形态的关系自主、自愿地决定参与公民党的政治议程的人。

2. 成为支持者需向党提交书面申请。执行委员会负责保存"支持者注册表"及其他申请材料。

3. 支持者的权利如下：

（1）参加公民党组织的公共集会；

（2）被告知党的行动；

（3）参加竞选活动；

（4）成为监票员和计票员；

（5）受邀成为工作委员会的成员；

（6）自愿捐赠，为政党提供经济支持；

（7）经相关管理委员会的批准，参加附近党团的例会，但不能成为党内职务的选举人或候选人。如果例会中涉及战略性议题或党团及政党的内部事务，支持者将不得参加。

4. 经公民党职能机构的决定，执行委员会可邀请支持者参加党内初选。

5. 支持者不受纪律制度的约束，但有义务维护党的形象，维护党员及党组织的声誉，并遵守党的相关规章条例。

6. 执行委员会有权撤销支持者的身份。

第九条　青年团体

年龄不超过35岁的党员将被自动归入公民党的青年团体，但这并不妨碍其政治权利的行使。该团体的组织结构和行动开展必须遵照执行委员会的规定。

第十条　机构代表和公职人员

1. 党的机构代表是指党的选举名单中的当选人员。任何情况下，机构代表都属于公民党行政团体中的成员。此外，由党的机构或行政团体委派至其他行政机关或公共实体中任职的人员，也可被视为机构代表。

2. 党的机构代表和公职人员有义务践行廉洁和诚信，始终关注公民的利益，坚持为人民服务，避免有损党的形象和声誉的行为。在履行职责时，相关人员必须遵循透明、负责、高效、节俭、善治等原则。同时，还应严格遵守法律规定的"职务冲突制度"，不参与、不支持与职务产生利益冲突的个人行动，不利用职权或职务上的影响接受优待或其他性质的恩惠。

3. 在下列情形下，机构代表和公职人员必须向执行委员会递交辞呈：

（1）因任何罪行被检察机关指控犯罪；

（2）因贪污、失职、贿赂、滥用职权、挪用公款等刑法中第十九条所明列的罪行而接受司法调查，即使未受到司法指控；

（3）因上述两种情形中的任一情形被判刑。

4. 执行委员会应对涉及前款（1）中所述的情形进行详细审查，对当事人进行询问，以保持公众对公职人员或机构代表的信任。若出现前款（2）、（3）之情形，执行委员会应接受当事人的辞呈，或视前款（2）之具体情形，确定临时替代人选，以中止当事人的公共职务或机构职务。

5. 机构代表或公职人员若未遵守执行委员会依上述情形做出的决议，将被视为严重违纪行为［第十二条第一款（2）段］。

第二章　纪律制度

第十一条　纪律制度

1. 公民党的纪律制度旨在对违纪行为进行处理，即依据本章的规定和业已确立的相关程序，来处理和解决相关违纪行为。

2. 依据本章程，违纪行为是指党员对本章所列禁止的触犯或疏忽。

3. 依据本章程确立的纪律程序，接受调查的党员享有如下权利：

（1）无罪推定；

（2）有权了解违纪行为（视具体情况可以任命一名指导者），并对相关指控提出质疑；

（3）有权了解被指控的相关事实、导致其违纪的行为、可能会接受的处分及相应的制裁决议；

（4）在对席审判过程中，有权在接受处分之前做出辩护，亦有权依据相关规定，对中止党员身份的预防性措施提出异议；

（5）提出证据以推断事实；

（6）获得法律援助；

（7）接受正当、合理的处分；

（8）对处分决议提出上诉。

第十二条 违纪行为的类别

违纪行为可分为特别严重违纪、严重违纪和轻微违纪。

1. 如下行为将被视为特别严重违纪：

（1）损害宪法中确立的党员的基本权利和义务；

（2）不服从执行委员会或其秘书处的指示；

（3）蓄意犯罪，被判处两年以上有期徒刑；

（4）公开破坏党或党员的声誉，组建或加入有损公民党利益的其他组织；

（5）在任职期间，滥用职务中的文件或信息；

（6）未能妥善保守党的文件，导致党或其行政团体的协议和决定被泄露、公开或传播；

（7）散布党员、公职人员、党的领导或合作者的个人资料；

（8）利用公职，从事任何形式的腐败行为；

（9）在担任公职期间，违反党的原则和纲领，并不忠于党及其管理机构；

（10）公开宣扬将违背党的管理机构通过的各项决定；

（11）在没有充分或正当理由的情况下，一再拒绝在党的选举活动中成为监票员或计票员，或是拒绝积极参加竞选活动；

（12）参加违背或有损党的利益的游行活动；

（13）未经所在组织授权，以党的名义发表声明或组织游行，并做出政治承诺；

（14）未经党的明确允准，与其他政治团体达成协议或承诺；

（15）诋毁或侮辱其他党员或候选人的声誉，恶意影响内部选举进程；

（16）未经主管机构的允许，以党的名义使用党的资源、与第三方签订合同或造成不合理开销；

（17）此前已有两次因严重违纪而受到处分，在接受党纪处分期间又一次严重违纪；

（18）攻击、辱骂、威胁、胁迫或凌辱任何党员或公职人员。

2. 对特别严重违纪行为，将采用如下处分：

（1）中止党员资格两至四年；

（2）撤销其担任的公职；

（3）两至四年内不得担任党的公职人员；

（4）开除党籍。

3. 如下行为被视为严重违纪：

（1）多次不履行党内职务所赋予的职责；

（2）假冒或僭越行使任何级别、任何性质的职务或职权；

（3）利用职务之便影响党内选举进程，支持或反对特定的候选人；

（4）攻击、辱骂、威胁、胁迫或凌辱任何党员或公职人员，但未造成极其严重的后果；

（5）故意阻止其他党员行使本章程赋予的权利；

（6）故意妨碍党组织的工作和决定；

（7）在党外公开发表有违党的意识形态的意见或观点，但未造成极其严重后果；

（8）作为合议机构成员，在没有充分或正当理由的情况下，在三年内连续三次或间续五次缺席机构组织的会议；

（9）故意破坏或损坏党的办公场所及其他物品；

（10）拒绝履行职务所赋予的或与职务相关的工作；

（11）因犯罪行为被定罪，但相关行为不构成党章规定的特别严重违纪行为；

（12）在参加党的活动期间，擅自使用党员的个人资料；

（13）未履行机构代表在其职权范围内制定的行动纲领；

（14）此前已有两次因轻微违纪而受到处分，在接受党纪处分期间又一次轻微违纪。

4. 对严重违纪行为，将采用如下处分：

（1）中止党员资格六个月至两年；

（2）在此期间撤销其担任的党内职务；

（3）在此期间不得担任党中央机关的职务或从事代表党的工作。

5. 凡具有上述任何情形，但未造成严重后果，将被视为轻微违纪行为。

6. 对轻微违纪行为，将采用如下处分：

（1）中止党员资格六个月；

（2）在此期间不得担任党中央机关的职务或从事代表党的工作；

（3）口头或书面的警告。

上述各项处分并不互斥，视违纪行为的具体情境及其所造成的后果，将采取不同的处分。

7. 如果对党员采取一年以上中止党员资格和（或）不得担任党内职务的处分，将最终导致撤销其所担任的所有公职。此外，任何情况下，开除党籍的处分将导致撤销其所担任的所有公职。中止党员资格和撤销公职是可兼容、可叠加的。

第十三条　违纪行为的界定

1. 采用上述处分的界定标准如下：

（1）是否有意为之；

（2）是否损害党或党员的利益；

（3）对违纪行为的参与度；

（4）是否属累犯或惯犯。

第十四条　违纪和处分的规定

1. 违纪行为的时间上限：

（1）特别严重违纪行为，不得超过四年；

（2）严重违纪行为，不得超过两年；

（3）轻微违纪行为，不得超过一年。

违纪行为的时间从违纪之日起计算。若违纪时间不明，则从查明之日起计算。如果违纪案件进入纪律诉讼程序，将会中止违纪时间的计算。但任何情况下，中止的时间不得超过六个月。

2. 轻微违纪行为的处分上限为六个月；严重违纪行为的处分上限为一年；特别严重违纪行为的处分上限为两年。处分的时间从做出处分决议之日起计算，若有新的文件更改处分决议，则执行处分的时限被中止。

第十五条　预防性措施

1. 在违纪案件审理期间，一旦有充分且合理的证据表明党员有牵涉违纪行为，且可能会接受中止党员资格或开除党籍的处分，则可以对相应党员采取预防性措施。采取预防性措施的期限不得超过六个月，除非案件特别复杂，该期限可以延长一个月。相关机构应在五个工作日内对是否对其采取预防性措施做出决定。同时，党员亦可向该机构对处分决议提出上诉，但上诉不会导致预防性措施的中止。

第十六条　处分程序

1. 纪律案件的审理时间一般不得超过六个月，自审理案件之日起计算。除非案件异常复杂，该期限可延长一个月。如果超过这一期限而未能形成明确的处理决议，不得导致案件相应处分的中止。

2. 依据本章程第三十条的规定，纪律制度委员会有权对纪律案件进行受理、审理和裁定。

3. 纪律制度委员会在受理纪律案件后，应从其成员中任命一位指导者，后者将根据案件事实，对其认为构成违纪的行为进行记录，并提出相应的处分意见。有关上述书面材料的内容应告知相关违纪人员。

4. 违纪人员可以书面提出辩护并提交合适的证据。在举证结束后，指导者视具体情况，可以向纪律制度委员会提起诉讼，提交案件调查记录和相应的处分意见。调查指导者将不再参与纪律制度委员会对该案件的审议。

5. 纪律制度委员会的决议必须要有充分和正当的理由。

6. 如果被处分人员是纪律制度委员会的成员，且对纪律制度委员会的决议提出异议，可以向权利保障委员会或全国理事会提出上诉。

7. 纪律处分程序由执行委员会制定。

第二部分　党的一般机构

第一章　总则

第十七条　一般原则

公民党的管理机构和领导机构的组织结构和选举过程必须遵守民主、高效、协调、权力分散和统一行动的原则。

第二章　党的机构

第十八条　机构

公民党的机构如下：

（1）党的代表大会；

（2）党团；

（3）区际委员会；

（4）省级或岛屿委员会；

（5）自治委员会、休达和梅利利亚自治委员会；

（6）全国理事会；

（7）执行委员会；

（8）常务委员会；

（9）主席；

（10）总书记；

（11）权利保障委员会；

（12）纪律制度委员会。

以上机构的结构、组织、运作和职权依据本组织章程和相关条例得以确立。

第十九条　党的代表大会

1. 公民党的代表大会由全体党员组成，党员可以直接行使政治权利或通过选民代表充分行使政治权利。代表大会是该党的最高权力机构。

2. 代表大会的会议分为常态化代表大会和非常代表大会。

3. 常态化代表大会每四年召开一次，由党的执行委员会负责召集。

4. 非常代表大会在以下情况下召开：

（1）经执行委员会或全国理事会成员的三分之二绝对多数通过；

（2）应三分之一以上党员的联名请求，且已提出明确的会议议程。

5. 任何情况下，会议召集机构应预先公告会议闭幕当天的议程。

6. 任何情况下，如果党确定参加大选，在大选之前和之后的四个月内，不得召集常态化或非常代表大会。

7. 大会的任何会议应至少在会议召开的两个月之前，以书面形式（最好是电子渠道）发送给所有党员。

8. 全国理事会根据执行委员会的提议，综合考虑现有党员人数及其区域分布情况，以确定参加大会的代表人数和相应的选举程序。任何情况下，全国理事会和执行委员会的离任成员将成为大会的当然代表，选任代表将通过公开名单、秘密投票选举产生。

9. 经出席大会代表的简单多数同意，可以通过相关决定。解散或合并政党的决定需由出席大会代表的三分之二决议通过。

10. 代表大会的权力如下：

（1）听取前一任执行委员会和全国理事会的管理报告；

（2）了解党的财务状况；

（3）依照本章程的选举程序，选举全国理事会和权利保障委员会的成员；

（4）依据本章程第二十五条第九款的特殊规定，在所有党员中选举执行委员会成员；

（5）通过党章的修订案；

（6）讨论执行委员会的提议，并视具体情况，通过有利于大选的政治计划和意识形态文件，以及符合党的意识形态和政治路线的其他决议；

（7）批准解散或合并政党。

第二十条　党团

1. 党团是党员参与、联络、相互交流的基本组织机构。

2. 党团一般以市级为单位，但视具体情况，党团亦可依据党员的数量和政治行动的开展情况，以城市的某些社区或行政区域为单位、以一个或多个城市为单位，甚至可以由不同省份的城市为单位。

3. 公民党的党员按其工作地或居住地，被分配到相应的党团；如果在其工作或居住的城市没有相应的党团，将被分配到距离其最近的党团。党员通过党团，可以参加党内选举活动，并行使选举权、被选举权和投票权。

4. 党团负责在其所辖区域内开展和执行政治行动，亦可以与党的其他党团、党的机构及行政团体相互协调并开展合作。

5. 党团可以提议在其管辖区域内设立下级地方党组。

6. 在西班牙领土之外创建的党团被称为国际党团或境外党团，主要负责宣传党的意识形态和价值观，以及配合党的国际政治行动。

7. 依据相关规定，党团通过封闭名单选举产生管理委员会。依据本组织规章和相关条例，该委员会负责维护党团的运作和管理。

8. 党团管理委员会的组织和运作依照党的组织规章得以确立。任何情况下，将在区际委员会或省级委员会（视情况而定）的成员中选出一名管理委员会的协调员。

9. 地方行政团体与相应的地方党团应建立协调机制。

第二十一条　区际委员会

1. 自治委员会依据地域结构或政治行动的特殊性，可以向执行委员会的常务委员会提议设立区际委员会，并在区际委员会中增设二级委员会。

2. 区际委员会在其上级机关的领导下，指导和协调其所辖区域内的活动。

3. 每个区际委员会对应一个特定的区域，该区域内的所有党团归属于区际委员会。

4. 区际委员会的成员包括党团的协调员、执行委员会任命的最多五名人员。

5. 区际委员会中将设立管理委员会，通过省级委员会及协调员（从区际委员会成员中选出，同时也是省级委员会成员）以负责领导、执行自治委员会的决策和战略。

第二十二条　省级或岛屿委员会

1. 在同一个省内如果有五个及以上的党团，将设立省级委员会。在同一个岛屿范围内如果有两个及以上的党团，将设立岛屿委员会。"省级或岛屿委员会"在本章程中统称为"省级委员会"。

2. 省级或岛屿委员会在其所辖区域内，执行、协调自治委员会制定的行动及活动。此外，省级委员会本身亦可在其职权范围内制定并开展行动。

3. 省级或岛屿委员会的成员包括：对应区域内的党团或区际委员会协调员，该省的最多三名机构代表，执行委员会任命的一名发言人，执行委员会任命的最多五名人员。

4. 省级或岛屿委员会中将设立管理委员会，负责领导、执行自治委员会通过的决策和战略。在其成员中选出的协调员将担任自治委员会成员。

5. 省级委员会没有独立的财政，但出于政治行动需要，可以向执行委员会申请拨款，此类拨款应纳入执行委员会的年度预算管理。

6. 以下自治区中不得设立省级委员会：阿斯图里亚斯、坎塔布利亚、拉里奥哈、纳瓦拉、马德里、穆尔西亚、自治城市休达和梅利利亚。

第二十三条　自治委员会、休达和梅利利亚自治委员会

1. 自治委员会以自治区为单位，由自治区内的所有省级委员会组成。在没有省级委员会的省内，自治委员会由省内的所有区际委员会组成。在既没有省级或岛屿委员会，亦没有区际委员会的省内，自治委员会由自治区内的所有党团组成。

2. 自治城市休达和梅利利亚属于独立的自治委员会。

3. 所有国际党团均归属国际委员会，拥有与自治委员会相同的权力。其组织结构依照党的规章制度得以确立。

4. 自治委员会负责指导、协调和执行必要的行动及活动，以促进执行委员会政治行动的有效开展。

5. 自治委员会的成员包括：省级委员会的协调员或单一省份自治区中党团或区际委员会的协调员，自治区中的最多五名主要机构代表、执行委员会任命的一名发言人、执行委员会任命的最多五名人员。

6. 自治委员会没有独立的财政，但出于政治行动需要，可以向执行委员会申请拨款，此类拨款应纳入执行委员会的年度预算管理。

第二十四条 全国理事会

1. 全国理事会是党的代表大会闭会期间的最高政治机构。

2. 全国理事会的权力如下：

（1）推动由代表大会或理事会通过的决议、报告、方案和意识形态文件的执行；

（2）依照代表大会的框架和决议，制定党的主要政策路线；

（3）作为党的领导、管理和执行机构，监督执行委员会的行动；

（4）在必要的情况下，依据党的组织规章对党的机构人员进行任命或免职；

（5）设立普通党费和特殊党费的缴纳标准，但执行委员会可以根据消费物价指数（IPC）或其他同等指数对该标准进行年度调整；

（6）视具体情况，按照党章要求解决上诉的问题；

（7）批准执行委员会每年提交的预算、管理报告和政策战略文件；

（8）批准该党参与大选，通过党的大选方案，接受党与其他政党地方以上组织达成的联盟协议；

（9）讨论、通过由执行委员会提出的与组织架构、战略方针、意识形态和政治计划相关的报告、提案和计划；

（10）根据党主席的提议，指定人选填补执行委员会的空缺职位；

（11）根据执行委员会的提议，批准与本党章相关的规章条例；

（12）批准全国理事会的运作条例，调整理事会内部的组织结构、选举程序及相应职位，以使其更好地行使权力。

3. 全国理事会可将部分权力授权给执行委员会，但不得包含前款（3）、（4）、（7）、（11）、（12）中所述权力，且必须对所授权的权力和相应的时间进行详细说明。

4. 全国理事会主席每四个月召开一次普通例会。应执行委员会的请求或应理事会三分之一以上成员的要求，可以召开非常会议。

5. 全国理事会的成员包括：

（1）在党的代表大会上通过公开名单选举产生的一百二十五名成员（党龄至少超过十八个月）；

（2）执行委员会的最多二十名成员；

（3）所有自治委员会和国际委员会的发言人。

6. 全国理事会的内部组织结构：

全国理事会应在其内部设立下述委员会，并依据"全国理事会管理条例"确立其职权和运作方式。

（1）章程委员会：应执行委员会的请求或应理事会三分之二以上成员的要求，该委员会可以对党章做出必要的修改，以维持党的良好运作。依据附加条款第一条，该修正案应由理事会的全体成员予以通过。

（2）财务监督与审查委员会：该委员会负责监督和管理党的财务核算，并审查党的经费使用是否符合管理机构的决议。其成员包括全国理事会以绝对多数票从议员和党员中间选出的五名成员。

第二十五条　执行委员会

1. 执行委员会是党在代表大会闭会期间行使管理职能的行政机构。

2. 执行委员会的会议由党主席主持召开，其决议由参会人员的简单多数投票通过。在表决出现相持情形时，党主席拥有裁决权。

3. 执行委员会由二十至四十名成员组成，其中包括党主席和总书记。

4. 执行委员会的责任划分及不同岗位的职责由党主席确立。

5. 委员会的秘书长和执行秘书依据党主席赋予的权责，指导和协调相关的行动，以确保在其责任范围内高效地分配任务及安排人员结构。

6. 党主席可以对执行委员会的内部组织结构进行必要的调整，对成员进行任命或免职，但提名的新成员需要经全国理事会批准。

7. 执行委员会的权力如下：

（1）依据代表大会和全国理事会通过的方针、计划和决议，对党的政治行动进行统一领导；

（2）执行代表大会和全国理事会的决定；

（3）每年制定党的整体政治战略和行动报告，并交由全国理事会通过；

（4）向全国理事会提议参加其认为有必要的大选；

（5）指导党的经济活动和管理活动，以便执行委员会制定党的年度预算和相应的解释性报告；

（6）为某些特殊事宜，任命顾问开展研究，并设立专门委员会或特别机构；

（7）任命地域执行委员会不同权责领域的负责人；

（8）如果党在重大问题上的立场，与代表大会通过的意识形态、政治计划和战略文件以及全国理事会通过的指导方针和文件产生矛盾，执行委员会有权在其职权范围内就相应矛盾进行协调；

（9）在必要的情况下采取紧急预防措施，以协调上级机关颁布的法律、组织规章和相关决议与下级机关通过的决议或决定；

（10）为应对严重事态，任命临时委员暂时接管其所属地域级别的党组织。临时接管的期限不得超过六个月，且必须在期满之后的两个月内，依据一般选举程序，任命新的管理机构成员；

（11）根据委员会主席的提议，通过执行委员会内部运作条例；

（12）在其职权范围内，通过党的规章制度；

（13）党章明确赋予执行委员会的任何其他权力，以及党的所有机构均平等享有的权利（机构的特权除外）。

8. 执行委员会可以将个别或部分职权授权给常务委员会，亦可以依据委员会主席的授权、以执行委员会的名义将职权授权给其成员。

9. 执行委员会由全体党员通过封闭名单选举产生。执行委员会的选举与代表大会同期进行，在大会召开前的十五天内举行。全国理事会负责通过选举程序，并在大会召开前进行详细说明。

第二十六条 常务委员会

1. 常务委员会是依据执行委员会的指导方针，负责管理和协调党的日常行动的机构。

2. 常务委员会成员包括：

（1）党主席；

（2）总书记；

（3）党主席从执行委员会成员中任命的最多十五名成员。

3. 常务委员会的权力如下：

（1）施行执行委员会的决议，促进党的政治行动的组织与开展；

（2）贯彻和落实党主席和总书记的指示；

（3）协调和管理各责任领域、各部门和各地域党组织的工作；

（4）向执行委员会或全国理事会提出建议；

（5）协调党组织和行政团体之间的关系；

（6）协调和监督党的日常经费开支；

（7）执行委员会赋予的其他权力；

（8）在必要的情况下，做出紧急决定，以维护党或行政团体的正常运作，但不影响执行委员会此后对该决定的批准。

4. 常务委员会每周举行例会，由党主席主持，或视具体情况，由总书记主持。

第二十七条　党主席

1. 公民党的主席是党的政治的和法律代表。

2. 党主席的权力如下：

（1）指导党的政策战略和发展战略；

（2）召集、主持和领导执行委员会的会议，在表决出现相持情形时拥有裁决权；

（3）依据本章程第二十五条第七款，确立执行委员会各成员的权责；

（4）依据本章程第二十五条的规定，对执行委员会的成员进行任命或免职；

（5）依据本章程第二十六条的规定，任命常务委员会的成员。

3. 委托总书记或执行委员会成员代行其权责。

4. 因缺席、生病或任何其他原因不能履行职责时，由总书记代行其权责。

第二十八条　总书记

总书记的权力如下：

（1）推动执行委员会、常务委员会通过的决议和方针的执行；

（2）协调秘书处和其他部门的行动；

（3）要求执行委员会对其认为重要的问题开展研究，并撰写报告或提案；

（4）负责记录执行委员会的会议。

经党主席的授权，总书记可以委托执行委员会的成员代行其权责。

第二十九条　权利保障委员会

1. 权利保障委员会是负责确保党的民主透明运作、保障党员权力的机构。

2. 权利保障委员会包括九名成员，依本章程第三十四条确立的程序选举产生。相关人员不得担任其他领导或管理机构的职务，任期至下一届代表大会召开的一周后结束。

3. 权利保障委员会的权力如下：

（1）保障党员获得本章程和党的规章条例所赋予的权利；

（2）确保在党的决策过程和党内选举程序中遵循公开透明的原则；

（3）受理纪律处分上诉案件。

4. 依据全国理事会通过的条例，权利保障委员会负责受理由任何党员或党的机构提起的上诉案件。"权利保障委员会条例"由权利保障委员会的其中两名成员、全国理事会的其中两名成员和执行委员会的其中两名成员共同制定。

5. 如果权利保障委员会认为党内选举程序有违反相关条例，可以宣布选举无效，并要求重新选举。

6. 应全国理事会或执行委员会的要求，权利保障委员会有权对党章或内部条例中的具体条款做出解释。

7. 如果相关程序需要由权利保障委员会介入，必须以决议或报告的形式说明理由。

8. 权利保障委员会的决议不得再上诉，但如果纪律处分程序牵涉该委员会的成员，依据本章程第十六条第六款，相关人员可以向全国理事会提出特殊上诉。

9. 权利保障委员会必须向全国理事会提交年度行动报告。

10. 权利保障委员会在大会期间应履行相应的权责。该委员会的成员必须参加大会，除非有充分和正当的理由。委员会的成员不得成为大会代表，亦没有发言权和投票权，但不会妨碍其他权力的行使。经大会任命的权利保障委员会成员，可以当选成为党的任何机构的成员。如果当选成为机构成员，将不得参与监督该机构相关的选举活动或列入相关候选人名单。

第三十条　纪律制度委员会

1. 依据本组织章程和相关条例，纪律制度委员会有权对纪律案件进行受理、审理和裁定。

2. 依据相关规章条例，纪律制度委员会的五名成员由执行委员会选派。

第三章　党内选举制度

第三十一条　一般原则

1. 依据本章程及相关内部条例，党的代表机构和管理机构的成员由相应机构的党员或选民代表选举产生。

2. 除章程中所列的特殊情况外，投票将通过封闭名单、党员一人一票选举产生。

3. 在党的机构的内部选举中，党员不得成为该机构不同职位的候选人。

4. 一般原则：

除本章程和全国理事会通过的条例中明确说明的特殊情况外，凡能够充分行使政治权利、党龄超过六个月（截至选举时）、知晓党员义务的党员，均可在公民党领导机构的选举中成为选民。

被提名为全国理事会成员的候选人，党龄必须超过十八个月；被提名为权利保障委员会成员的候选人，在选举时党龄必须超过三年；被提名为地域党团成员的候选人，在选举时党龄必须超过六个月。所有候选人均应知晓党员的义务。

5. 在党的领导机构的选举中不允许代为投票。在不妨碍选举结果的情况下，可以依据现行组织章程，由选民代表代为投票。

第三十二条　执行委员会的选举

执行委员会依据本章程第十九条的规定选举产生。

第三十三条　全国理事会的选举

全国理事会成员在代表大会上通过公开名单选举产生。

第三十四条　权利保障委员会的选举

1. 权利保障委员会的九名成员通过以下方式选举产生：

（1）由代表大会通过公开名单、秘密投票选举产生的五名成员；

（2）由执行委员会选举产生的两名成员；

（3）由全国理事会通过公开名单、秘密投票选举产生的两名成员。

2. 提名为权利保障委员会的候选人在选举时党龄必须超过三年。

3. 如果该委员会出现职位空缺，将由执行委员会和全国理事会提出临时替代人选，并由全国理事会确定相关人选。

第三十五条　资格要求

除本章程的特殊规定和附加要求所述情况下，凡能充分行使政治权利、按时缴纳党费的党员，均可在党的不同机构的选举中，行使选举权和被选举权。

如果被提名的候选人因任何罪行而受到检察机关的指控，则将取消其选举资格。但是，执行委员会可以视案件具体情况，以正当理由恢复其候选资格。因贪污、失职、贿赂、滥用职权、挪用公款等刑法中第十九条所明列的罪行而接受司法调查，即使未受到司法指控，仍将被取消选举资格。

第三十六条　职务冲突

拥有五万以上人口的市级党团的协调员和负责人不得担任公职，亦不得参与初选。区际委员会和省级委员会的协调员不得参与任何初选。执行委员会视具体情况，可以提出充分和正当的理由，免除职务冲突规定。

第三十七条　自主任命

1. 自主任命即由执行委员会直接任命党的机构和行政团体的成员。

2. 一般情况下，自主任命的人员不得参与初选，亦不得担任公职，执行委员会、全国理事会、自治委员会和省级委员会的职务除外。

3. 执行委员会视具体情况，可以提出充分和正当的理由，免除上述职务冲突规定。

第四章　候选人

第三十八条　选举提案

1. 无论地方、自治区、国家或欧洲范围内的选举，执行委员会都必须在选举前或临近大选时通过决议，以决定公民党是否参加选举。

2. 如果决定参加选举，执行委员会必须在不妨碍本条第四款和第五款规定的情况下，向全国理事会提交选举提案，但全国理事会有权批准或驳回相关提案。

3. 针对地方选举，执行委员会应提前一年制定参与选举的普通标准，并抄送各党团。该标准将对有意向提出候选人的市镇产生约束力，但这并不意味着批准参加上述选举。

4. 一旦全国理事会批准参加地方选举，党团或区际委员会的管理部门可以向执行委员会提议参加市政联盟的选举。执行委员会或是将该提案提交全国理事会，或是由该委员会成员的绝对多数予以驳回。

5. 在其他选举中，执行委员会可以向全国理事会就不同的选举提出相关建议。

第三十九条　选举委员会

1. 如果全国理事会批准党参加选举活动，执行委员会可以任命选举委员会作为选举的代表机构和执行机构。选举委员会负责制定选举方案、规划大选路线及提名相应的候选人。在自治区以下的地方选举中，执行委员会可以将选举委员会的权力授权给合适的地方机构。

2. 根据政治行动的需要，选举委员会在执行委员会的授权下，可以作为地方机构的上级单位，视具体情况中止地方机构的职权，但这并不意味着破坏该机构的组织结构或免除该机构的公职人员。执行委员会在选举前提议设立选举委员会作为地方机构上级单位，并由全国理事会予以通过。

第四十条　选举方案

党的主管机关应鼓励党员参与制定选举方案，并保障党员的参与权。

第四十一条　候选人

1. 在"全国理事会条例"中应制定候选人的选举程序，其中还应确立党的各机构在选举进程中的资格要求和职权范围，以及相应的选举保障机制。

2. 在不妨碍前款"条例"的情况下，以下候选人通过初选产生：

（1）西班牙政府首相候选人；

（2）自治政府主席候选人；

（3）省会城市市长候选人（普查参加选举的党员数超过四百人）；

（4）市长候选人（普查参加选举的党员数超过四百人）；

（5）在普通选举、区域选举和欧洲选举中，选举名单上的主要人物（普查参加选举的党员数超过四百人）。

3. 自治委员会管辖范围内的各个委员会应分别向执行委员会提交报告，以确定和完善最终的选举名单。

4. 参加初选的党员在选举时党龄必须超过九个月。应其绝对多数成员的正当请求，全国理事会可以免除此项规定。

第四十二条　候选人承诺

被提名的候选人有义务遵守相应的选举方案，维护党的基本原则和价值观。如果候选人不愿履行上述义务，则必须放弃候选人资格。

第四十三条　任期限制

代表党担任领导的公职人员任期不得超过两届。在不同级别的行政机构中任职的公职人员任期不得超过四届。

第四十四条　财产声明

在行政机构中代表党的公职人员，在入职之时和卸任之时均需提供财产状况声明，且须交由总书记妥善保管。

第四十五条　职务冲突

任何党员不得代表党同时担任两个公职，但全国理事会可视具体情况，免除此项规定。

第四十六条　取消资格

1. 如果被提名的候选人因任何罪行而受到检察机关的指控，则将取消其公民党的选举名单候选资格。但是，执行委员会可以视案件具体情况，以正当理由恢复其候选资格。

2. 因贪污、失职、贿赂、滥用职权、挪用公款等刑法中第十九条所明列的罪行而接受司法调查，即使未受到司法指控，仍然将取消其选举资格。

第三部分　资产管理制度

第四十七条　资产证明制度

党应在创建之时证明其没有登记的资产。

第四十八条　资产制度

1. 自公民党创建并在政党登记处注册之时起，党作为拥有完全法律行为能力的主体，可以获取、管理和处置归属于党的相关资产，以实现党的目标。

2. 具体来说，党的经费来源于：

（1）党费及党员自愿缴纳的献金。

（2）党产的收益。

（3）信贷业务。

（4）党接受的遗产捐赠。

（5）机构代表和（或）直接任命的公职人员缴纳的捐税，其最低限额由执行委员会确定，一般是扣除职务最低工资标准后每月总收入（含各种津贴、补助）的百分之六至百分之十；不妨碍上述规定，机构代表和公职人员在有真实合理的差旅开销的情况下，可以向执行委员会申请，在捐税范围中去除差旅津贴和补助部分；执行委员会从公平原则出发，对相关人员履行捐税义务的情况综合考虑，并做出相关决定。

（6）组织活动收益。

（7）依法律规定，所获得的公共补贴。

（8）依 2007 年 7 月 4 日第 8 号政党财政法，所获得的其他收益。

第四十九条　预算及财政年度

1. 党及其行政团体的财政年度以自然年份为基础（截至每年 12 月 31 日）。财政年度将经党主席批准、总书记授权及财务负责人员审核。如果财政年度内有选举日程，则须制定特别的选举预算，其中应包括党在选举中预计的收支情况。

2. 执行委员会负责在财政年度开始之前，制定年度预算和解释性说明，并交由全国理事会通过。

3. 执行委员会必须在上一预算年度结束（12 月 31 日）前，通过下一年的年度预算和解释性说明，并由全国理事会依据第二十四条第二款予以批准。

4. 党的管理机关将定期对资产管理情况进行内部审查，但不妨碍审计法庭和政府机关依现行法律对政党的资产进行年度审核。

第五十条　资产监管程序

1. 执行委员会可以推动内部资产监管和预防机制的建立，以实现以下目标：

（1）促进党的资产管理的高效、透明；

（2）提出并采取适当的措施以节省开支；

（3）保障资源得以高效利用；

（4）促进收支平衡；

（5）规定党的管理人数；

（6）制定党的内部开销标准；

（7）制定基本的洽谈准则；

（8）制定合同范本及相应条款；

（9）为提高审批通过率，促进经济管理程序的优化和财政管理效率的提升。

2. 党的资产监管制度得依以下规定确立。

（1）公民党的内部资产监管制度由执行委员会通过。该制度旨在对资产管理进行适当的干预，并对所有经济活动及相关经济文件进行核算。依据第二十四条第六款，财务监督与审查委员会作为全国理事会的下设机构，负责执行上述党内监管。

（2）执行委员会确保党及其行政团体按时向行政机关提交审计账目。为此，执行委员会可以制定相关规定或说明，以对党的所有机构团体进行约束。

第五十一条　党团的经费

执行委员会负责按各党团的需要对经费进行分配，以维持党团的内部运作和目标的实现。任何情况下，党团的经费应为该党团成员上缴党费总额的百分之三十。

第四部分　透明制度和合同制度

第五十二条　透明公开制度

1. 公民党应向审计法庭提交上一财政年度的结算结果和下一款所述的相关信息，并在一个月内将相关内容公布在其网站的"透明门户"上。

2. 依据 2013 年第 19 号"提升透明度、公开信息及合理管理法"（以下简称"透明度法"）第 6 条的规定，公民党还将公布以下信息：

（1）党的各项权责；

（2）党的具体规章条例，包括适用于地域党团的相关法律以及党团的内部组织规章；

（3）党的最新组织结构，包括不同机构负责人的个人信息及工作经历；在其选举名单（至少名单中的主要人员）中，不涉及腐败指控。

3. 公民党承诺遵守"透明度法"的相关规定，积极履行公开信息的义务：

（1）定期发布并更新公共活动的运作和监管情况，以确保行动的透明；

（2）在党的门户网站上，用清晰、通俗、有条理的语言发布信息，最好采用统一格式。

4. 公民党将公布行政管理中的收支、预算和统计，包括收支情况、预算情况及以下数据：

（1）公民党获得的公共补贴和援助，其中包括具体补贴数额、资助目标或目的以及相关受益人；

（2）党的年度预算，党向行政机关提交的年度结算，党外监察机关就党提交的审计报告做出的账目审计和检查报告。

第五十三条　合同制度

1. 党的执行委员会负责批准必要的商品采购和劳务聘用，旨在促进公民党政治行动的有效开展。

2. 遵照合同订立的基本原则，公民党将制定"党内合同准则"以实现平等交易。该准则适用于党及其地域党团的所有大型合同，包括工程类、商品类、劳务类和供应等。

第五部分　党的解散

第五十四条　党的解散

全国代表大会可以通过解散本党的决议。党在履行完现有的财政义务后，经大会同意，可将剩余资产用于慈善团体或社会团体。

附加条款

第一条　章程的修改

应执行委员会提议，理事会可以召开修改章程的非常会议。经理事会成员的绝对多数的支持，可以通过章程修订案。章程的修改一经通过即刻生效，并在下一届代表大会的第一次会议上予以批准。

过渡条款

第一条　条例的通过

在全国代表大会批准章程修订案的六个月内，地方机构应依据新章程修改相关规章条例，并交由执行委员会予以通过。全国理事会亦应在六个月内通过相应的"运作条例"。

第二条　过渡规则

如果依据新章程修改的条例未获通过，只要其现行的组织条例符合法律规定且不与新章程相抵触，在大会召开时将沿用现行组织条例。

最终条款

本章程于公民党第四次全国代表大会通过后生效。

（刘晋彤 译）

西班牙共产党党章

（第二十次全国代表大会第二阶段通过）

第一部分　西班牙共产党

第一条　西班牙共产党

1. 西班牙共产党（PCE）是一个由男性和女性党员根据自愿原则组成的政党，旨在以民主的方式参与社会及政治结构的革命性变革。通过团结在社会和文化上具有领导地位的工人阶级和群众，使党能够获得政治权力，控制社会经济活动，超越资本主义制度，从而在西班牙实现社会主义。西班牙共产党将从全面实现共产主义的理想出发，为全世界实现共产主义做出贡献。

2. 西班牙共产党历史上属于工人运动。应第三国际、西班牙共产党和西班牙工人共产党的要求，在苏联1917年社会主义革命的高潮中，作为国际共产主义运动的一部分，西班牙共产党吸取了其他革命成功和失败的教训，于1921年建党，并一直延续着共产主义传统。西班牙共产党作为西班牙进步共和主义的继承者和践行者，为争取实现更自由、平等、友爱、公平的社会而奋斗。

3. 西班牙共产党将社会主义视为超越资本主义的替代制度，将对现实和政治实践的分析立足于马列主义、科学社会主义的贡献，以及不断丰富和更新的传统。西班牙共产党受到普遍批判性思维、革命实践、反帝国主义和人民解放运动的启发，把经历了为人类进步做出贡献的共产主义运动检验的原则，特别是性别平等和建设一个尊重生命和地球的社会和政治模式的道德责任，作为该党的原则。

4. 西班牙共产党还从其他民族的政治和文化贡献以及斗争经验中获益，旨在实现民主，消除任何形式的剥削、压迫和父权统治，把全世界从性别歧视中解放出来。

5. 基于上述原则，西班牙共产党是一个革命的、国际主义的、团结的、女权主义的、生态的、共和的、反法西斯主义的、联邦主义的和世俗的政党。

6. 西班牙共产党将进行集体反思并组织党员的一致行动，希望成为工人团结、动员和斗争的先锋队，以及建设一个反对资本主义制度的社会最进步、最有斗争性的公民阶级的先锋队。

7. 党的力量主要来自正确的政治领导，思想上、政治上、组织上的团结，党员的有组织活动，内部民主和集体行动，与工人和群众的深度联系，以及党员之间的互相支持。西班牙共产党要求其党员为了工人阶级和人民群众要廉洁忠诚，要有无产阶级国际主义精神，要团结各国的工人阶级。

第二条　党的原则

1. 除了在第一条中已经提到的各项原则之外，西班牙共产党将为世界人民的和平而斗争，为在平等、互相尊重、人民当家做主和自决权基础上的国际合作而斗争。因此，西班牙共产党声明反对帝国主义，反对一切剥削和压迫，特别是反对帝国主义的侵略战争。因此，西班牙共产党将促进人民团结、国际主义，支持与他们反帝行动和改变世界的目标相一致的所有其他运动和政党。西班牙共产党将特别采取行动来扩大其与欧洲共产党和其他国家共产党的合作，促进合作和团结。

2. 西班牙共产党关于阶级、女性主义和解放的设想坚定地推动了妇女解放的斗争，其目的是在党内和社会上消灭父权制，实现男女平等。这意味着要提出替代方案，在社会各个领域进行动员和干预，以推动妇女充分参与到社会、经济、政治和文化生活中。

3. 西班牙共产党致力于在全世界普及人权，无论是在公民权、政治权、经济权方面还是在社会权方面。

4. 西班牙共产党受到自由、平等和博爱的历史价值观的启发，根据马列主义的思想，使其最激进和进步的观点适应于当今时代的现状。

5. 西班牙共产党忠实于党的目标，将与任何形式的法西斯主义做斗争，并将致力于根除法西斯主义，在工人运动和社会运动中促进反法西斯联盟的统一。

6. 西班牙共产党信奉政治生态主义，坚定履行对环境和自然保护的承诺，以给子孙后代留下一个可居住的地球。在这个星球中将实现全人类的解放和对环境的尊重。

7. 西班牙共产党党员的政治关系基于平等和尊重，因此应在党内采取积极措施实现平等，避免因性别、种族或其他因素导致在党员任务分配和职位获得上出现歧视。每个党员根据个人承诺自愿决定其党内工作的多少。党员有义务参与所在党组会议，并至少承担一项任务。党将特别重视提拔来自工人阶级的干部担任管理职务。

8. 西班牙共产党的党员不得有任何形式的排外主义、性别歧视、性取向歧视、宗教信仰歧视，以及任何形式的虐待妇女、虐待动物、危害自然以及其他任何与《世界人权宣言》和马列主义的道德与意识形态原则相抵触的行为。无论当事人担任何种职务，上述行为的发生都意味着该名党员严重违反党纪。

9. 西班牙共产党参与所有战线、运动或组织的行动都应经代表大会决议通过的相关政策、方案、决议的允许，或经党内相关机构的法律决议批准。党的上述参与行动需经集体、开放和参与性的讨论，如存在分歧的，应尽力促成一致。该集体讨论将确定党的立场，鉴于此，共产党员应在参与过程中传达经民主通过的政策，其内部不得出现政见不合。

10. 不允许在党内存在帮派、流派和倾向。在西班牙共产党讨论和决议的过程中，将鼓励不同立场的传播和表达，支持在做出决策之前意见的多元化表达。内部意见平台可在代表大会和会议之前建立，在大会结束后即废除。中央委员会将制定该意见平台的运行规范。

11. 无论在理论上还是在实践上，政治和意识形态的培养都是共产党员的权利和义务。这除了是党的基本任务以外，也是所有党员的坚定承诺。因此，西班牙共产党将对党员的终身培养、讨论和在党组内进行定期培训作为党的基本任务。西班牙共产党及其话语机构、理论刊物和内部简报将长期推动该集体讨论。

12. 西班牙共产党在尊重各个运动的独立性和各自民主决议的基础上，鼓励党员参与工人和工会运动，以及参与社会运动、社区运动及政治融合。同时共产党员应从组织和社会中参与到社会、国家和政府的变革中。西班牙共产党将采取必要的行动来确保上述党员政治方向的正确和必要的合作。

13. 西班牙共产党将把发展干部监督和提拔政策，以及吸引新党员作为其领导机构的主要任务之一。

第三条　党的标识

1. 西班牙共产党使用带镰刀、锤子和五角星的红旗作为标识。

2. 其党徽见图 4：

图 4　西班牙共产党党徽

党徽的不同标识图案详见中央委员会的图形标识手册。

3. 在党的仪式中应有代表共和国的红旗。

4. 西班牙共产党的党歌为《共产国际》。

5. 西班牙共产党的地址为马德里奥林波大街 35 号，邮编为 28043。该地址变更应由中央委员会同意。

6. 西班牙共产党的官方网站为 www. pce. es，电子邮箱地址为 comitecentral@ pce. es。

第二部分　入党、党员普查

第一章　入党

第四条　入党

1. 所有坚定及自愿接受西班牙共产党的政策和其党章的成年人都可申请加入西班牙共产党，缴纳党费，成为党内某个组织的正式党员。

2. 符合上述条件的人员可以成为西班牙共产党的党员，而不论其国籍和与现行侨民法有关的行政状态、就业情况或宗教信仰情况等。

3. 党员参与任何本党章第二条第八款所述的行为都意味着其与西班牙共产党党员身份的冲突，将足以导致该党员的入党申请遭拒。

第五条　预备党员

1. 任何希望加入西班牙共产党的人员，如不是从西班牙共产主义青年联盟（UJCE）晋升或从现有的加泰罗尼亚统一社会党（PSUC-viu）或从国外组织转移而来的，作为一般规则都将经历一段不少于三个月不超过六个月的预备党员时期。

该预备期的目的是使该预备党员获得意识形态和基本政治素养的培养，深入了解西班牙共产党、大会文件及党的历史。党组和上级机构将持续对预备党员进行监督。最终，预备党员的入党申请将由党组全体会议的简单多数通过或拒绝。

在预备期内，预备党员拥有所有本党章规定的党员权利，但在党的机构中的投票权和被选举担任负责职位的权利除外。同时预备党员应履行除了缴纳党费以外的所有党员责任，并将被入党及募款部（DAR-PCE）接纳为活跃候选人。

第六条　入党地点

1. 一般情况下，有意加入西班牙共产党的申请人应向其居住地的党组委员会，或向其工作或学习中心的党组委员会申请入党。

党组委员会将向入党及募款部（DAR-PCE）寄送会议记录和入党申请人档案，并将副本抄送上级部门。如入党及募款部（DAR-PCE）证实该申请人未在当地登记，则将通知党组委员会开启预备党员程序。当该党员预备期结束后，将在党组全体大会上表决是否同意该预备党员正式入党，并将党组全体会议的同意书递交入党及募款部（DAR-PCE），该部门将开具党员缴纳党费的收据。

2. 在某些情况下，如在入党申请人居住地没有党组、工作中心或学习中心的，或是其他特殊情况下，入党的申请和批准都由相应的指导委员会负责。

3. 从西班牙共产主义青年联盟（UJCE）晋级的流程应根据西班牙共产党和西班牙共产主义青年联盟之间现行的组织和财务协议的相关规定进行。符合晋级标准的青年将自动加入西班牙共产党，成为对应党组的成员而无须经过上述流程。

第七条　党员证

党员证是证明西班牙共产党党员身份的文件，代表了持有人与西班牙共产党的关系。

第八条　大会文件的获取

所有预备党员都可以获取一份党章和有效的大会文件的副本。当该预备党员成为正式党员后，将自动加入《工人世界》。此外，该党员还将被邀请加入《我们的旗帜》。

第九条 接受和拒绝被处罚人员的入党申请

如果入党申请人曾因处分决议而被开除出党的，其重新入党的申请应通知上级组织和相关处罚机构，上述组织将批准或拒绝该入党申请。如上述机构拒绝申请人的入党申请，则该申请人可在最长三个月内向上级管理机构提出上诉。

第十条 集体入党

如果同时有多名以前属于另一组织的人员集体申请入党的，如涉及多个地区的，那么申请地上一级的党委或中央委员会应对此进行处理。

第二章 党员普查

第十一条

所有党委都有义务更新各自组织下的党员普查数据。中央委员会有责任确保西班牙共产党在代表大会、会议和公投期间的党员普查数据的准确性。为此，中央委员会将通过入党及募款部（DAR-PCE）发布经核实的普查数据。

第十二条 个人信息保护组织法（LOPD）的执行

根据个人信息保护组织法的规定，中央委员会负责制定安全议定书和相关规章，以规范党员普查数据和所有党的组织为了其活动开展而对带有党员个人信息名单的起草、操作、修订和使用。

第十三条 入党及募款部（DAR-PCE）

1. 入党及募款部（DAR-PCE）将通过信息数据库对党员普查和入党流程进行管理。不同的国家和地区组织都有权访问该数据库，以便根据党章的相关要求对数据进行更新和完成组织工作。同样，中层委员会和基层组织也有权访问相应的数据库。

2. 入党及募款部是党进行党员管理的主要工具，其应以中立和自主的方式确保各个党组织党费的收缴和党费使用得当，并根据党章的相关规定监管党费的清算。

3. 西班牙共产党的入党及募款部从属于中央委员会，并受该委员会规章的监管。

第十四条 其他入党形式：党的支持者

西班牙共产党的每个党组和机构都有一份党的支持者（因为不同原因不愿或不能加入西班牙共产党，但与党团结一心的人员）名单。党的活动、行动情况、政治立场等将直接通知给支持者。除了通知以外，经党组委员会评估，还可请支持者参加不同的活动（会议、行动等）。在任何情况下，支持者对西班牙共产党都没有权利和义务。中央委员会将制定规章来管理支持者。

第三章 丧失党员身份

第十五条 丧失党员身份

当发生以下情况时，将会失去党员身份：

（1）党员以自愿、书面形式决定退党。

（2）党员用未明说的方式自愿决定退党；当该党员连续八个月未向入党及募款部缴纳党费，并且在被书面要求缴清欠缴党费后，仍然拒绝缴纳的，将被理解为该党员默许终止其党员资格；在此情况下，被终止党员身份的党员必须经过规定的时间才能重新申请入党。

（3）欲重新入党的人员，只能在缴清自上一次代表大会后欠缴的党费，或在大会召开后再重新缴纳党费入党。

（4）经西班牙共产党主管机构的最终处罚决议通过中止该党员身份的。

（5）因违反西班牙共产党相关原则的罪行而受到最终判决的。

（6）加入另外一个政党（除在党内获得允许的）。

（7）死亡。

第三部分 党员的权利和义务

第一章 党员的权利

第十六条 党员的权利

1. 所有党员都有如下权利：

（1）参与所在党组的会议、行动、决议，并有发言权和投票权。

（2）在协调和管理机构中有选举权和被选举权，为保证该权利党员应按时缴纳党费，在入党及募款部无欠缴党费。

（3）了解其在入党及募款部的状态变化情况，特别是处于因未缴党费而被退党状态时。

（4）定期、详细地获悉党的决议、方向、行动和财政情况，为此，西班牙共产党应发布内部简报，该简报将在中央委员会每次会议后以电子文件形式免费发送给党员。

（5）根据出版周期收到《工人世界》。

（6）接受理论、政治、工会和文化培训，以及与党的组织和运作有关的培训。

（7）向党的管理机构提出要求、建议或质疑，并要求相关机构在最多一个月内予以答复，如该机构为中央委员会则在两个月内予以答复；如需要会议讨论才能给出答复的，则期限可延长至相关会议召开之后；如果该信息要求没有在规定时间内得到答复，党员则可向上一级机构要求答复。

（8）准确了解党员行为所受到的批评或指责，并拥有适当的上诉方式，可在党章规定时间内向上级机构或委员会上诉以维护党员权利。

（9）党员可在决议发布之日起两个月内对被认为违反党章的决议和侵犯了党员权利的当地政治机构的决策提出质疑，同时可提议其认为合适的纪律措施。

（10）践行和鼓励批评及自我批评，同时党员还可以自由表达对于将在党的机构内部进行讨论的提案和决定的意见；在组织内部，该权利将得到最大限度的保护；在通过政治决议或立场之前的程序中，也会保护个人意见在外部的传播。

（11）在党的会议上评估领导机构和所有党员的工作情况，无论其担任何种职务；每个党员都有权在党内表达自己的意见，即使其意见与多数人的意见相悖；但应该尊重和服从其他党员的民主决定，对党忠诚，拥护党的团结一致。

（12）党员因其政治活动而受到相关领导机构的不公平攻击时有权接受保护，包括法律保护。该权利的行使将由中央委员会相应的运作流程管理。

（13）知悉其所在党组的完整党员普查名单，以及国家和地区的党员数量。

（14）党员个人信息只能由西班牙共产党根据现行法律，为了政治活动的正常开展而使用；对该信息的获取、更正、删除都有相关权限要求，要注意党员个人信息的保密。

（15）党员有权向负责维护党员权利的机构求助。

（16）根据本党章第十九条第三款的规定，党员有权对管理机构进行民主监督。

（17）党员有权随时要求执行党的政策、履行本党章和规章的要求，以及执行党的协议、指导方针和指示。

（18）其他法律和本党章规定的权利。

2. 为了行使上述权利，党员需在西班牙共产党入党及募款部中处于活跃状态，且党龄至少达两个月。根据西班牙共产党入党及募款部的规定，相关机构必须将相关情况通知由于未缴纳党费而丧失党员身份的党员。

第二章　党员的义务

第十七条　党员义务

每个党员都承担着党的政治路线、运作的基本原则和本党章中规定的义务。党员的义务如下：

（1）参加党组的会议，完成交给的任务并汇报成果。

（2）在其活动空间了解、传播、维护和执行党的政策。

（3）阅读、维护、支持和传播党的传播媒介，并提出优化建议。

（4）努力提高在马列主义理论不同方面和党的政治路线方面的政治和意识形态的素养。

（5）履行担负的职责，并向其党委汇报工作。

（6）捍卫党的团结和凝聚，履行和执行党的机构的政治和组织决议。

（7）遵守党的纪律，无论党员的职务如何，所有党员都应平等遵守。

（8）对党要诚实，不允许隐瞒真相。不得以个人或集体名义公开发表违反党的原则、政策和决定的言论，以及直接或间接地毁坏任何党员或党的机构的名誉。传播的私人对话和在组织会议以外的谈话也被视为公开发表的言论。如果党员还使用手段造成该言论在组织外传播的，将被视为特别严重违纪行为。

（9）通过西班牙共产党入党及募款部，以银行汇款的方式缴纳本党章规定的党费。如果党员确因正当理由不能缴纳的，西班牙共产党入党及募款部可在党组委员会的要求下，通过必要的手段来补缴党费。

（10）协助党进行定期的信息更新，以使对信息和文件的相关需求能得到满足。

（11）支持党的任何群众阵线或工作范围内的由党的主管机构确定的政治立场和候选人。

（12）鼓励在合适的地点、时间，以正确的方式进行批评和自我批评。揭露工作中的缺陷和错误，并坚决地予以改正；抵制对错误置之不理的行为，反对形式主义、夸大成绩和为自我批评辩护的倾向；积极打击任何试图阻挠批评的企图；警惕任何损害党的利益的行为并以实际行动与之进行斗争。党员有义务报告上述违反党章的行为，任何人不得阻碍该义务的履行。

第四部分　一般运作规则

第十八条　民主集中制

西班牙共产党的结构和内部运作基于民主集中制原则，以创造性和辩证的方式运用，与社会现实的演变相联系，并由斗争经验丰富起来，以保证在同一时间全党只有唯一的政治总方向和唯一的中央领导。民主集中制的基础是广泛参与集体讨论下的意见发表的自由、批评和自我批评、问责制、所有职务的可撤销性、集体领导和党员的集体行动。民主集中制意味着：

（1）自由参与讨论和政治路线的制定。该自由指党内所有人员都是平等的，与每个人的职位无关。

（2）管理机构的人员经选举上岗并可被撤职。

（3）为了党内活动的开展和推动，自觉遵守纪律，维护集体团结。上级机构在其职权范围内做出的决定和决议对下级机构具有约束力，但不影响下级机构有权在组织内部发表意见。

（4）党的组织有权根据党的相关规定和党章，在其职权范围内自主行动，并向有关机构汇报工作。

（5）党的所有机构都应由民主选举产生，并根据集体领导原则和本党章的规定运作和决议。

（6）党的决策应该是基于信息平等和完整情况下的参与性讨论的结果。并且决策应保证最大限度的党员参与和综合意见的采纳。

（7）对于党员和领导者而言，服从和遵守大会决议和相关领导机构的决议是基本原则。经多数通过的决定应被全党执行。少数必须服从多数的决定。除非本党章规定的意见平台外，不允许出现帮派（组织流派）。

（8）管理机构有义务向上级委员会汇报工作和对民主通过决议的执行情况进行总结，该委员会应提交年度工作报告。

（9）在党的机构的运作中，将进行批评和自我批评。

（10）必须打击削弱下级责任机构权力和主动性的集权化倾向，以及损害党的行动一致性、有效性和党的共同利益的地方主义倾向。

第十九条 内部民主

1. 决策的做出和通过决议的执行都应是党员上下广泛和自由地参与讨论的结果。批评和自我批评作为克服我们工作的矛盾和局限性、从组织所犯的错误中学习的方法，应有必要的政治讨论和其后的分析，而不仅仅是在特定时刻强行要求少数服从多数，尽管最终少数应服从多数的立场。内部民主必须建立在尊重党员的权利以及尊重通过的决定和决议的基础上。

2. 西班牙共产党承认所有党员的平等，无论其在组织中担任何种职务。

3. 西班牙共产党的所有党员都有对当选人进行民主监督的权利。该权利通过本党章规定的领导问责制和职务可撤销制度行使。所有被选为管理机构成员的人员都可被选举机构撤职，为此，需要其所属机构或组织的五分之二成员的请愿书。该请愿要求将在其后第一次普通代表大会上进行讨论。同一机构或基层组织的每个成员针对欲被撤职人员每年只能使用一次该项权利。

4. 对管理机构的问责将定期进行，每个领导将在其所属的领导机构会议上做述职报告。

5. 西班牙共产党把性别平等原则作为运作的基础，坚持男女平等参与。

6. 不同级别的党委将阐明和下级党委和全体党员快速磋商的制度。在有重大意义或影响党的战略路线的问题上，将举行公投，以使全体党员发表意见。该公投结果具有约束力。该公投将在中央委员会的要求下，或在三个拥有三分之一党员的国家或地区组织的要求下举行。在某组织初次提出要求后一个月内，可有其他组织加入，直到达到法定人数。在提案和公投举行之前，应先有澄清信息和讨论的流程。

7. 撤职会议和公投都必须达到参与党员的最低法定人数才能生效，该最低人数要求将由中央委员会或相应机构确定。

第二十条　集体领导

1. 党的所有领导机构都必须按照集体领导原则开展行动，这是适当完成其任务的必要条件。为此应调整内部工作方法，使其成员在讨论、决议和执行阶段都能最大程度参与。为了提高效率，各级党委将设置管理各项具体工作的书记。党的管理机构的运作将受相关规定的制约。

2. 西班牙共产党将使尽可能多的党员担任管理职务，以避免这些管理职责和公共及组织职责集中于某个人或某些人。连任的党的内部职位不得超过三个，选举新的领导职位需有相应机构超过百分之六十五的党员通过，除非在地方和基层党委有动议和有上级党委的授权。

3. 不得属于两级以上的领导机构管理（地区代表和基层党委除外）。

第二十一条　共产党员的统一行动

西班牙共产党及其党员在任何时候都将集体、有组织地进行行动，其集体政策应遵守管理机构的相关决议。集体行动表现为对决议的统一执行。

第二十二条　自觉纪律

无论担任何种职务，所有党员都有平等义务遵守纪律。有管理职责的党员，无论是在党内还是参与的多方项目中，或是担任组织职务的，其行动都有义务维护党内团结，执行相关机构通过的政策。

第二十三条　禁止流派和帮派

禁止在党内产生流派和帮派。同样，除非是相应管理机构的决定，党员不得在参与的项目中形成帮派。

第二十四条　决定和决议

党的机构通过的决定和决议应有书面记录，以确保执行及递交直属上级机构。该记录将提供给任何申请查阅的组织或党员。管理机构将确保党员在最长十五天内获取通过的文件。

第二十五条　机构代表的协作和团结

拥有西班牙共产党党员身份的机构代表，其组织行动应与党的政治路线和具体决策一致，服从所在组织团体的决策。党将推动和协调共产党员在上述机构的工作。

第二十六条　党委的组成

不同党委的组成决定了其所做决定的性质。管理机构中的工人和受薪劳动者占多数是党始终坚持思想和阶级政策的重要保证。此外，党委主要应由未担任公职的干部组成。

第二十七条　代表大会流程

本条规定了党的各级代表大会的流程。

1. 为了恢复或撤销党员身份而召开的代表大会，如为国家级党委，应提前六个月发布大会通知；如为地区组织的，则需提前五个月。在召集时还应确定党员普查结束日期，该日期应为代表大会召开前两个月。

2. 待讨论的标准和文件应由相应的党委提前四个月（国家级党委）或一个月（地区级党委）批准通过。被起草委员会否决的修订，并获得委员会四分之一投票通过的，应和主要文件一起发布。在讨论过程中应确保提案方有申辩的权利。由相应党委编写的代表大会文件将以电子文档的形式发送给所有党员。

3. 为确保党员的参与和代表大会所有流程的透明，应在最短十五天内在所有入党及募款部确定的组织中发布代表大会召集通知。所有恢复党员身份的要求和申请都应在自其提出之日起一周内予以决议。申诉人如不认同该决议，可根据本条规定再次上诉。

4. 代表席位的分配根据最近一次代表大会以来党费缴纳的平均人数决定。如为特别代表大会，则应考虑最近三年的交费人数。召集机构应制定标准规定参与代表大会代表的总人数。参会人数应参照以下标准：

（1）当然代表：最多为总人数的百分之五；

（2）应保证每个组织至少有一名代表出席，以确保所有党的组织的参与；

（3）其余的席位通过选举产生，配额标准如下：每个组织缴纳党费平均人数乘以待分配代表席位的总数，并将结果除以该组织参与代表大会的缴纳党费人员平均数，通过剩余最大制分配剩余席位；

（4）各级地区都应选举足量的候补代表以保证代表团完整；

（5）代表席位只应分配给平均缴纳党费人数至少为三人的组织，隶属于不符合这一标准的组织的党员将并入最近的党组内，以便其有相同权利参与大会流程；

（6）相关标准应详细说明每个参与选举的组织对应的平均党费缴纳者的数量和代表数量。

5. 由入党及募款部确认为活跃状态，并缴清前一阶段党费的党员有权利参加大会。如果上述党员在大会召开之前由于未缴纳党费而被除名的，则会丧失该权利；如已被选为代表的，则应由相应候选人顶替。

6. 应对待讨论文件进行说明和解读。对该文件可进行更正、提议和决议，并交由下一级组织进行多数同意表决。只有在相应领导机构同意的情况下才能对该文件进行修订。得到四分之一的投票通过的，将通过少数意见修正案。在西班牙共产党的代表大会上，少数意见修正案在国家或地区组织大会上应得到至少百分之三十五的选票。

7. 代表的选举应建立在决议和共识的基础上。如果无法实现，则可以提交不一定完整的封闭名单，并获得至少十分之一出席投票人员的通过。最终席位的分配将按每个候选人获得的选票数量按比例分配。对代表候选人的投票将始终以匿名方式进行。

8. 在提交候选人名单时，应考虑等额原则，男女候选人数量应相同。

9. 国家或地区组织委托的负责解决冲突的相关机构应在发生申诉时立即进行干预，并在申诉提出的最多一周内予以解决。在听取各方的意见并有合理的解决办法后，应将解决办法通报各方和西班牙共产党中央委员会。西班牙共产党政治委员会可对大会过程中的冲突进行二次干预，其决议应由中央委员会批准。

第五部分　党的组织

第二十八条　行动范围

西班牙共产党是在党组、基层党组委员会、中层委员会和国家及地区组织委员会的基础上组建的政党。党的行动范围为除加泰罗尼亚以外（在该地区党与加泰罗尼亚统一社会党保持良好关系）的整个西班牙境内，详见本党章第九章。

第二十九条　党名

西班牙共产党拥有党的一般命名及在每个没有法人的国家及地区组织的特定党名。西班牙共产党的中央委员会将负责这些党名的合法性和法律保护。党在每个自治区的名称如下：

（1）安达卢西亚自治区：安达卢西亚共产党；

（2）阿拉贡自治区：阿拉贡共产党；

（3）阿斯图里亚斯自治区：阿斯图里亚斯共产党；

（4）巴利阿里自治区：巴利阿里群岛共产党；

（5）巴斯克自治区和纳瓦拉自治区：巴斯克共产党；

（6）加那利自治区：加那利共产党；

（7）坎塔布里亚自治区：坎塔布里亚共产党；

（8）卡斯蒂利亚—拉曼恰自治区：卡斯蒂利亚—拉曼恰共产党；

（9）卡斯蒂利亚—莱昂自治区：卡斯蒂利亚—莱昂共产党；

（10）埃斯特雷马杜拉自治区：埃斯特雷马杜拉共产党；

（11）加利西亚自治区：加利西亚共产党；

（12）马德里自治区：马德里共产党；

（13）穆尔西亚自治区：穆尔西亚共产党；

（14）拉里奥哈自治区：拉里奥哈共产党；

（15）瓦伦西亚自治区：瓦伦西亚自治区共产党。

除上述组织外，国外组织和西班牙共产主义青年联盟（UJCE）也是西班牙共产党的下属组织。

第三十条　图案标识

中央委员会将制定规章来统一党的图案标识，以使西班牙共产党在国内任何地方都有统一标识。但不影响国家或地区组织使用当地组织的标识。党在不同地区名称的首字母缩写是：西班牙共产党（PCE），后面加各自组织的名称。

第三十一条　地区组织的组织条例

西班牙共产党的中央委员会根据地区组织的提议，通过国家或地区党组织的组织条例和管理条例，这些条例将附在本党章之后。

第三十二条　执行上级机构决议的义务

西班牙共产党下属组织的任何违反本党章规定或中央委员会决议的行动，都将被中止并由中央委员会下令无效。

第三十三条　中央委员会的干预职能

如出于党的某级机构的组织或政治需要，中央委员会可采取其认为必要的措施来恢复党的正常运作。根据本党章规定，在此之前应采用一切可能的对话和调解手段使各方达成一致。

第六部分 党的内部结构和运作：管理机构和代表机构

第一章 基层组织：党组

第三十四条 党组

1. 党组是党的基层组织。主要存在于工厂和工作中心、学习中心以及临近地区，同样也是乡镇和行政、职业、文化、社会等行业中的基层组织。它是党和工人运动、人民群众、社会和文化组织联系的主要纽带和直接干预的工具，同时也是推动、领导和发展斗争以及政治和社会行动的重要组织支持。党组的主要任务是执行党的政策，发展和提高党的水平，以及促进党的建设和组织发展。

2. 党组是共产党员活动和关系的基本框架，其中应有政治理论讨论，分析和评估共产党员的活跃度以及个人和集体工作的积极性。

3. 西班牙共产党的所有党员都应加入一个党组。党员可以暂时和有限的方式加入一个以上的党组，但在组织上只属于其中一个党组。每个党组至少应有三名在西班牙共产党入党和募款部处于活跃状态的党员。在没有代表大会决定的情况下，相应的党委将决定当地的组织架构，并建立不同地区共产党员的合作框架。

4. 在地区组织中，可建立战线小组，以便更高效地执行组织在当地的政策。同样，也可针对与其他地区和行业组织组成的不同阵线的工作制定方案和展开讨论。地区组织在组织上隶属于对应党组。中央委员会可以在任何机构的要求下，接受建立工作小组的提议，以确保在特定领域有足够数量的从事该专门领域工作的党员，并且不需要召开现场会议。

5. 所创建的工作小组应向中央委员会汇报其活动情况，如果中央委员会认为该小组的目标已经完成，则可随时停止该小组的活动。

6. 当一个党委的党员数量饱和时，管理委员会可建立新的党组。如该党组是地区性的，则只能招募在所在地居住、学习或工作的党员。

第三十五条　党组的权责

1. 了解、讨论、维护、传播和参与党的决议和运动。明确上级管理机构的工作计划并根据环境特点予以执行。

2. 参与制定党的政治路线，提出倡议和工作提案以供上级机构考量。

3. 通过、修改及拒绝所属党委的提案。

4. 了解其所属领域的问题，对问题进行分析，并采取具体的政治举措和行动。

5. 领导群众的斗争以改善他们的生存条件，根据党的目标和原则改变政治和社会状况。

6. 分析政治形势和现有的社会文化组织。根据党组确定的具体政治目标，在上级机构通过的总路线框架内，推动、协调、规划和监督党员对社会活动的参与情况。

7. 制定积极的财政政策，使其能应对党内活动产生的开销，并使该政策对党的财政状况有益。

8. 传播和订阅《工人世界》和《我们的旗帜》，确保党组参加外部活动。

9. 制定入党方案，特别关注职业妇女和党组范围内的西班牙共产主义青年联盟的建立和加强。

10. 组织党员每年上交党员证。

11. 筹办当地的西班牙共产党入党及募款部。

12. 执行上级机构批准的培养计划。

13. 参与上级机构组织的工作战线，并为每个党员分配一个应执行党的路线并汇报工作的具体阵线。

14. 参与党召集或支持的任何动员活动。

15. 在西班牙共产党的目标框架内组织各种文娱活动。

16. 为每个党员分配一个须负责的具体任务。

17. 制定一个干部发展计划。

第三十六条　党组的运作

1. 应管理委员会的要求，或应四分之一党员的要求，党组应举行全体会议，其最短周期为一个月。

2. 在每年的头几个月里，应回收党员证，每年更新党员状态。

3. 每年召开一次大会来审查当年的财务情况，并通过全体到场党员匿名、直接的投票对管理委员会进行选举；如果达成一致的，投票可以用举手表决的方式进行。即将卸任的党委应递交一份评估其活动和工作的报告，并且有一名不属于党组的上级党委成员出席。会上所达成的决议将被记录在会议记录中，并通报上级党委的组织秘书处知悉。讨论结果和相应的会议记录应递交上级党委。

4. 面对某一党组的无作为，上级党委在试图推动其工作，尽可能帮助该党组委员会恢复工作未果后，在最长两个月内应召开特别会议来重新选举党组委员会。

第二章 党的委员会

第三十七条 党委

1. 各级党委经选举产生，在职权范围内创造性地执行党的政策，承担协调和指导党的提案的职能。党委有义务执行和实施经党组和当地及上级相关机构多数通过的提案决议。党委的决议不得与上级机构的决议相冲突。党委的构成应是男女平等的。

2. 每个党委都在组织和政治上隶属于上级机构，上级机构应对其进行政治指导并随时提供协助。在上级机构的指导下，应保证党的组织团结、政治生活的丰富，以及在党的所有组织中，思想、方案、决议和指导方针自上而下、自下而上的不断交流。

第三十八条 党委及其秘书处

党委将设置其认为有必要的秘书处，以便上述机构根据具体情况完成委托的任务。在任何情况下，党组运作需要的负责人和基层书记都由选举产生，如可能的话，除政治书记以外，这些书记还包括：组织书记、财务书记、培训书记、妇女书记、工人运动和社会运动书记或其他书记。

第三十九条 党委的选举

1. 党委的选举通过党的代表大会或该地区的大会完成。不同地区组织的大会将在西班牙共产党代表大会结束后每四年举行一次，党组的普通大会将每年举行一次，其中西班牙共产主义青年联盟（UJCE）将以"政治配额"参会，并有发言权与投票权。

2. 代表大会和普通大会将讨论即将卸任领导层的述职报告以及符合西

班牙共产党代表大会决定的政治、组织和财务文件。

3. 大会将根据两性平等选举标准选举管理委员会。其成员人数将根据各自代表大会或大会明确的政治职能灵活决定。根据本党章第八十三条第五款规定，党委中将有西班牙共产主义青年联盟指定的成员加入，同时有上级委员会在当地入党的党员加入，但上述人员只有发言权而无投票权。无论如何，此类党员数量不得超过西班牙共产党中央委员会的成员人数。如有地区代表，则地区代表的数量不得超过全体代表数量的百分之三十。机构的组成应通过党的传播渠道通报上级机构和下级机构以及全体党员，以保障党员了解西班牙共产党不同机构构成的权利。

4. 特别大会将根据本党章和相关国家及地区组织的规定召开。

第四十条　党委成员的退出

1. 不同党委在当地选举出的成员，如多次（三次无故缺席）缺席会议，将被除名，并由其他选举名单中的候补人员取代其职位。此种因缺席会议而被除名的情况将受制于中央委员会的运作规则。

2. 如出现除名的情况，每个组织都将用代表大会上选举的候补成员替补该空缺。如存在多个选举名单，则该空位将由和被除名人在同一名单的人员替补。如被除名的人数超过一半而造成没有替补的可能时，则应组织新的选举。

第四十一条　党委和党组全体会议的运作规则

党的代表和管理机构的全体会议以及党组的全体大会将根据以下规则运作：

1. 召集机构应至少提前五天将大会通知和日期告知组织或党组成员，特殊情况除外。在特殊情况下，一般为提前二十四小时。

2. 除上一条的特殊情况外，大会文件应至少提前四十八小时发布。在特殊情况下，可提前二十四小时发布。

3. 在大会发布通知后，如欲在议程中添加一项，则党委必须提前至少七十二小时以书面形式向召集机构提出申请。该申请必须得到三分之一的召集组织或党组成员通过。同一机构或党组的每个成员每年只能使用一次该权利。

4. 如果在会议开始时没有达到参会人员的最低法定人数（党委或党组成员人数的一半多一名），则可将大会推迟半小时开始。

5. 作为一般规则，为了大会的顺利召开，将成立一个由召集机构指定成员组成的主席团来主持会议并起草会议记录，列明出席人员名单和相关人员名单、通过的协议、投票结果，以及会议开始和结束时间。该主席团应尽可能将以下任务分派给三人：会议记录、发言记录和主持会议。

6. 在每项流程中，小组成员都应提交待讨论的文件或提案，应至少有一轮干预性发言，并按照发言的长短分配时间。在发言之后，发言人将总结该讨论，并随后由机构或党组进行投票。该流程适用于正式讨论。除此之外，为确保会议效率，针对其他议题还可制定其他特定规则。

7. 除非本党章明确规定的，所有投票都为举手表决形式。

8. 除非本党章指出的，所有决定都将由参会者以简单多数通过。

9. 所有有决议通过的会议都将做会议记录。前次会议的记录将在会议结束后最多一周内发送给组织成员。会议记录将在相应的组织或党组的下一次会议开始时被通过，所有组织成员均可查阅该记录。

10. 应组织三分之一成员或党组四分之一成员的要求，可就特定议题召开该组织或党组的特别会议。该会议请求必须由组织或党组的成员向相关召集机构提出，并在最多一个月内召开会议。组织或党组的成员每年只能签署一份这类请愿书。

第一节　党组委员会

第四十二条　党组的领导

党组委员会是本组织的领导机构。

第四十三条　党组委员会的任务

除下列目标外，党组委员会还有以下任务：增加党员数量，优化组织运作，走近并联合群众，保证将每项任务分配给每个党员，以及集体工作。

1. 组织党组的工作，使其能高效地完成每项任务。为此，委员会将任命必要的书记。

2. 至少每十五天召开一次会议。准备党组的全体会议。将鼓励采用适当的方式来简化委员会会议的参与。

3. 召开党组全体会议，并有议程提案。

4. 做好会议记录，并将记录提交给上级委员会和传达给组织内的党员。

5. 监督党的政策的执行和上级机构决议的执行。

6. 保持与管理机构的联系，以便管理机构了解党组的活动情况和意见，以及使党组了解管理机构的决议。

7. 向党组提供必要的信息以便其开展政治活动。

8. 每个党组都应追踪所管辖的党员动态，党员数据应至少每年更新一次。

9. 使党员了解本人党费缴纳的最新状态，并定期向党组汇报党产账户情况，制作年度收支表。

10. 通过该地区的党员普查。

11. 指定并监督当地的工作计划，使党的政治路线和战略路线适应现实情况。

12. 完成党组卡片，当卡片信息有任何变更时应及时报告。

13. 鼓励设置协助不同书记工作的小组。培养干部参与上级机构设立的工作战线。

14. 组织党媒的传播，确保党媒和党报的日常传播。除了分发给党员外，上述宣传资料还应传播到全社会。

15. 应保持对党员的政治和意识形态的长期培养，应制定一个培养方案来帮助党员提高其参与水平和能力。

16. 努力了解其所处环境和劳工问题，与其组织网络联系起来并鼓励党员参与。

17. 了解党员情况，根据组织内党员在共产主义道德、诚信、纪律性、继承性、党员承诺、理论武装、共产主义实践、主动性、自我批评和对党尊重等方面的优势、能力、状态、投入、培训、言行等情况对党员进行发展。

18. 保持与支持者的联系，以便他们能及时知悉党组的活动和党的政策。

19. 完成年度工作报告，提交党组通过，并递交上级委员会组织秘书处。

第四十四条　集体领导

委员会将在其成员的表决下，从组织内部选举政治书记和其他书记。书记的工作建立在集体讨论和决策的原则基础上。委员会集体向党组和上级机构汇报工作。

第二节 中层委员会（地方、地区、省、岛屿、行业）

第四十五条 中层委员会的结构和权责

中层委员会负责党在其工作区域（地区、岛屿、区或省）的运作。应保证将上级机构的决议传达给基层组织，并了解委员会在党的每个组织中的运作情况。在必要时监督和协助党组的工作，特别是在不活跃的组织中要组织活动和会议。为此，委员会的成员应分布在当地的不同党组中。

2. 应每月举行一次常规会议，其领导和政治委员会会议则应至少每十五天举行一次。在信息、支持、监督、和资产管理方面，中层委员会与党组委员会有同样的义务。中层委员会应向上级委员会汇报工作情况和成果。

3. 国家或地区的组织将成立上述中层委员会以履行其职责。领导机构的会议可邀请直属委员会的政治书记参加。

第三节 国家或地区组织党委

第四十六条 国家或地区组织党委

国家或地区组织党委是当地代表大会间隔期的最高领导机构。其组织架构受制于本党章的相关运作规则。

第四十七条 国家或地区组织党委的权责

西班牙共产党国家或地区组织的权责如下：

1. 根据当地的社会、政治和文化特点，执行中央管理机构的决议。

2. 根据本党章的相关标准，起草关于组织结构和领导架构的法规。

3. 根据组织现状和本党章规定的总路线，建立党的组织。

4. 在西班牙共产党的领导下，明确党在政治融合、工会运动、社会运动和其他领域的总体政策和决议。

5. 根据西班牙共产党的总体政策，制定每个国家或地区组织在特定领域的政策。

6. 通过当地的党员普查，保证西班牙共产党入党及募款部的正常运作。

7. 对下级党委进行政治领导。

8. 保证组织的正常运作和对相关决议的遵守和执行。

9. 在职权范围内，制定和实施西班牙共产党中央委员会有关政治、组织和财政的决议。

10. 随时让全体党员知悉西班牙共产党中央委员会的所有协议和决议。

11. 在不影响本党章第三十三条规定的情况下，解决下级机构之间可能出现的冲突。

第四十八条 国家或地区组织的代表大会

1. 国家或地区组织的普通代表大会须在发布开会通知后三个月内召开，并向党员发送西班牙共产党代表大会通过的文件。具体执行规定见本党章第二十七条。在大会通知上还应确定中层委员会（如果存在的话）的大会时间，其应在国家或地区组织大会召开的同月召开，可使用与代表大会相同的党员普查数据。同样，党组应在其上级党委召开大会的当月召开各自的大会。

2. 国家或地区组织代表大会的代表席位的分配由缴纳党费的党员平均数来确定。

3. 大会文件应根据每个国家或地区组织的特点，详细说明西班牙共产党代表大会已通过的政治、组织和财务决议。

第三章 党的领导机关

第一节

第四十九条 西班牙共产党领导机关的权责

西班牙共产党的领导机关的权责如下：

1. 制定并明确党的政治路线和战略路线，制定工作重点。

2. 在党的代表大会上，制定和通过西班牙共产党的党章。

3. 在党的政治融合、工会运动和社会运动中确立党的工作路线，并按照民主集中制原则开展行动。

4. 在国际关系和组织中，以及在党参与的国家间的政治活动中，拥有代表西班牙共产党的专属职能。

5. 在法律和组织上代表西班牙共产党。

6. 规范西班牙共产党的入党及募款部的运作和发展，保证西班牙共产党党员普查结果的准确性。

7. 领导机关拥有组织赋予其的权力，拥有对向第三方转移党产的法律行为的领导权。

8. 规范西班牙共产党的财政政策及党产，收取党费并批准相关人员的聘用以便为党提供服务，由此确保党拥有适当的人力和财力来实现其在各个地区的发展。

9. 中央委员会应保证西班牙共产党各组织的政治运作所需的最低基本需求，因此需要制定一个统一的经济政策，使西班牙共产党的各组织能够在平等条件下实施各个机构所通过的各项政策。

10. 维护党员的权利并在必要时提供法律辩护。

11. 要求各下级委员会制定提交账目和资产负债表的原则并建立相应机制来确保该原则的执行。

12. 确保各下级机构和党组所做讨论及所得结论能够传达到位。

13. 为有需要的大区或民族地区党组织提供协调和咨询服务，并根据各地区情况为其提供相关文件、资源和材料，以支持其维权活动。

14. 通知大区或民族地区党组织的各级委员会，使其知晓各级党组织内部所采纳的决定，并告知涉及西班牙共产党政治路线领导的全部信息，且每年向各委员会抄送一份党的管理总结。

15. 编辑、出版、领导并监督《工人世界》以及认为适宜的其他刊物。

16. 组织西班牙共产党党庆并确保其政治成功，该活动由西班牙共产党党庆秘书处负责。

第二节　党的代表大会

第五十条　西班牙共产党代表大会

西班牙共产党代表大会是西班牙共产党的最高领导机关。分为普通代表大会和特殊代表大会。

第五十一条　代表大会的召集

1. 普通代表大会每四年召开一次，除非遇到不可抗力因素。大会由中央委员会召集并决定召开日期、时长和讨论规则，这些规则应遵照本党章第二十七条的规定。

2. 确定要召集会议之后，该决定将通过西班牙共产党及各大区或民族地区党组织的媒体进行公布，并在所有党组织之间展开讨论。为此，各组织应当在大会召开前至少提前四个月准备好讨论材料和制定的方案，以确保能顺利展开讨论，提出批评意见、修改建议及可替代提案等。各媒体应将在有效时间内将提交给他们的这些材料、意见和建议等公布出来。

3. 大区或民族地区党组织、国外组织、加泰罗尼亚统一社会党和西班牙共产主义青年联盟等党组织的代表大会在西班牙共产党代表大会的框架下按相同的程序进行，同样为普通代表大会，分两个阶段召开。

（1）第一阶段用于讨论供审议的报告并选举西班牙共产党代表大会的代表。

（2）第二阶段在西班牙共产党代表大会的文件公布后的三个月内进行。一旦超过了该期限且尚未召开相应的代表大会，原负责的领导机关将失去该权力并由中央委员会召集大会。若有不可抗力因素存在，应按照规定及时告知中央委员会并由其决定延期事宜。

4. 如果中央委员会批准在西班牙共产党代表大会召开前举行某一大区或民族地区党组织的代表大会，则该代表大会应在西班牙共产党代表大会召开后举行二次会议以调整相关政策和组织，使其符合西班牙共产党代表大会上批准的内容。

第五十二条　管理报告

党的各机构应当在各代表大会讨论会的框架下递交管理报告，其中应分析各秘书处和领导机关在其管辖范围内所实施的具体政治工作，以便各基层组织对该报告及相关政策文件一同进行分析。

第五十三条　意见平台

中央委员会负责批准并协调用于代表大会讨论会的意见平台的建立途径。

第五十四条　特殊代表大会

特殊代表大会的召集由中央委员会提出，或至少由三个大区或民族地区党组织提出，且需构成西班牙共产党党员的三分之一。如果没有达到这一比例，该请求将被公布在西班牙共产党的媒体上，以便其他党组织加入其中，直至达到要求的比例，公布期限为一个月。如果在规定期限内未达到该比例，中央委员会将认为该请求无效，且不可在六个月内再次提出。

第五十五条　代表大会的组成及代表的选举

1. 选任代表团：在各大区或民族地区党组织各自的代表大会上事先选出的代表团。这些代表在各代表大会上的数量和分布根据第二十七条的规定来确定，即按照自上一届代表大会以来党费缴纳的平均人数来计算。

2. 当然代表团：中央委员会的成员，在任何情况下都不得超过将要选举的代表总人数的百分之五。

3. 由中央委员会商定的针对移民组织、加泰罗尼亚统一社会党和西班牙共产主义青年联盟的代表。

4. 以上代表的选举将通过平等一致的封闭名单来进行，即使名单不完整，只要有至少百分之十的出席代表支持即可。最终代表团的组成按照投票比例来确定。

第五十六条 透明和公开传播

代表大会的召开应在社会媒体上最大限度地保持透明并公开传播，且应符合现行的法律规定。

第五十七条 代表大会领导委员会

主席领导委员会在大会开幕式上进行选举，由各代表团中的一名代表和中央委员会提议的一名人员构成。该主席领导委员会将承担起对党的领导责任，直到新一届中央委员会被选出，但首先应批准由中央委员会提出的大会规章制度。出席大会各项会议的人员有：受邀者，中央委员会提议的人员，能够对一般议题提供技术支持的党员，以及其他党派、代表团或机构的成员。

第五十八条 西班牙共产党代表大会的职权

1. 制定并通过党的战略路线、政策提案、组织提案和财政提案，以及批准或修正党章。

2. 制定、更新并通过西班牙共产党的宣言纲领。

3. 讨论并通过（需要时）中央委员会的管理报告。

4. 制定、提交并通过经济管理报告和财政计划报告。

5. 确定中央委员会的委员和候补委员人数。

6. 通过秘密、直接和个人投票，选举中央委员会的委员和候补委员。这些候补委员按照其顺序，将作为有效成员纳入委员会，并在有空缺职位时填补空缺。候选人名单将按照代表大会的规章制度提交，采用平等一致的名单。

7. 选举党章委员会和财政咨询委员会的成员。

8. 解散本党。要解散本党，需明确此代表大会是专门为该目的而召开的，且最终决定要由十分之九的多数代表通过。在这种情况下，应任命一个清算委员会，负责取消相应的登记并将剩余的资产交给一个代表工人阶级利益的非营利性的机构或组织。

第三节　中央领导机构

第五十九条　中央委员会

中央委员会是各代表大会中党的最高领导机关，最大程度上承担各代表大会决议和各政府会议决议所派生出的义务，此外还要承担所有相关义务来推动党的政策发展并使所有成员和机构注意相互协调配合。作为政府机关以及党的代表、行政和立法机构，中央委员会拥有法律赋予的最广泛的不受限制的权利，用于实施任何法令或进行法律谈判，并在各级法院和司法机关以及各类公共行政部门前具有完全行事能力，能够授予或废除各类权力或党的各机关的有关职权，具体来说，即作为西班牙共产党法定代表的秘书处的职权。

第六十条　中央委员会的职能

中央委员会的职能如下：

1. 领导西班牙共产党的政治工作；

2. 组织并召集西班牙共产党代表大会；

3. 在第一次全体会议上批准西班牙共产党总书记；

4. 从中央委员会成员中选出政治委员会成员，并在这些成员中根据总书记的提名选出担任党的经济财政书记的人员；

5. 组织全体党员针对重大问题进行公民投票；

6. 评估西班牙共产党的政治动向；

7. 监督西班牙共产党党章以及在党的所有组织框架内通过的政策路线的恰当执行；

8. 批准总书记提出的职能分配；

9. 讨论并通过或拒绝总书记以政治委员会全体成员和各大区或民族地区党组织总书记的名义提交的报告；

10. 提议并领导关于自身组织或国家级重大事项的政治讨论；

11. 通过西班牙共产党的年度预算表和资产负债表，该表应在法定期限内提交给审计法庭；

12. 填补包括总书记在内的政治委员会内部产生的职位空缺，直到下届代表大会召开时为止；

13. 每年向全党提交一份管理总结，以便通过各下级委员会进行宣传；

14. 通过或修改西班牙共产党入党及募款部运作的规章制度；

15. 定期接收各国家和地区组织的政治活动和运作情况的有关信息；

16. 本党章各条款中规定的其他方面的具体职能。

第六十一条 中央委员会的组成

中央委员会最多由一百人组成。其人数由西班牙共产党代表大会确定。中央委员会的构成如下：

1. 在代表大会中选举出的成员，此类成员应不少于委员会总人数的百分之七十。

2. 各大区或民族地区党组织、国外组织、加泰罗尼亚统一社会党和西班牙共产主义青年联盟的书记。

3. 各大区或民族地区党组织、国外组织、加泰罗尼亚统一社会党和西班牙共产主义青年联盟的代表。这些代表由各自的委员会通过平等一致的名单按党员人数比例选出，其选举和撤销程序根据各组织的规章制度来决定。

第六十二条 中央委员会的运作制度

1. 每年至少召开六次会议。

2. 具备一套运作制度来规范全体委员的行为和各支部委员会的运作，以便进行各项讨论。各支委会商定的提议应由全体委员投票决定。

3. 建立其认为必要的工作委员会。

4. 各项会议应由政治委员会成员组成的领导委员会来主持召开。

5. 中央委员会的正式召集应包括所涉及事项的议事日程以及调整后的会议讨论的时间和安排的最新提议，并应当由政治委员会全体成员和西班牙共产党各组织的总书记提前足够的时间予以通过。特殊情况下可由政治委员会召开。

6. 所有的会议都应做会议纪要，其中应明确记录已采纳的决定。这些会议纪要应在中央委员会下一次会议开始时通过，并以电子邮件的形式通知全体成员。

7. 与所涉及事项有关系的受邀人员可参加会议，有发言权但无表决权。

8. 各项最终决定应在最多二十一日的期限内通知到西班牙共产党的各

级党组织。

9. 各大区或民族地区党组织应在最多十日的期限内将上述决定通知其党员。

第六十三条　西班牙共产党的代表会议

1. 代表会议由中央委员会召集，用于讨论并进一步提出对有关专题性话题的建议。西班牙共产党的代表会议无权进行各机关的选举，也不能决定党章中有严格规定的问题。

2. 可参加代表会议的人员有：中央委员会成员，每个大区或民族地区党组织选举出的成员，国外组织、西班牙共产主义青年联盟和加泰罗尼亚统一社会党的代表，这些参会代表的人数由西班牙共产党中央委员会确定。与讨论话题有关的人员可应邀参加会议，有发言权但无表决权。

第六十四条　政治委员会

1. 政治委员会在中央委员会闭会期间保证党的领导任务的执行并对中央委员会负责；跟进秘书处的工作并讨论政治专题及政治局势。与各党组织书记一同召集中央委员会各项会议，并向中央委员会提交要讨论的问题和总书记的报告。

2. 政治委员会由总书记和中央委员会中的一个当选党组构成，该党组包括各秘书处和各区域的负责人，其构成应保持均衡。政治委员会的人数最多不得超过中央委员会成员总人数的百分之三十。每月至少召开两次会议。

第六十五条　秘书处

1. 秘书处负责保证党的日常运作，准备并召集政治委员会的各项会议。

2. 秘书处由总书记和各区域负责人构成。

第六十六条　总书记

1. 总书记将从代表大会的当选成员中进行选举，并于中央委员会召开的第一次全体会议上采用简单多数制批准通过。

2. 总书记负责保证集体工作的领导和协调：主持中央委员会、政治委员会和秘书处的各项会议，特殊情况下可授权中央委员会的其他成员来主持上述会议。

3. 经中央委员会授权，总书记可行使第五十九条中规定的职权，包括作为西班牙共产党法定代表的职权。在西班牙共产党公开运作期间，总书记是其最高代表，代表大会召开期间除外。

第六十七条　西班牙共产党主席

经秘书处提议，可设立西班牙共产党主席这一职位，其具有中央委员会所规定的职权。

第六十八条　中央委员会书记

如果中央委员会认为合适，可任命中央委员会书记，由其在总书记缺席并授权的情况下负责主持中央委员会和政治委员会的各项会议。同样，内部区域负责人应承担起这些任务。

第六十九条　党章委员会

党章委员会是负责根据本党章的规定，并利用其咨询权和法规解释权来维护党员及党的各机关的各项权利。其运作应遵循下列规定：

（1）在解决冲突和决定惩罚措施的过程中，党章委员会可进行干涉。其职能是咨询性的，即就有关党章解释和与党章相关的审判行为的评价发布报告或给出意见。

（2）其报告或意见是没有约束力的，但在任何情况下，有关权力机关在做出决议和说明时都应当考虑这些报告和意见。它们的发布可由党员、各党组、各委员会或党的各级领导机关，以及党章委员会自身的职员提出申请。

（3）为了确保其独立性，党章委员会的成员不得加入国家领导机关。其人数由选举其成员的代表大会来决定。

第七十条　党的法律部

为了保证党章委员会所需的适当的技术援助，以及各党组或党委在行使惩罚权时需要的技术援助，西班牙共产党中央委员会应成立一个党的法律部。该部门的职责之一即对法律领域内的组织、司法或行政程序中的辩护准备提供咨询服务。

第七十一条　性别暴力预防、监管和行动委员会

无论是在国家范围内还是在西班牙共产党的各大区或民族地区党组织范围内，都应设有性别暴力预防、监管和行动委员会。其职责为确保中央委员会反性别暴力行动议定书的履行和实践，且应具有自己的处理程序、预防措施、行动期限和决议，并附在本党章后。

第七十二条 财政咨询委员会

1. 为了开展党的财政咨询并正确履行审计职责，西班牙共产党代表大会应任命一个具有技术性和咨询性的委员会，其职能如下：

（1）审核提交的账目和资产负债表，指出其中的错误或不完善之处。

（2）检查财政预算和计划，报告其中的偏差或错误。

（3）就经济、财政、党产保护或该领域内的任何其他相关措施提出可能的改善建议。

（4）每年进行政党财政法所要求的审计。

（5）保证有关权力机关的账目收益。

2. 为了编制报告，委员会应得到财政政策委员会提供的准确数据。

第七部分　党的财政和行政管理

第七十三条 党的财政

1. 西班牙共产党的财政应遵循节俭、经济透明原则，监管预算，并执行全体党员共同责任制。党应当尽量做到经济财政自给自足。

2. 西班牙共产党的经济资源来自党员根据本党章规定缴纳的党费，党员或支持者的自愿资助，为帮助党的财政而开展的活动，党产收益，政党财政法中预计的收入和通过现行财政议定书参与政治融资项目获得的收入。同时，党应开发可替代性财政来源作为主要的财政自足的办法。

第七十四条 党费

1. 党员应缴纳的党费金额由中央委员会确定并作为附件纳入本党章。

2. 党费的分配比例按照下列标准执行：百分之二十五分给中央委员会，百分之七十五分给各大区或民族地区党组织，这些组织应根据其法规和决定，在各自的架构内决定如何分配这部分党费。

3. 根据财政政策委员会的申请，中央委员会可修改党费的金额和分配比例。

第七十五条 党费的管理

1. 中央委员会通过西班牙共产党入党及募款部负责党费的收取及后续的分配。

2. 所有组织都必须具备一个专用于党费的活期账户。

第七十六条 党的各架构的财政

1. 在党的全部组织（普通的和特殊的）获得的所有收入中，应当取出一部分用于资助高层架构。

2. 党的财政应尽量采取财政集中制及区域间统一制，尽可能优先考虑西班牙共产党在全国范围内政策和组织发展的团结性和平衡性。

第七十七条 党产

1. 党产包括动产和不动产、账目、存款、党的历史档案、艺术作品等，以及其名下或任何属于该党的大区或民族地区区域党组织名下各自登记簿上所记录的经费。

2. 中央委员会作为各代表大会中西班牙共产党的最高机关，将负责管理党产，为此，应随时清点党产。

第七十八条 监管和透明

1. 西班牙共产党根据年度预算来实施工作计划，确保其可行性。该预算应在第一季度内由中央委员会批准通过。中央预算一经通过，党的各个架构即可批准各自的预算，在财政年度结束前通过相应的财政收支平衡表确定那些已达成经济分配协议的款项。中央委员会将确定党的所有组织制定预算的执行依据和通用标准。

2. 西班牙共产党所有地区组织都应有一个年度收入和支出预算，该预算应由相应的委员会在每年最后两个月内批准通过。预算通过六个月后，将对其执行情况进行评估，同时报告财政收支平衡表。预算、执行情况评估和最终的收支平衡表都应发送给所有下级和上级架构。

3. 西班牙共产党通过唯一的一个财务计划来整理汇总其账目，党的所有组织都依据该计划来工作。

4. 账目的管理、计算和收益制度应符合现行法律的规定，尤其是政党财政组织法中的规定。按照其适用的具体法规，该制度的相关文件应由记录簿、财产清单簿和账簿构成。

5. 透明是管理中央委员会和全部党组织的财政的原则之一。中央委员会和各大区或民族地区党组织应在年度收入和支出预算批准后最多两个月的期限内，在西班牙共产党的网页上公布年度预算及其执行情况、汇总的账目、审计报告和所有与该问题相关的文件。

6. 应编制一个财政可行性计划，尽可能详细地分析党的经济状况，既要注意本党所得收入，又要注意本党所产生的支出，尤其要注意拨款问题，无论是对党的各地方部门的拨款还是对党的政治活动所产生的开销的偿付。

第七十九条　财政政策委员会

1. 为执行预算并批准支出，应成立一个财政政策委员会，该委员会由中央委员会的财政书记和各大区或民族地区党组织、国外组织、加泰罗尼亚统一社会党和西班牙共产主义青年联盟的财政书记构成。

2. 财政政策委员会应在下一年的第一季度内向中央委员会提交账目收支平衡表，以便在法定期限内由中央委员会批准并由审计法庭给出审计意见。

3. 其职能包括：

（1）提交预算供批准；

（2）提交账目收益；

（3）讨论并批准中央委员会的支出；

（4）向中央委员会提交预算修订案。

第八十条　党的聘用人员

1. 为了确保党的日常运作，除了党员的志愿工作外，部分党员必须完全投身于党的工作。

2. 这些党员的挑选和撤职都由其将要去工作的党组织的委员会负责，但应提前通知省委员会、岛屿委员会、大区或民族地区委员会和中央委员会并获得批准，其中应考虑的标准包括工作能力、献身精神、身为党员的行为举止和个人情况。此人与党的关系应符合劳动关系或职业关系的一般规定。其可获得规定的工资和一份聘用合同，当聘用此人的机关任期结束时合同即可终止。

3. 针对技术和行政管理人员的挑选，应建立必需的机制来保证能力、平等、价值和公开等标准，且要求此类人员至少具备一年党龄。

4. 技术—行政管理工作应由政治上值得信任的人员来开展，且不与此人自身从事的政党活动相矛盾。与任何其他不收取党的经济酬劳的党员一样，此类人员同样可以有独立自主的政治观点。

5. 被提议派到各级机构的西班牙共产党的成员，与完全投身于党的工作的同志一样，会得到相同的尊重。

第八部分　违纪行为、处分程序和
内部冲突的解决

第八十一条　违纪行为、处分程序和内部冲突的解决

违纪行为、处分程序和内部冲突的解决在本党章的附件中有规定。

第九部分　加泰罗尼亚统一社会党

第八十二条　加泰罗尼亚统一社会党

1. 加泰罗尼亚统一社会党，是西班牙共产党在加泰罗尼亚的有关政党，它是一个独立党派，是西班牙共产党的兄弟党。

2. 加泰罗尼亚统一社会党在参与西班牙共产党领导机构的相关事务时，应得到与各大区或民族地区区域组织相同的对待。

3. 加泰罗尼亚统一社会党的党员可以构成西班牙共产党领导机构的一部分，在参与相关事务时与其他党员具有同样的权利和义务。同时，根据双方领导的共同决定，西班牙共产党可以参与加泰罗尼亚统一社会党的代表大会和会议及其领导机构的各项会议。

4. 住址固定在加泰罗尼亚的西班牙共产党党员将构成加泰罗尼亚统一社会党的一部分，同样，住址固定在西班牙其他地区的加泰罗尼亚统一社会党党员也将加入西班牙共产党的组织。

5. 西班牙共产党和加泰罗尼亚统一社会党之间的具体关系通过各自领导批准的议定书来明确。

第十部分　西班牙共产主义青年联盟

第八十三条　西班牙共产主义青年联盟

1. 西班牙共产主义青年联盟是西班牙共产党的青年组织，在组织上是独立的，可自主对青年执行西班牙共产党的纲领和政策，参与这些纲领和政策的制定并根据其中的决定统一行动。同时，还可根据其职权自主执行西班牙共产党组织批准的政策，但这并不意味着降低其行动的统一性。

2. 西班牙共产主义青年联盟的目的是引导并组织进步的、革命的、民主的工人青年和学生青年，并作为党的未来队伍的培养学校。西班牙共产党与西班牙共产主义青年联盟一同处理工人和学生青年的问题，共同工作，以便发展其构建具有战斗精神的青年运动的战略。

3. 西班牙共产主义青年联盟将被视作西班牙共产党的组织，可根据中央委员会制定的法规参与各级组织的活动。

4. 西班牙共产主义青年联盟的成员，根据其代表大会的规则，没有双重党员身份，除非西班牙共产党和西班牙共产主义青年联盟的领导达成了协议，因此，他们应按照西班牙共产党代表大会和各项会议进程中的一般规则，在西班牙共产主义青年联盟的范围内参与党内事务。同时，根据双方领导的共同决定，西班牙共产党可以参与西班牙共产主义青年联盟的代表大会和会议及其领导机构的各项会议。

5. 西班牙共产党有义务在所有没有西班牙共产主义青年联盟的地方推动该联盟的发展，并用恰当的方式支持其工作。西班牙共产主义青年联盟的政治书记构成党的相应领导机构的一部分，因此，西班牙共产主义青年联盟的总书记是中央委员会、常务/政治委员会和秘书处的成员。西班牙共产主义青年联盟的席位由西班牙共产主义青年联盟和西班牙共产党的领导提前协商决定。

6. 西班牙共产主义青年联盟的成员不能被选为西班牙共产党的领导机构成员或该党的代表，除非西班牙共产党和西班牙共产主义青年联盟的领导达成了一致。

7. 西班牙共产党和西班牙共产主义青年联盟之间的具体关系通过各自领导批准的议定书来明确。

第十一部分　国外组织

第八十四条　国外组织

1. 国外组织由西班牙共产党在国外的组织架构构成，其在党章和组织效力上相当于西班牙共产党的一个大区或民族地区党组织。

2. 因弗朗哥期间和近期在西班牙资本主义制度危机影响下而产生的移民危机所引发的各种移民潮，西班牙人向国外的移民不断增加，而其中的共产党员无论来自哪一大区或民族地区组织，都应被纳入共产党国外组织，使其为西班牙共产党在国外的党员提供组织、政治行动和斗争服务。

3. 国内各党组的负责人将奉命同西班牙共产党中央委员会和西班牙共产党的国外组织沟通其成员向国外迁移的问题，以便帮助他们通过国外组织来保持其党员身份的连续性。

4. 如果有一部分党员因位于同一个国家或靠近同一个具体地区或党员工作区域而有能力组建一个党组，则可以组建该党组，作为从属于国外组织的共产党基层工作机关。

5. 如果在上一点提到的大区或民族地区中有可能在一个国家组建不止一个党组，那么可以组建这些党组并直接从属于一个专为该大区或民族地区成立的中层协调委员会，由该委员会负责跟党在国外的架构协调：由此便构成了一个最多三级的架构。

6. 上一点中提到的中层委员会应尽可能由该大区或民族地区的所有党组的党员构成。

7. 国外组织的组织架构和领导架构应遵循本党章的各项方针，并依照纳入本党章的规章制度来进行延伸，国外组织的架构应由国外组织在本党章规定的期限内通过召开会议或代表大会来决定，并由中央委员会予以批准。

8. 中央委员会应提供便利条件来帮助西班牙共产党国外架构的各位负责人至少每年召开一次会议。

附加条款

第一附加条款　为了规避风险，不让所谓的规则漏洞影响该规则效力的充分发挥，党的中央委员会或各大区或民族地区党组织的委员会，面对任何本党章中没有充分预见到的情况或假设，必须采取行动并解决问题。在这些情况下，其行动应当遵守党的原则、党章的精神及其最终解释，并应事先听取相应级别的党章委员会的意见，但该意见是咨询性的，不具有法律约束力。

第二附加条款　本党章中影响党、党组织或党员与党外组织的关系的规定，即做出承诺、限制职能或出让职权等规定，无论是社会运动、公民运动领域的，还是工会运动或政治—社会集会领域的党外组织，都根据其实际可行性来执行。在特定例外情况下，若与党的意志不相符，中央委员会可承认其特殊性并同意不执行上述规定，同时在其年度总结报告中记录这些具体情况。

第三附加条款 西班牙共产党规定在其办事处以及党在封闭或非露天的场所进行仪式或宣传活动中禁止吸烟。同时，规定各级领导机构遵守该规则的具体义务。

第四附加条款 西班牙共产党依据 2015 年第三号法律第九条附以及现行刑法第三十一条附，通过党章确保建立适当的犯罪预防体系，保证在完善预防犯罪及违法行为的监控机制的过程中，坚持独立原则、透明原则和良好的管理。该机制的完善将通过建立规章制度来实现。

过渡条款

第一过渡条款 中央委员会应在最长六个月的期限内商定一个行动议定书来预防党内的性别暴力。

第二过渡条款 西班牙共产党代表大会召开前六个月，财政政策委员会应向中央委员会提交一份有关党费和党的财政问题的各个方面的运作议定书提案供其批准。

第三过渡条款 用于召开将在西班牙共产党第二十届代表大会第二阶段会议上召开的各大区或民族地区代表大会的规则，应当受西班牙共产党第十九届代表大会上通过的党章规定的约束。

第四过渡条款 针对国外组织会议的召集，应从每一现有国外组织（德国、比利时、法国和卢森堡）中选出一名成员用来成立一个委员会。在召集国外组织会议期间，应维持当前的各个国外组织。

第五过渡条款 区际一致性。中央委员会应在最长一年的期限内制定一个具体计划，用于建立人力资源和财政资源再分配机制，从而使得西班牙境内没有任何区域因资源不足而导致政治活动薄弱。

第六过渡条款 党的网页应自第二十届代表大会召开之日起尽快更新，为此，应有党员自愿、无私且免费做此工作，且应得到必要的培训并具备所需的经验来正确完成此工作，沟通秘书处负责协调并提供所需机械。在可能范围内，应尽量使用仍闲置可用的设计图、工具和软件语言。应调用、聘请所需人员并提供必要的经费来配备一个现代化、有吸引力、安全、开放、透明的响应式设计网页。通过各区域组织的沟通秘书处，上述党员可保持网页处于更新可用状态并可添加及修改网页内容，但应始终处于沟通秘书处和（或）有关权力机关的领导和监督下。

最终条款

本西班牙共产党党章自列入议定书并进行政党登记注册之时起开始生效。

党章附件

附件一　关于违反党纪、处分程序和内部冲突解决办法的规定

第一章　关于个人违纪行为及处分程序

第一条　党内一般处分的宣判由从党组全体会议到中央委员会的党的各级领导机关负责。

第二条　如果党员的行为或疏忽是有意违反党的原则、不履行党章规定的义务，或损害其他党员的权利或对其他同志进行人身或言语攻击，将受到处分。

党内拟定的各种处分的目的是维持其正常运作，并在党章和法律框架内保证党员的法律安全，同时，重建可能被损害的公平并更正党组织成员有意触犯党章而做出的应受到指责的行为，从而在党的原则和统一下，尽可能为实施处分的正常化和合法化提供便利。

第三条

1. 违反党纪可分为三等：轻微，严重或特别严重。

2. 本规定第二条描述的行为，根据有关权力机关的判断，若因其反响和影响较小，几乎没有对党及其成员造成伤害，则构成轻微违纪。

3. 本规定第二条描述的行为，根据有关权力机关的判断，若已对党或其成员造成了一定程度的伤害或损害，则构成严重违纪。其他行为，尽管其本身被认定是轻微违纪，但若无视所受处分并继续违纪，仍构成严重违纪。在所有情况下，违反党章第二条第九款、第十六条第（10）项、第十

七条第（8）项和第（11）项、第十八条第三项和第七项以及第二十二条的行为都将被认定为严重违纪。

4. 本规定第二条描述的违反党章的行为，根据有关权力机关的判断，若已对党或其成员造成了不可逆转的或极其严重的伤害或损害，或反复发生严重违纪行为，以及在所有情况下，党章第二条第八款、第十七条第（8）项和第二十三条中描述的行为和触犯党的财政和财产利益的违法行为及因一项与腐败有关的罪行而被司法判处刑罚的行为，均构成特别严重违纪。

第四条　如果处分程序不符合党章规定，任何人都不得受处分。

第五条　党内的处分程序遵循合规、平等、典型、按比例、具体、无追溯性的管理原则，除非对被告更有利，推断其无罪，则有权要求对审，在审理和判决阶段出庭听讼、二次上诉，使违反党章的不法行为和诉讼失效。

第六条　在任何情况下，政治讨论中的意见分歧或多数派与少数派间的相互关系都不会导致处分。

第七条

1. 在所有情况下可能的合理处分包括：

（1）警告，用于轻微违纪；

（2）撤销领导职务，用于严重违纪；

（3）取消参选领导职务或代表的资格，期限从两个月到两年不等，用于严重违纪；

（4）中止党员身份，三个月到十二个月不等，用于严重违纪；

（5）中止党员身份，从一年零一天到两年不等，用于特别严重违纪；

（6）开除党籍，专用于特别严重违纪。在所有情况下，因犯下与腐败有关的罪行而被依法判处刑罚的行为，最典型的如本规定第三条第四款中定义的特别严重违纪，都会受到开除党籍的处分。

2. 如果在本规定第二条和第三条描述的行为中有减轻罪行的情节，可减轻处分，处罚机关甚至可以将这些行为的严重程度认定为更低一级。相反，如果发生加重罪行的情节，应加大处分力度，处罚机关甚至可以将这些行为的严重程度认定为更高一级。

第八条　只有当劝说或批评未改正应受指责的行为，或该行为已不可能改正，当事人既不进行自我批评，也未对已造成的伤害做出满意的修复时，才会进行处分。在所有情况下，这只在任何纪律程序开始之前需考虑，一旦开始了该程序，之后进行的"自我批评"或"修复"都只能视作减轻处分的最终考量。当受影响的人在心理层面受到伤害时，为了做到对已造成的伤害做出令人满意的修复这一考虑，这些心理层面的伤害应当是可以证明的。

第九条 施加处分时应考虑违纪行为的严重程度。本规则第三条第二款中指出的处分对应的是轻微违纪，因此该类处分的决定无须党组的指示或相关人员所属机关的指示，只需进行审讯程序。在所有情况下，该处分也可作为向上一级机构上诉的对象。

第十条 其他情况下的处分程序遵照下列条款。

（1）启动处分调查程序。若违纪行为仅涉及当事人职权范围内的活动，则处分调查程序的启动在其所属的委员会或更高一级的委员会的提议下，由党组负责办理。

（2）若违纪行为涉及比党组更广的范围，则启动处分调查程序的职权应直接归属领导范围更广的委员会。若被调查人从属于不止一个领导机构，则有权启动处分调查程序的机构应向其所属的其他机构做出书面通知。

（3）如果某一党组或机构在上级机构要求其启动调查的情况下消极办事，不推进针对有关违纪行为的调查程序的启动，此要求提出超过一个月后，该上级机构将有权启动该调查程序。

（4）决定启动一项调查的党组或机构应立即在其内部任命一位指导员。

（5）该指导员一旦接受了被任命的职务，应立即将此事告知被调查人，提醒此人相关的处分调查程序已启动，并可着手进行其认为合适的全部调查、侦察和询问，随后应向被调查人发送一份指控文件，其中说明归罪于此人的事实、所依据的证据或迹象、适用于本案的党章规定及所规定的答复期限，使其知晓在此期限内被调查人可提出对维护其权利有益的证据。

（6）处分调查的审理期限为两个月，自指导员被任命之日起至向被调查人通知指控文件之日时为止，因此被调查人有两个月的答复期限来为自己辩护并提出其认为合适的证据。

（7）被调查人拒绝接受已确凿无疑发给此人的指控文件或未在规定期

限内做出答复都不会使调查程序停止。

（8）在任何情况下，指导员都可以在有理由的情况下发出延长期限的指示，但延长期不得超过三个月，同时指导员需将此指示通知已启动调查程序的机构，说明原因是调查任务增加，需要对被调查人提出的相关证据进行核实，或者指导员本身正式决定要改善所提供的证据。

（9）一旦收到辩护文件，指导员应随即按照听证手续传唤被调查人，核实其认为有用的证据，并在收到该文件最长一个月的期限内或在该期限结束时（如果被调查人不反对）给出判决意见。

（10）审理期结束后，指导员应将理由充分的判决意见发送给先前决定启动调查程序的机构的全体成员，而该机构应在收到判决意见后三十日内召开会议。该机构将在其第一次会议上以简单多数制进行表决，决定是否对被调查人给予处分，或暂时结案，或因证据不足终止审理。指导员不能参与该机构的表决。其他成员如果不同意大多数人商定的决议，可投少数票。一旦在调查案件中落实了最终判决意见，应立即通知被调查人和其所属的组织。

（11）在处分程序中，将采用法律上普遍认可的质证方式来证实相关事实。

（12）调查方在做出判决意见时应考虑到在犯罪事实中可能出现的赦免罪行、减轻罪行或加重罪行的情况，而这应根据党章中是否有明确的表述来执行，并且在任何情况下都需遵照西班牙法律认可的情况。

（13）针对这些处分，可在一个月的期限内向直接上级委员会提出上诉，而该委员会应在两个月的期限内做出二审。该二审判决将作为最终判决，除非对被调查人的判决为开除党籍。在该情况下，应经中央委员会批准后才可作为最终判决。

（14）上诉的介入将中止处分的执行，除非已商定预防性措施及其期限。

第十一条

1. 为了确保对二审判决进行上诉的原则的执行，无论一审如何，如果一名党员的行为影响重大，致使其案件应由党的中央委员会来调查，那么应由政治委员会负责重新启动调查程序并在后续阶段做出一审判决。该委员会应根据本法规第十条（4）项的规定任命一位指导员，并根据该条款中所述的常规程序展开调查。

2. 如果有针对上述判决的上诉，则该上诉应由中央委员会全体会议在二审中进行审理。该会议通过在该程序中有表决权的与会人员的绝对多数票做出判决，而这将是最终判决，不再接受任何上诉。参加了一审的政治委员会的成员及被调查人都不得参加此次表决。

第二章　关于无须启动处分调查程序的党的内部冲突的解决

第十二条　按照党章规定，全体党员应尊重并服从党的机构依法做出的各项决定，且下级机构有义务服从上级机构的决定，在不违反以上规定的前提下，在党内仍有可能就职权、对法规和决定的解释以及党组织、机关或党员权利等问题产生冲突。

（1）如果在各机关内部、各党组织内部或机关与党组织之间产生冲突，只要没有下属机关对各方进行调解，则由冲突各方专门为此任命一个委员会，其中各方代表人数相同，之后以讨论和说服的手段来解决冲突。

（2）在其中一方说明冲突并通知其他各相关方和各方的共同直接上级机关后，每一方有十五日的期限来任命其在委员会中的代表（人数应相同），而委员会有一个月的期限来达成协议。该委员会的成员人数由各方的共同直接上级机关来确定。

（3）如果该委员会内部未能达成协议来解决该冲突，则由冲突各方的共同直接上级机关来解决冲突，期限为一个月。

（4）如果在上一款所考虑的假设情况中，冲突一方是任何级别的党章委员会，则由西班牙共产党中央委员会来解决冲突。

（5）如果一名党员认为某一组织、某一机关或另一名党员损害了其权利或违反了党章或各机构所做决定中的规定，且不需要启动处分调查程序，则该党员可以向被投诉人的直接上级领导机关进行相应的投诉，该领导机关有一个月的期限来解决要处理的问题。如果该投诉是关于代表大会流程框架的，则根据本党章第二十七条的规定来处理。

（6）第（3）和（5）项中考虑的假设情况中包括针对一审判决向直接上级领导机关提出的上诉。

（7）在本条包含的所有情况中，决定或判决应当论据充分。

（8）应当在一审或二审中对冲突做出判决的机关，应在其内部任命一位发言人，由其负责向该机关的全体成员提出其认为恰当的判决并说明其

所使用的论据

第三章 关于机关违纪行为和管理委员会的组建

第十三条

1. 若党的普通机关以集体形式故意实施的行为或造成的失职，特别严重地违背了党的原则、未履行党章规定的义务或损害了党员的权利，则将根据对党员规定的类似程序来对其进行处分调查。该程序不排除根据本章第一节的规定可能适用的程序。

2. 在这些情况下，当对某一地方党组织委员会进行调查时，只有大区或民族地区党组织委员会或中央委员会才有处分权。只有在违纪行为极其严重且不能通过其他方法修正对党有损害的行为时，才能实施该程序。

第十四条

1. 由于该程序的实施，可能会在六个月内中止某一委员会的职能，甚至可能解散该委员会，与此同时会任命一个管理委员会，由该委员会在六个月的时限内召开相应的特殊代表大会或会议来进行常规民主选举，从而选出一个新的委员会。

2. 若要采取上一款中所述的措施，需要提前向与处罚机关级别相应的党章委员会申请意见并获得处罚机关成员中绝对多数的同意。

第四章 关于预防性措施

第十五条 如果相关行为对党造成了严重损害且继续该行为可能对党造成不可逆转的或特别严重的损害，在对其进行处分调查的过程中，应采取预防性措施，保护党免遭该行为持续进行所带来的后果或风险。

第十六条 可能采取的预防性措施适用于本法规第七条第（2）、（3）、（4）、（5）及（6）项中所述的处分。该措施的持续时间应限于处分程序的持续时间范围内，且在任何情况下都不得超过一年。若要采取预防性措施，需要获得实施该措施的机关中的参会人员的绝对多数票。这些措施也可以成为上诉对象，但没有中止效力。

预防性措施的一个特殊情况是政党法第三条第二款（19）项中规定的预防性自动中止党员身份，这是针对涉及刑事案件的党员，该党员因犯了与腐败相关的罪行已被口头宣判。在这种情况下，只需由当事人所属的或所依附的委员会宣布该预防性措施，而不需提前调查审理，也不执行本条中所规定的时间限制、多数票判定及上诉权利。该程序用于已因该罪行被判刑但尚未对其做出开除党籍处分的人。

第五章　关于违纪判罚规定和行为失效期

第十七条　按党章规定可以实施处分程序的违纪行为，按照其严重程度来判罚。轻微违纪，四个月以下；严重违纪，一年半以下；特别严重违纪，四年以下。

第十八条　启动处分程序将中断判罚期限。但是，在不违反本法规第十条第（8）项规定的前提下，如果未遵守用于该程序的规定期限，处罚行为将不具效力。

第六章　关于党章委员会在本章所规定程序中的职能

第十九条　按照党章第六十九条规定，党章委员会就党内冲突或处分调查程序所做出的报告或意见，尽管没有约束力，但从任何意义上讲，有关权力机关在做出决议时都应将其作为参考依据予以考虑。

附件二　共产党候选人的政治、道德和
财政承诺（道德准则）

西班牙共产党就提名候选人参加选举程序的标准

相关人员要获得候选人资格，必须做出道德、政治和财政上的承诺，以此来确保将在任一范围内作为本党代表的人员是合适的人选。应注意其政治和道德性承诺的人员如下：

（1）作为公共职务候选人参加选举的所有党员。

（2）在具有本党担保的情况下参加任何选举的所有非党员。

（3）就任任何范围内不经选举直接任命的机构职务、涉密职务或技术职务的所有党员。

（4）在具有本党担保的情况下，就任任何范围内不经选举直接任命的机构职务、涉密职务或技术职务的所有非党员。

财政性承诺适用于有此义务的党员和其他本党鼓励以自愿灵活的方式承担此义务的非党员。本标准及道德和财政承诺是派生于其他标准和承诺的附加条款，即本党参加左翼联盟的标准和承诺及本党已明确表示要参加的各地的联合组织的标准和承诺。

因此，本党党员有义务遵守工会、联合组织平台、左翼联盟和本党的规定。应注意下列三组标准：

（1）政治性标准；

（2）道德性标准；

（3）财政性承诺。

在相应机关批准候选人资格前，每位候选人应提交一份已签字的个人承诺书，其中应明确表示接受这些标准所派生的承诺，并清楚解释所涉及的政治、道德和财政承诺。违反这些标准意味着党将对其采取公共职务、涉密职务、技术职务或直接任命职务文书中的相关措施。

1. 政治性标准

1.1 知晓并执行党的政策路线。党的所有候选人和公共代表都应承诺其知晓并执行党的政策路线及其党章。因此，他们有义务和权利被告知党的机构所做的各项决定并贯彻执行这些决定。

1.2 多样性、代表性和凝聚力。党在确定候选人时，应注意能够确保其候选人所具代表性的标准，从而推动不同区域、不同行业、不同选区、不同年龄层的男性和女性同志参与。同时，在不忽视第1.1条标准的情况下，始终从党的决定的执行度出发，推动有不同政治敏感度的同志参与，由此加强我党所有共产党员的内部凝聚力。

1.3 政治干预能力。应注意那些因政治、技术或沟通能力而能够更好地完成被委托的任务的同志。

1.4 机构制度与社会公众间的联系。也应考虑推动那些在工人运动、社会运动和人民统一工作中表现突出的同志的参与。本党在机构制度方面的策略应当凝聚人民力量并具有动员能力，能够加强其与社会公众的联系。

1.5 推动代表会议和公民参与。应当通过稳定且完全民主的机制，推动公民在行政管理中的参与度或在工会的工人代表大会中的参与度。

1.6 应当不断向联合组织平台、任何类型的集会单位、左翼联盟和本党汇报党的机构或工会的政治活动中的所有要素，使这些组织能够从政治上参与其中。

2. 道德性标准和承诺

工会政府机构中的候选人和工会会员以及担任共产党公职的人员，应做出以下道德性承诺：

2.1 要求通过法律来规范地方公共职务的工资金额：接受通过超额工资一致上交机制来确定工资限额。

2.2 提议在每一城市规划修订案及工程或公共服务合同签订的过程中，所有参与其中的人，无论是市长、市政府成员还是一般官员，都对其中的利益冲突进行解释说明；这将按照适用于科学调查的利益冲突说明模式来实施。

2.3 提议禁止送礼或个人款待。应设立一个送礼和个人款待公共记录簿。

2.4 不累计担任带薪职务。每位共产党员不接受一个以上的带薪公职。在责任能够分配的情况下，也不累计承担无薪职务的责任。

2.5 建立地方代表党章。尤其是，确保有反对意见的市政府成员能够行使他们对市政合同及判归行为的监察和管控职能，从而构成聘用机构的一部分并为这些机构获取所有行政文件和信息提供便利。

2.6 透明：应公开本党公共代表或工会领导的收入，以及他们的共同募捐承诺。

2.7 本党承诺将推动民主运作、行政管理地方分权制、稳定的公民参与以及公共行政管理透明或本党参加的任何组织的透明：将公开聘用流程，并仅在特殊且合理的情况下授权批准政府委员会上全体成员的决定。

2.8 在其作为公职人员或工会政府机构的代表而承担相应职责时，向检察院揭发所知晓的任何腐败信息，并与法院合作。

2.9 承担在腐败案件中可能产生的政治责任，若因政治腐败或城市规划腐败、性别暴力，或因损害工人权利的罪行而被控告起诉时，预防性辞去公共职务和直接任命的职务。

2.10 不与其他政治力量中改换党派的人共同组建地方政府，也不支持组建宣称有改换党派的人参与的新的团体，除非是中央委员会的明确决定。

2.11 面对不公平的法律，本党可能会采取不服从机构命令的行动，这可能会使共产党公职人员面临违反现行法律的问题。

2.12 本党不接受任何源自本党责任的特权，如司机、公车等。

3. 财政性承诺

党的架构不能仅仅以党费作为支持，还必须自筹经费，与左翼联盟签订财政议定书，并与有能力参与党内事务的党的带薪公职人员和其他党员达成经济承诺。

向党一致上交的金额。该数额由中央委员会商定。

3.1 选任公职。指经不同的选举流程选出的众议院、参议院、自治区和市区的代表职务。

应根据其奉献级别加以区分：

（1）全职公职；

（2）非专职公职。

3.2 直接任命的职务、技术人员和涉密人员。对于应党的提议加入的直接任命的人员、涉密人员和技术人员，应采取与公共职务相同的工资比例和限额。对于非稳定性的技术人员，如有必要，将在采取相关标准时注意灵活性。

3.3 工会职务。指任何架构的工会政府机构中的职务或可在工会中自由行使任何职能的职务。

得到来自其工会活动的超额薪酬或经济补贴的所有党员，与全职奉献的公职人员具有相同比例的工资限制，前提是其工资不超过本道德准则批准的金额，如果超过，应当将超出的部分上交，使其符合工资限额。伙食费或交通费不在上交之列。

（夏西遥　苏雨荷　刘晋彤 译）

重要单词表

acusar	指控
afiliación	入党
afiliado, da	党员
afiliado directo	中坚党员
agrupación	党团
apoderado, da	计票员
Asamblea Ciudadana	公民大会
asociación	协会
baja	退出（政党）
balance financiero	财政收支平衡表
Cabildo Insular	岛上市政厅
campaña electoral	大选
candidatura	候选人
censo	普查
centralismo democrático	民主集中制
círculo	小组
Ciudadanos（Partido de la Ciudadanía）	公民党
Código Ético	道德准则
Código Penal	刑法
cohecho	贿赂
Comisión Asesora de Finanzas	财政咨询委员会
Comisión de Garantías Democráticas	民主保障委员会
Comisión de Régimen Disciplinario	纪律制度委员会

Comisión Federal de Listas	联邦提名委员会
Comité de Derechos y Garantías	权利保障委员会
Comité Ejecutivo	执行委员会
Comité Electoral	选举委员会
Comité Permanente	常务委员会
Comités Territoriales	区际委员会
compromisario	选民代表
Comunidades Autónomas	自治区
condición de afiliado	党员资格
Congreso	代表大会
Congreso de los Diputados	众议院
Congreso Extraordinario	非常代表大会
Congresos Ordinarios	普通代表大会
Consejo de Coordinación	协调委员会
Consejo General	全国理事会
Consell	政府（岛上）
Constitución	宪法
convenio	协定，协议
coordinador, ra	协调员
corriente de opinión	意见派别
corrupción	贪污
cuota	党费
deberes	义务
Declaración de Actividades Económicas	经济活动申报表
Declaración de Bienes y Derechos Patrimoniales	财产申报表
Defensor del Afiliado	党员维护中心
Departamento de Afiliación y Recaudación (DAR)	入党及募款部
derecho	权利
Diputación Provincial	省议会

disolución	政党解散
disolución judicial	司法解散
disposición adicional	附加条款
disposición derogatoria	废除条款
disposición final	最终条款
disposición transitoria（única）	（专门）过渡条款
electo	当选人
elector	选举人，选民
Equipo de Finanzas y Transparencia	财政及透明度小组
Espacio Municipal Unificado（EMU）	统一市政空间
Estado Social y Democrático de Derecho	依法治国、保障民主
Estatuto	党章
existencia de pesos y contrapesos	公平公正
expedientado，da	被调查人
expediente	诉讼
extinción	终止
facultad	权力，职能
Federación Española de Municipios y Provincias（FEMP）	西班牙省市联邦政府
Grupo Institucional	行政团体
Grupo Parlamentario	议会党团
incompatibilidades	职务冲突（不可兼任）
informe	报告
infracciones graves	严重违纪
infracciones leves	轻微违纪
infracciones muy graves	特别严重违纪
Instructor	指导员
Internacional Socialista	共产主义国际
interventor	监票员
IPC（Índice de Precios al Cosumidor）	消费物价指数
Junta Directiva Local o de Distrito	区域领导管理委员会

Junta Directiva Nacional	全国领导管理委员会
jurisdicción contencioso-administrativa	行政法院
Juventudes Socialistas de España（JSE）	西班牙社会主义青年组织
Legislación sobre Financiación de Partidos Políticos（LFPP）	政党财政法
legislatura	任期
Ley de Bases del Régimen Local	地方制度基本法
Ley de Enjuiciamiento Civil	民事诉讼法
Ley de Enjuiciamiento Criminal	刑事诉讼法
Ley de la Jurisdicción Contencioso-Administrativa	行政诉讼法
Ley Electoral	选举法
Ley Orgánica de Partidos Políticos（LOPP）	政党组织法
Ley Orgánica de Protección de Datos（LOPD）	个人信息保护法
Ley Orgánica del Poder Judicial（LOPJ）	法院组织法
libros de contabilidad	账簿
lista abierta	公开名单
listas cerradas	封闭名单
los Pactos de Estado	国家契约
malversación de caudales	挪用公款
mayoría simple	简单多数
medidas cautelares	预防性措施
memoria explicativa	解释性报告
militante	党员
Ministerio del Interior	内政部
Ministerio Fiscal	检察机关
moción de censura	不信任动议
Monarquía Parlamentaria	君主议会制
Mundo Obrero	《工人世界》
nato	当然代表

núcleo comunista	党组
Nuestra Bandera	《我们的旗帜》
Nuevas Generaciones	新生代（组织）
Oficina del Cargo Popular	人民党监察办公室
Orden del Día	议事日程
Órganos Centrales de Dirección	中央领导机构
paraísos fiscales	避税天堂
parlamentario	议会党团
Parlamento Europeo	欧洲议会
Partido Comunista de España（PCE）	西班牙共产党
Partido Popular（PP）	人民党
Partido Socialista Obrero Español（PSOE）	西班牙工人社会党
persona física	自然人
Plan de Cumplimiento Normativo	法规遵从性计划
plenario	全体大会
pliego de cargos	（对成员的）指控
pliego de descargo	辩护
Podemos	"我们能"党
Presidente	党主席
prevariación	失职
procedimiento sancionador	处分程序
Programa Máximo	最高纲领
protocolo de Canal Interno de Denuncias	内部检举渠道议定书
PSUC-viu	加泰罗尼亚统一社会党
Registro de Partidos Políticos	政党登记处
rendición de cuentas	问责制
Sala especial del Tribunal Supremo	最高法院特别法庭
Secretaría General	秘书处
Secretario General	总书记
segunda instancia	二审
Senado	参议院

simpatizante	支持者
sistema de "doble vuelta"	"二轮"当选制
sistema de primarias	初选制
sistema de voto mayoritario	多数当选制
Sistemas de Gestión en *Compliance* Penal	刑事合规管理体系
subsidiariedad	辅助性原则
sufragio	投票选举
suplente	候补委员
supletoriedad	增补条文
supuestos especiales	特殊假设
suscripción	附议
suspensión	中止
Territorios Históricos vascos	巴斯克地区
Tesorero Nacional	国家财务主管
tráfico de influencias	滥用职权
Tribunal Constitucional	宪法法院
Tribunal de Cuentas	审计法庭
Tribunal Supremo	最高法院
tribunales calificadores	评议委员会
tribunales de examen	审查委员会
UJCE	西班牙共产主义青年联盟
Unión Europea	欧盟
Unión General de Trabajadores	工人联盟
voto individual, directo y secreto	一人一票、直接和秘密投票

（刘晋彤 整理）

后　记

党内法规制度建设离不开对国外政党法规和党内法规的合理借鉴。西班牙是政党政治较有特色的国家，政党法规和党内法规也是西班牙政党政治体系的重要组成部分。翻译西班牙政党法规和党内法规，对于中国共产党的党内法规制度建设有着重要价值。

本书的翻译对象是西班牙宪法的政党条款，西班牙政党组织法，及长期在西班牙执政或具有较大影响力的人民党、西班牙工人社会党、"我们能"党、公民党、西班牙共产党等政党的党章、党纲和其他重要党内法规。这些规范覆盖了西班牙主要政党法规和主要政党的党内法规，是了解西班牙政党政治体系的重要参考资料。

本书是武汉大学党内法规研究中心策划的"国外政党法规和党内法规译丛"的重要成果。"国外政党法规和党内法规译丛"从 2016 年开始策划，第一批《德国政党法规和党内法规选译》和《日本政党法规和党内法规选译》已经在 2017 年年底出版。第二批成果包括韩国、法国和西班牙等国的政党法规和党内法规选译，本书即是第二批成果中的一本。随后，武汉大学党内法规研究中心还将开展第三批俄罗斯、美国、英国等国政党法规和党内法规的翻译工作。本书也是武汉大学党内法规研究中心借助外脑开展本项目的一次成功尝试。本书的出版，得益于华中师范大学外国语学院西班牙语系刘晋彤老师及其团队的辛勤工作。刘晋彤老师及其团队有着较高的语言驾驭能力和业务能力，特别是对西班牙政党法规和党内法规有深入的研究和思考，十分适合承担本项翻译工作。需要自我批评的是，作为本译丛的策划，我本人并不懂西班牙语，只能根据中文习惯在各位优秀译者的指导下，艰难且缓慢地审阅本书，在此向各位译者和各位读者道歉。

尽管各位译者的贡献是同样的，但基于技术原因，必须在封面呈现译者排序，这一排序并不表明实际贡献有别。各部分的译者列于各自的译本之后，翻译责任由各位译者自行承担，我本人也承担相应的审阅责任。

本书的成型和出版获得了很多师友的关心和帮助。特别是武汉大学党内法规研究中心各共建单位的支持和帮助。感谢武汉大学党内法规研究中心将本译丛列为重点资助项目，并提供翻译和出版资金支持。感谢华中师范大学外国语学院对本书的支持。感谢武汉大学法学院班小辉副研究员对刘晋彤老师及其团队的引介。感谢武汉大学党内法规研究中心李丹青老师为本书出版做出的贡献。感谢社会科学文献出版社任文武老师、周映希老师和责任编辑的大力支持和协助。

由于时间仓促，本书定然存在很多错漏之处，请各位党内法规理论研究和译著界的同仁先进不吝赐教！我们相信，没有大家的批评，我们就很难正确认识自己，也就不可能真正战胜自己，更不可能超越自己。

祝捷

于武汉大学半山庐

2018 年 10 月

图书在版编目（CIP）数据

西班牙政党法规和党内法规选译／刘晋彤等译. --
北京：社会科学文献出版社，2019.3
（珞珈党规精品书系）
ISBN 978 - 7 - 5201 - 4271 - 7

Ⅰ.①西… Ⅱ.①刘… Ⅲ.①政党 - 法规 - 研究 - 西
班牙 Ⅳ.①D955.111

中国版本图书馆 CIP 数据核字（2019）第 028364 号

珞珈党规精品书系
西班牙政党法规和党内法规选译

译　　者／刘晋彤　余思聪　苏雨荷　夏西遥
策　　划／祝　捷

出 版 人／谢寿光
责任编辑／杨　雪
文稿编辑／杨　木

出　　版／社会科学文献出版社·城市和绿色发展分社（010）59367143
　　　　　　地址：北京市北三环中路甲29号院华龙大厦　邮编：100029
　　　　　　网址：www.ssap.com.cn
发　　行／市场营销中心（010）59367081　59367083
印　　装／三河市尚艺印装有限公司

规　　格／开本：787mm×1092mm　1/16
　　　　　　印张：16　字数：259千字
版　　次／2019年3月第1版　2019年3月第1次印刷
书　　号／ISBN 978 - 7 - 5201 - 4271 - 7
定　　价／88.00元

本书如有印装质量问题，请与读者服务中心（010 - 59367028）联系